国家社会科学基金（13CJY076）

华中农业大学农林经济管理学科建设专项基金

农业与农村经济管理研究

连片特困地区农户
融入农产品供应链问题研究

LIANPIAN TEKUN DIQU NONGHU
RONGRU NONGCHANPIN GONGYINGLIAN WENTI YANJIU

◆ 颜廷武/著

人民出版社

总 序

截至"十二五"末期，我国农业取得了粮食生产"十二连增"、农民增收"十二连快"的卓越成就。"十三五"伊始，我国农业发展的物质技术装备基础愈加雄厚，主要农产品供给充足，新技术、新产业、新业态不断涌现，现代农业提质增效的发展机遇非常难得。与此同时，各种新老矛盾交织叠加，农业发展不平衡、不协调、不持续问题仍然存在；农产品供需失衡、结构性过剩现象十分突出，推进供给侧结构性改革的任务较为艰巨；农业资源环境约束不断加强，农业现代化发展相对滞后，农村经济社会转型发展依然需要时日。在这种背景下，加快推进传统农业向现代农业转变，探求农业现代化发展之路和农业供给侧结构性改革之策，农业经济管理学科应承担起为农业产业发展和农村经济建设提供智力支持的重要职责。

华中农业大学农业经济管理学科是国家重点学科和湖北省优势学科，农林经济管理专业是国家特色专业，农林经济管理学科是湖北省重点学科。长期以来，学科点坚持以学科建设为龙头、以人才培养为根本、以科学研究和社会服务为己任，紧紧围绕"三农"发展中出现的重点、热点和难点问题开展理论研究与实践探索，"十一五"以来，先后承担完成国家自然科学基金41项，国家社会科学基金34项，其中重大项目1项、重点项目8项；1项成果入选2015年度《国家哲学社会科学成果文库》；出版学术专著35部；获省部级以上优秀成果奖22项。学科点丰硕的研究成果推动了现代农业和区域经济的较大发展。

近年来，学科点依托学校农科优势，加大资源融合力度，重点围绕农业经济理论与政策、农产品贸易与市场营销、食品经济与供应链管理、农业资源与环境经济、农业产业与农村发展等研究领域，开展系统深入、科学规范的跨学科交叉研究，积极推进农业经济管理学科与经济学、管理学、社会学、农学、生物学和土壤学等学科融合和协同创新，形成了柑橘、油菜、蔬菜、食用菌和水禽等5个特色鲜明、优势突出的现代农业产业经济研究团队，以及农产品流通与贸易、农业资源与环境经济、食物经济与食品安全等3个湖北省高等学校优秀中青年科技创新团队，有力支撑了本学科的持续发展。

为了进一步总结和展示本学科点在农业经济管理领域的研究成果，特推出这套《农业与农村经济管理研究》丛书。丛书既包括粮食安全、产业布局等宏观经济政策的战略研究，也涉及农户、企业等市场经济主体的微观分析。其中，一部分是国家自然科学基金和国家社会科学基金项目的结题成果，一部分是区域经济或产业经济发展的研究报告，还有一部分是青年学者的学术力作。正是这些辛勤耕耘在教学科研岗位上的诸多学者们的坚守与付出，才有了本学科点的坚实积累和繁荣发展。

本丛书的出版，既是对作者辛勤工作的肯定，更是借此向各位学科同行切磋请教，以使本学科的研究更加规范，也为本学科的发展奉献一份绵薄之力。最后，向一直以来对本学科点发展给予关心和支持的各位领导、专家表示诚挚的谢意！

目　录

第一章　农产品供应链促进连片特困地区农户减贫与发展概述

一、研究背景和意义

（一）研究背景

进入 21 世纪，经济全球化趋势不断增强，我国社会主义市场经济体制日趋完善。同时，我国农业发展面临国内环境和国际局势的"双重挑战"。一方面，家庭联产承包责任制的实施，解放了农业生产力，调动了农民生产积极性，促进了我国农业的进步。但是随着社会经济的进一步发展，小规模的家庭经营日趋表现出与社会化大生产的不适应、不协调。农产品生产的数量、质量及安全性标准等难以满足市场需求，信息不对称使农户在生产决策、市场交易等过程中屈居劣势，现代化生产技术和管理方法无法应用于独立分散的小规模家庭经营。如何提高农业组织化、市场化程度，实现小生产与大市场有效对接，成为推进现代农业建设的当务之急。另一方面，在全球贸易自由化背景下，当今农业及其关联产业的竞争，已不单纯是某个生产组织、运营环节、具体产品的单一竞争，更多地表现为整个产业链条、运作体系的全面竞争（Woods，2004），[①] 农业发展已进入供应链竞争新时代。如何将独立分散的农户纳入农产品供应链，形成一个组织化程度较高、联系紧密的供应链系统，减少农户在农业生产中的交易成

[①]　Woods E. J., "Supply Chain Management: Understanding the Concept and Its Imlpications in Developing Countries", *ACIAR Proceedings*, No. 119, 2004.

本、机会成本和物流成本，促进农户增收和农产品供应链增值，推进农业现代化建设，成为学者们普遍关注的问题。

社会主义制度的本质要求是消除贫困，实现共同富裕。党的十八大报告提出，到 2020 年要实现国内生产总值和城乡居民收入水平比 2010 年翻一番，并实现全面建成小康社会的宏伟目标。[①] 改革开放以来，我国大力推进扶贫开发，先后制定实施了《国家八七扶贫攻坚计划（1994—2000年）》《中国农村扶贫开发纲要（2001—2010 年）》和《中国农村扶贫开发纲要（2011—2020 年）》。[②] 第一部关注中国连片特困区区域发展与扶贫攻坚的报告《连片特困区蓝皮书：中国连片特困区发展报告（2013）》也于2013 年 3 月在北京发布。虽然我国扶贫事业取得了巨大成就，但是连片特困地区仍然是我国全面建设小康社会伟大事业上的短板。受限于连片特困地区贫乏的资源禀赋，小农户与供应链的对接更加滞后，农业生产的市场竞争力低下，农民的贫困状况严重。2011 年，六盘山山区等 11 个连片特困地区的人均地区生产总值、人均地方财政一般预算收入、农民人均纯收入三项指标分别只相当于西部平均水平的 49%、44% 和 73%。[③] 做好连片特困地区的扶贫开发工作，帮助连片特困地区农民脱贫致富成为全面建成小康社会必须解决的重大问题。

（二）研究意义

理论上，提高农业组织化程度，有多种方式可供选择，农产品供应链已被证明是一种行之有效的解决策略。供应链管理下企业、协会等参与主体的扶持是对小农户的一种资源投入，它能帮助小农户增强市场适应度和

---

① 胡锦涛：《坚定不移沿着中国特色社会主义道路前进　为全面建成小康社会而奋斗——在中国共产党第十八次全国代表大会上的报告》，2012 年 11 月 19 日，见 http://www.xj.xinhuanet.com/2012-11/19/c_ 113722546.htm。

② 中共中央、国务院：《中国农村扶贫开发纲要（2011—2020 年）》，2011 年 12 月 1 日，见 http://news.xinhuanet.com/politics/2011-12/01/c_ 111209711.htm。

③ 王仁贵、张萌：《新一轮扶贫"整体战"》，2012 年 2 月 20 日，见 http://news.xinhuanet.com/politics/2012-02/20/c_ 122726204.htm。

竞争力，并凭借供应链的优势达到增收目的。本书开展基于主体协同的农户与供应链的融入度和稳定性等问题研究，对丰富和完善供应链管理理论，创新农业经营体制机制具有一定的理论贡献。

实践中，相比经济发达地区，我国连片特困地区受市场发育程度和经营主体要素禀赋条件等限制，小农户与大市场的对接及融合明显滞后于其他地区。这不仅严重拖累农户脱贫致富和区域协调发展，而且直接影响我国全面小康社会建成目标的实现。本书尝试构建引导连片特困地区农户融入农产品供应链的稳定机制，寻求小农户与大市场对接的有效路径，对促进欠发达地区农户脱贫致富和城乡统筹发展无疑具有重要的现实意义。

二、国内外研究动态

（一）农产品供应链对农户收入的影响研究

1. 国外研究进展与动态

国外发达国家的供应链系统发展比较完善，各个国家非常重视农产品供应链发展对农业生产经营主体的现实影响。在国外，农产品供应链又被称为食品供应链（Food Supply Chains）。雷恩亭等（Renting et al.，2003）研究发现，发展好食品供应链对于减少欧洲的发病率具有重要的意义，同时其认为食品供应链是解决农村发展问题的重要途径，而且供应链本身的发展有着很大潜力。[①] 马斯顿等（Marsden et al.，2000）专门通过案例研究了食品供应链在农村发展中的作用，案例研究结果表明农民在食品供应链中不仅经济收入增加，而且在知识和能力上也得到了一定的提高。[②] 博拉克里斯和怀特曼（Bourlakis and Weightman，2003）主张将食品供应链的

---

① Renting H.，Marsden T. K.，Banks J.，"Understanding Alternative Food Networks：Exploring the Role of Short Food Supply Chains in Rural Development"，*Environment and Planning A*，No. 3，2003.

② Marsden T.，Banks J.，Bristow G.，"Food Supply Chain Approaches：Exploring Their Role in Rural Development"，*Sociologia Ruralis*，No. 4，2000.

研究重点由市场转移到供应链条的纵向协调上来，他认为较之单纯地进行市场开发，将食品链的管理重点放在供应商、生产商以及加工商之间的关系协调方面更能够提高供应链整体的效率。[①] 克里斯汀等（Christin et al.，2010）的研究认为构建农产品供应链体系，把农户纳入农产品供应链中发展，对于增加贫困地区农户收入、减轻贫困程度方面起到了一定作用。[②] 赫里恩等（Hellin et al.，2009）认为农民组织化是提高农民进入市场能力的关键因素，农民组织一方面帮助农民实现资源的最优利用，另一方面通过帮助农户进入市场实现农产品价值的最大化。[③] 奈罗德等（Narrod et al.，2009）分析指出，提高农产品价格、与生产资料供应链建立后向合作关系、改变工资水平和就业机会、提高农户的市场地位等四条途径，能够有效增加农户收入并减少农村贫困。[④] 有些学者提出，降低生产和市场风险、获取更好的生产资料、改善技术和提高农业生产率等，同样可以使小农户因农产品供应链的改善而受益（Natawidjaja et al.，2007；Reardon，2007；Maertens and Swinnen，2009）。[⑤]

2. 国内研究进展与动态

国内相关研究多集中在农产品供应链与农户收入的关系研究上。一些学者基于单个农产品供应链对农户收入的影响，如徐萍（2006）、张侃（2011）、郭欣旺（2011）分别从蔬菜、水稻和马铃薯供应链的角度

[①] Bourlakis M. A., Weightman P. W. H., *Food Supply Chain Management*, Blackwell Publishing, 2003.

[②] Christin S., Matin Q., "Spillovers from Modern Supply Chains to Traditional Markets: Product Innovation and Adoption by Smallholders", *Agricultural Economics*, No. 3-4, 2010.

[③] Hellin J., Lundy M., Meijer M., "Farmer Organization, Collective Action and Market Access in Meso—America", *Food Policy*, No. 1, 2009.

[④] Narrod C., Roy D., Okello J., et al., "Public-private Partnerships and Collective Action in High Value Fruit and Vegetable Supply Chains", *Food Policy*, No. 1, 2009.

[⑤] Natawidjaja R., Reardon T., Shetty S., et al., *Horticultural Producers and Supermarket Development in Indonesia*, UNPAD/MSU Report, 2007. Reardon T., Stamoulis K., Pingali P., "Rural Nonfarm Employment in Developing Countries in an Era of Globalization", *Agricultural Economics*, No. 37, 2007. Maertens M., Swinnen J. F. M., "Trade, Standards, and Poverty: Evidence from Senegal", *World Development*, No. 1, 2009.

分析该供应链对农户收入的影响，① 而胡定寰等（2006）以山东苹果产业为例，借助调研数据分析认为，契约生产模式能够有效提高合同农户的收入水平。② 也有学者就整个农产品供应链对农户的增收作用作出分析，如熊荣（2007）从经济学、现代营销理论及现代供应链理论入手，分析西部地区农产品供应链的形式及其成本构成、利益分配特征，指出农产品价值实现问题是农民增收的关键所在。③ 许翔宇（2012）认为贫困地区农户纳入农产品供应链具有重要的意义，供应链将众多松散小农户联合起来，有效改善了相对弱势的农户利益。④ 刘兵等（2013）利用中国定西地区农户调研的样本数据，实证分析了贫困地区农户参与优势农产品供应链对其减贫增收的效应。⑤ 另有学者从农产品供应链的组织形式的角度分析对农户收入的影响，如施晟（2012）、张悦（2012）和贺群（2013）分别从"农户+合作社+超市"模式、农产品供应链的组织变革和"农户+农业龙头企业"合作模式研究了农户参与农产品供应链的收入分配。⑥

---

①　徐萍：《蔬菜供应链农户利益实证研究——基于兴化市新型供应链与传统供应链的比较》，硕士学位论文，南京农业大学，2006 年。张侃：《黑龙江水稻供应链对水稻农民收入影响研究》，硕士学位论文，中国农业科学院，2011 年。郭欣旺：《市场参与方式对农户收入与分配的影响研究——基于甘肃定西到北京马铃薯供应链相关参与主体调研的分析》，博士学位论文，中国农业科学院，2011 年。

②　胡定寰、陈志钢、孙庆珍等：《合同生产模式对农户收入和食品安全的影响——以山东省苹果产业为例》，《中国农村经济》2006 年第 11 期。

③　熊荣：《西部地区农产品供应链管理与农民增收研究》，《贵州工业大学学报（社会科学版）》2007 年第 5 期。

④　许翔宇：《贫困地区农户脱贫的困境与出路：基于农产品供应链的视角》，《农业经济问题》2012 年第 9 期。

⑤　刘兵、叶云、杨伟民等：《贫困地区构建优势农产品供应链对农户减贫效应的实证分析——基于定西地区的农户调查数据》，《农业技术经济》2013 年第 6 期。

⑥　施晟：《"农户+合作社+超市"模式的合作绩效与剩余分配》，博士学位论文，浙江大学，2012 年。张悦：《农产品供应链变革对小农户的影响及我国的对策》，《宏观经济研究》2012 年第 9 期。贺群：《基于农户视角的龙头企业与农户间的生猪供应链内部融资研究》，博士学位论文，南京农业大学，2013 年。

（二）农产品供应链对农户增收的机理研究

1. 国外研究进展与动态

20 世纪 90 年代以来，随着供应链管理的兴起及其广泛应用，农产品行业也效仿并借助供应链来提高自身的竞争力。早期学者们对农产品供应链的概念、供应链管理的意义、模式及各链条利益分配等进行了有效探索。在农产品供应链吸纳农户参与问题研究上，学者们的意见大致分为两类。一类学者认为，小农户之所以没有实现与大市场的有效对接，是因为农产品价值链升级后提高了生产投入的最低门槛（Weatherspoon and Reardon, 2003），① 使得小农户对融入供应链望而却步。斯温尼（Swinnen, 2007）同时指出，小农户面临的融资难、初期生产投入高、难以获得更多的市场渠道信息是其退出市场的主要原因。② 另一类学者则认为找到好的加盟渠道，小农户一样可以在供应链合作中获得收益的增加（Natawidjaja et al., 2007；Maertens and Swinnen, 2009；Carletto et al., 2010）。③ 学者们普遍认为，借助合作社、产业集群等载体是小农户融入供应链的最佳途径。大量的实证研究充分证明，农户通过合作组织融入供应链可以提高其收入水平（Narrod et al., 2009；Ruan and Zhang, 2009；Mcdermott et al., 2009）。④ 例如，伊藤纯一等（Junichi et al., 2012）的研究认为，通过大

---

① Weatherspoon D. D., Reardon T., "The Rise of Supermarkets in Africa: Implications for Agrifood Systems and the Rural Poor", *Development Policy Review*, No. 21, 2003.

② Swinnen J. F. M., *Global Supply Chains, Standards and the Poor: How the Globalization of Food System and Standards Affects Rural Development and Poverty*, CABI Publishing, 2007.

③ Natawidjaja R., Reardon T., Shetty S., et al., *Horticultural Producers and Supermarket Development in Indonesia*, UNPAD/MSU Report, 2007. Maertens M., Swinnen J. F. M., "Trade, Standards, and Poverty: Evidence from Senegal", *World Development*, No. 1, 2009. Carletto C., Kirk A., Winters P. C., et al., "Globalization and Smallholders: The Adoption, Diffusion, and Welfare Impact of Non—traditional Export Crops in Guatemala", *World Development*, No. 6, 2010.

④ Narrod C., Roy D., Okello J., et al., "Public–private Partnerships and Collective Action in High Value Fruit and Vegetable Supply Chains", *Food Policy*, No. 1, 2009. Ruan J., Zhang X., "Finance and Cluster—based Industrial Development in China", *Economic Development and Cultural Change*, No. 1, 2009. Mcdermott G. A., Corredoira R. A., Kruse G., "Public—Private Institutions as Catalysts of Upgrading in Emerging Market Societies", *Academy of Management Journal*, No. 6, 2009.

力推动农村合作组织的发展能够有效地提高农民组织化程度，在一定程度上帮助小农户进入大市场，从而实现农户增收。① 弗洛里斯等（Flores et al.，2006）的研究进一步表明，加入农产品供应链增加了农户 10%—100%的收入水平。② 另有研究显示，在同种农产品生产中，订单农户获得了比非订单农户远高得多的收入水平（Warning and Key，2002）。③

2. 国内研究进展与动态

集中连片特困是中国贫困的新现象，依片区集中扶贫也是中国政府反贫困采取的新策略。在区域反贫困和农户减贫增收的研究方面，早期的学者们主要从贫困农户要素条件和资源禀赋差异等方面着手探讨制约农户收入增长的主要因子，后有研究注意到受教育水平、生产投入条件等对贫困农户收入增长的影响。近期研究则偏重考察贫困农户的家庭积累和能力培育对其减贫增收的影响与促进（李学术，2007；黄祖辉、梁巧，2009；马铃、万广华，2012）。④ 随着研究的不断深入，开始有学者尝试从整个产业链角度来探析农户减贫和增收问题（邓俊森，2008；吕志轩，2008；王燕、郭焕书，2010）。⑤ 在农产品供应链的学术研究上，学者们重点对供应链的运作方式、供应链的组织模式及供应链管理对食品安全保障等展开了有益探索（谭涛等，2004；曾寅初等，2008；彭建仿，2011；赵晓飞、李崇

---

① Junichi I.，Bao Z. S.，Su Q.，"Distributional Efffects of Agricultural Cooperatives in China：Exclusion of Smallholders and Potential Gains on Participation"，*Food Policy*，No. 7，2012.

② Flores R. H.，Boligon J. A. R.，Medeiros F. S. B.，*Supply Chain Management：A Study in an Events Company-RS*，ecoinovar. com. br，2006.

③ Warning M.，Key N.，"The Social Performance and Distributional Consequences of Contract Farming：An Equilibrium Analysis of the Arachide De Bouche Program in Senegal"，*World Development*，No. 2，2002.

④ 李学术：《农户创新与贫困经济学》，《经济问题探索》2007 年第 1 期。黄祖辉、梁巧：《梨果供应链中不同组织的效率及其对农户的影响——基于浙江省的实证调研数据》，《西北农林科技大学学报》（社会科学版）2009 年第 1 期。马铃、万广华：《为什么贫困农户种植业收入低下》，《农业技术经济》2012 年第 5 期。

⑤ 邓俊森：《农产品供应链中农户风险及防范机制研究》，《沈阳农业大学学报》（社会科学版）2008 年第 3 期。吕志轩：《农产品供应链与农户一体化组织引导：浙江个案》，《改革》2008 年第 3 期。王燕、郭焕书：《基于供应链理论的农民增收问题的研究》，《改革与战略》2010 年第 8 期。

光，2012）。①但少有学者对农产品供应链与农户减贫增收的联动机理开展系统分析，学者们更多地关注供应链主体的利益分配和价格传递等问题。辛贤、谭向勇（2000）基于 Gardner 模型的分析表明，农产品零售价格的上涨幅度远远高于农户实际感受到的收购价格上涨幅度。②李圣军等（2010）的研究指出，食品加工企业在供应链的价格传递中发挥了"稳定器"的作用。③此外，学者们重点对小麦、大豆、肉鸡、生猪等具体农产品供应链的价格形成及其波动问题展开了系统探索，研究成果为政府决策起到了很好的参照（秦富等，2008；郑风田、李明，2009；张喜才等，2011；宁攸凉等，2012）。④

（三）农产品供应链对农户发展的风险研究

供应链风险研究始于 20 世纪 90 年代，近年来研究主要集中在以下三个方面：一是供应链风险识别。一般的研究将供应链的风险按内外因识别为内生风险和外生风险两种，在进一步的风险识别研究中学者们的视野进一步拓展，其中来自供给和需求风险、环境造成的风险、来自于质量问题的风险和信息缺失或不对称带来的风险因素等都是被大多数学者考虑在内的重要风险因素。二是供应链风险评估。从方法上来看，供应链风险评估主要采用的有德尔菲法、模糊综合评价法、层次分析法以及模糊层次综合

---

① 谭涛：《农产品供应链组织效率研究》，博士学位论文，南京农业大学，2004 年。曾寅初、刘媛媛、于晓华：《分层模型在食品安全支付意愿研究中的应用——以北京市消费者对月饼添加剂支付意愿的调查为例》，《农业技术经济》2008 年第 1 期。彭建仿：《农产品质量安全路径创新：供应链协同——基于龙头企业与农户共生的分析》，《经济体制改革》2011 年第 4 期。赵晓飞、李崇光：《农产品供应链联盟的利益分配模型与策略研究》，《软科学》2008 年第 5 期。

② 辛贤、谭向勇：《农产品价格的放大效应研究》，《中国农村观察》2000 年第 1 期。

③ 李圣军、李素芳、孔祥智：《农业产业链条价格传递机制的实证分析》，《技术经济》2010 年第 1 期。

④ 秦富、李先德、吕新业等：《河南小麦产业链各环节成本收益研究》，《农业经济问题》2008 年第 5 期。郑风田、李明：《大豆产业链的成本与利润分配：黑龙江个案》，《改革》2009 年第 5 期。张喜才、张利庠、张紫荷：《我国肉鸡产业链价格的传导及调控机制研究》，《中国物价》2011 年第 4 期。宁攸凉、乔娟、宁泽逵：《中国生猪产业链价格传导机制研究》，《统计与决策》2012 年第 1 期。

评价法等等，也有一些学者通过熵权法、神经网络法、解析结构模型等方法对供应链风险进行评估。三是供应链风险控制。现有研究提出了供应链风险控制和管理的必要性、基本原则和大致思路，并根据风险识别和评估的结果提出相应风险控制策略。

1. 国外研究进展与动态

关于供应链风险，克兰菲尔德管理学院（Cranfleld School of Management，2002）在研究中把供应链风险认定为一种"脆弱性"，这种脆弱性通常会使运行效率降低，增加其运行成本，更严重的可能摧毁供应链。克里斯托弗和李（Christopher and Lee，2004）认为供应链脆弱性来自于内部和外部的不确定性，研究认为通过对供应链的管理能够识别出风险，减少供应链的脆弱性。[1]

从风险识别来看，梅森琼斯、托威尔（Mason-Jones and Towill，1998）的研究中识别出五大类供应链的风险来源，研究显示供应链风险可能来自于供给和需求、控制过程和程序问题以及环境五个方面，包括政治风险源、需求趋势变动、供应方面产品质量变化、政策变动等具体因素。[2] 哈兰德等（Harland et al.，2003）将不同学者的研究的观点进行汇总整理，认为供应链风险包括战略性风险、名誉风险、资产损害风险、顾客风险、财务风险和竞争风险等十一种风险。[3] 尤特纳等（Juttner et al.，2003）认为风险是和供应链相关的不能被准确预知的变数，并将这些风险变数分成三大类：内部风险、外部风险和相关的网络带来的风险，具体包含自然风险、员工罢工、社会风险、产品故障、市场风险、供应链内组织间的相互影响所带来的风险等因素。[4] 哈里克斯等（Hallikas et al.，2004）学者的研

① Christopher M., Lee H., "Mitigating Supply Chain Risk through Improved Confidence", *International Journal of Physical Distribution & Logistics Management*, No. 5, 2004.

② Mason-Jones R., Towill D. R., "Shrinking the Supply Chain Uncertainty Cycle", *Institute of Operations Management Control Journal*, No. 7, 1998.

③ Harland C., Brenchley R., Walker H., "Risk in Supply Networks", *Journal of Purchasing and Supply Management*, No. 2, 2003.

④ Juttner U., Peck H., Christopher M., "Supply Chain Risk Management: Outlining an Agenda for Future Research", *International Journal of Logistics*, No. 4, 2003.

究将供应链风险分为三大类，包括来自与顾客传递的风险、顾客需求风险以及附加不确定性风险。① 玛努、门策（Manuj and Mentzer, 2008）的研究将供应链风险划分为来自于需求的风险、供应带来的风险、运作中可能造成的风险和来源于安全问题带来的风险四大方面。②

从风险评估来看，卡赫拉曼等（Kahraman et al., 2004）的研究认为供应链的风险评估可以运用突变理论、模糊集理论和人工神经网络等方式。③ 哈里克斯等（2004）的研究从风险发生的可能性和结果的角度出发，采取半量化的研究分析法进行风险评估，为以后的供应链的风险研究提供了一个大致的思路参考。⑤大卫、马里加（David and Marija, 2007）的研究认为可以运用频率域分析方法来评价供应链的风险，利用净现值的动态指标来衡量风险损失。④ 马汉武等（Ma et al., 2007）的研究利用模糊评估方法来确定供应链整体的风险的大小。⑤ 托比亚斯等（Tobiass et al., 2008）的研究运用了层次分析法（AHP），来对供应链风险的程度大小进行分析，研究识别出具体 17 种风险因素，并分出主次层次，评价出每个风险因素的重要性。⑥

2. 国内研究进展与动态

从风险识别方面来看，杨维霞（2011）在研究中把农户风险界定为农户在农业生产过程中，因为遭受不可预测的不确定因素带来的消极影响，

① Hallikas J., Karvonen L., Urho P., et al., "Risk Management Processes in Supplier Networks", *International Journal of Production Economics*, No. 1, 2004.

② Manuj I., Mentzer J. T., "Global Supply Chain Risk Management Strategies", *Intentional Journal of Physical Distribution & Logistics Management*, No. 3, 2008.

③ Kahraman C., Cebeci U., Ruan D., "Multi—attribute Comparison of Catering Service Companies Using Fuzzy AHP: The Case of Turkey", *International Journal of Production Economics*, No. 2, 2004.

④ David B., Marija B., "Measuring the Supply Chain, Risk and Vulnerability in Frequency Space", *International Journal of Production Economies*, No. 1-2, 2007.

⑤ Ma H. W., Ma Q. R., Fu G. H., "Evaluation of Supply Chain Default Risk Based on Fuzzy Influence Diagram", *Journal of Southeast University (English Edition)*, No. 23, 2007.

⑥ Tobias S., Tummala V. M. R., Thomas P. H., "Assessing Supply Chain Risks with the Analytic Hierarchy Process: Providing Decision Support for the Offshoring Decision by a US Manufacturing Company", *Journal of Purchasing & Supply Management*, No. 1, 2008.

使得农户实际收入与预期收入之间产生差值，从而遭受损失的可能性。[①]
邓俊森（2008）的风险识别从农户风险的视角出发，结合农产品供应链的
外部环境、农产品供应链的独特内部组织结构和农业生产的特殊性，识别
出农户所面临的风险主要体现在供应与需求、制度规范、经营和信息风险
以及环境风险六大方面，同时对各风险因素产生的原因以及防范措施进行
了深入的分析。[②] 李晓宇、张明玉（2009）从农产品流通的过程出发，将
农产品供应链风险依照内外部来划分，可分为来自于内部环境风险和来自
于外部环境风险两大类，包括内部结构的风险、信息传递带来的风险、制
度控制中的风险和市场风险等风险因素，并根据研究所识别出的风险提出
了相对应的风险预警机制。[③] 彭国樑、姚俭（2010）应用综合模糊评判法，
对供应链风险识别进行研究，根据主体间相对的内外部因素，将供应链风
险划分为企业内部的风险、企业之间风险和企业外部风险三种，具体识别
出了 12 个风险因素。[④] 周三元（2013）从供应链的角度，将农产品质量安
全风险识别为在供应链源头可能遇到的风险、加工过程的风险、物流中可
能遇到的风险、销售中可能的风险和最后顾客使用时的风险五大类，并进
一步细分出 15 个具体风险因素。[⑤]

　　从风险评估方面来看，陈小霖、冯俊文（2007）介绍了农产品供应链
风险评估的两种方法：指数法和可靠性评估矩阵法，[⑥] 给出了大致的评估
步骤，但是没有进行实证评估。彭国樑、姚俭（2010）在对不确定的供应
链风险研究分析中采用了综合模糊评价的方法。[③] 刘乔等（2011）将农产品

[①]　杨维霞：《农产品供应链内部农户风险防范策略探讨》，《改革与战略》2011 年第 21 期。

[②]　邓俊森：《农产品供应链中农户风险及防范机制研究》，《沈阳农业大学学报》（社会科学版）2008 年第 3 期。

[③]　李晓宇、张明玉：《农产品物流供应链风险生成机制及预警模式》，《管理现代化》2009 年第 4 期。

[④]　彭国樑、姚俭：《不确定性供应链风险的模糊综合评判》，《上海理工大学学报》2010 年第 4 期。

[⑤]　周三元：《基于供应链视角下农产品质量安全风险影响因素分析》，《中国流通经济》2013 年第 6 期。

[⑥]　陈小霖、冯俊文：《农产品供应链风险管理》，《生产力研究》2007 年第 5 期。

供应链风险划分为七大类指标，采用模糊层次综合评价法对风险进行综合评价，测评出了供应链的总风险以及各个分指标的风险得分。[①] 李明等（2012）在供应链风险研究中充分考虑各个风险因子之间的相互联系和影响，运用层次分析法—综合模糊评价法对供应链风险进行了定性和定量研究。[②] 刘秋生、张洁（2012）在研究中运用模糊熵权法对突发事件给供应链带来的风险进行了度量，研究结果表明，突发事件造成的环境风险是较大的风险因素。[③] 周三元（2013）采用层次分析法对影响农产品质量安全问题的风险因素进行了评估，指出加工风险是最大的影响因素，同时得出供应链前期风险造成的影响不容忽视的结论。[④]

从风险控制方面来看，王燕、刘永胜（2008）在对风险进行识别和评估后提出了有效降低风险发生概率和减轻损失的风险处理方法，包括切断风险来源进行风险回避、有针对性地采取防范措施控制风险扩散、将风险转移或风险结果自行承担等，并提出要在实践中对风险处理机制进行检验，实现监控和反馈。[④] 刘乔等（2011）通过分析认为农产品供应链风险不能完全杜绝，但能够采取措施来控制，针对影响严重的风险因素提出有效的防范和应对机制。如推行农产品质量安全监管新模式、大力发展和完善农产品物流和努力创建农产品供应链中合作伙伴的战略合作关系等。[⑤] 张诚、张广胜（2012）从深层次原因入手，分析得出控制农产品供应链的根本途径，指出减少市场的不确定性是风险控制的重点。[⑥]

（四）研究述评

综上所述，农产品供应链与农户减贫增收问题的学术研究取得了丰硕

---

① 刘乔、沈欣、孙栩：《农产品供应链风险评价研究》，《农机化研究》2011 年第 9 期。

② 李明、邓旭东、肖伦亚：《基于 ANP——模糊评价法的供应链管理风险评价研究》，《科技创业月刊》2012 年第 5 期。

③ 刘秋生、张洁：《基于突发事件的供应链风险识别研究》，《商业时代》2012 年第 25 期。

④ 王燕、刘永胜：《供应链风险管理概述》，《物流技术》2008 年第 8 期。

⑤ 刘乔、沈欣、孙栩：《农产品供应链风险评价研究》，《农机化研究》2011 年第 9 期。

⑥ 张诚、张广胜：《农产品供应链风险影响因素的 ISM 分析》，《江西社会科学》2012 年第 3 期。

的成果，这些成果为人们寻求"小农户对接大市场"的解决方案提供了有
益的参考和启发。但文献分析可以发现，在农产品供应链与农户减贫增收
的学术研究上，以下三个方面仍然需要深化和拓展：首先，从研究范围来
说，现有研究大多围绕供应链和市场发育相对成熟的发达地区来开展工
作，出于多种原因，学者对集中连片特困地区农产品供应链及其与农户关
系等问题的关注远远不够，尤其是从农产品供应链对农户增收和农村减贫
的影响视角开展的专门研究还较为缺乏。其次，从研究深度来看，为实现
农户增收和区域发展的"双赢"目标，尽管已经有学者（如许翔宇，
2012）提出了将农户纳入农产品供应链以实现共同发展的观点，[①] 但受贫
困地区内部条件和外部环境等限制，贫困地区农产品供应链发展对农户的
吸纳存在很多不稳定因素，尤其是供应链主体间的松散关系更是直接影响
供应链运行的效率与稳定，现有研究对供应链主体间协同发展机理的揭示
和辨析不够，实践中导致供应链对农户减贫增收的带动效应不佳。最后，
从研究手段来讲，受数据可得性等影响，现有研究对连片特困地区供应链
发展及其与农户减贫增收关系的探讨以定性为主，运用大样本数据和有效
计量模型的定量分析较为不足，研究手段的改进和拓展亟待加强。基于
此，本书以农产品供应链发育和农户减贫增收之间的联动机理为主线，重
点探索农产品供应链发育对连片特困地区农户稳定减贫与持续增收的关联
效应，实证揭示农户对农产品供应链的价值认知、融入意愿及其影响因
素，据此探寻小农户稳定融入农产品供应链实现协同发展的有效路径。

三、研究的主要内容

根据研究主题需要，本书的研究内容主要围绕以下五大板块展开。

---

① 许翔宇：《贫困地区农户脱贫的困境与出路：基于农产品供应链的视角》，《农业经济问题》
2012 年第 9 期。

（一）小农户与大市场：连片特困地区的现状与应对

小生产与大市场的现实矛盾是我国农业与农村发展的普遍问题，本部分集中讨论连片特困地区农户脱贫致富和城乡统筹发展的困境与出路，结合当前区域反贫困的新特点、新趋向，引出农产品供应链对小农户克服"小生产与大市场"带来的一系列冲击的积极意义和可取之策。

（二）理论基点：农产品供应链与农户减贫增收的关联效应

选取代表性的连片特困区（如秦巴山区、滇桂黔石漠化区等），深入农户实施一定规模的问卷调查。归纳连片特困区农产品供应链的主要运行模式，解析农产品供应链对农户减贫增收的作用机理与影响机制。就连片特困区果蔬类、畜禽类和粮食类供应链的运行状况、发展潜力进行实证研究，比较分析不同类型农产品供应链对农户减贫增收的影响效应。

（三）连片特困地区农产品供应链主体间的利益关系及其协同机理

连片特困地区农产品供应链对农户减贫增收的带动作用不足，一个重要原因是主体之间不能实现协同发展，尤其是对小农户的排斥使得供应链的衔接愈发松散。本部分重点对政府、农户、龙头企业、合作社、协会等农产品供应链主体之间的利益联结关系进行实证检验，解析各主体间关系松散的现实影响并揭示其深层原因，探究供应链主体间融合发展的协同机理。

（四）基于主体协同的连片特困区农户稳定融入农产品供应链的驱动机制

按照逻辑关系，研究包括：连片特困地区农户融入农产品供应链发展的意愿分析及影响因素；农户稳定融入农产品供应链的模糊综合评价；对连片特困区代表性农产品供应链，运用模糊综合评价模型对农户融入农产品供应链的稳定性进行科学、合理评价；连片特困区农户稳定融入农产品供应链的驱动机制。在关系和信任导向下，重点从优化与整合价格传递机制、信息共享机制、利益分配机制、信用塑造机制和激励约束机制等方面予以综合考量。

（五）连片特困地区农户稳定融入农产品供应链实现协同发展的扶持政策

在充分尊重市场调节机制的前提下，通过加强政府宏观调控，制定并完善连片特困地区农户稳定融入农产品供应链的政策措施。本着主体间协同发展的原则，从农业产业链的实体节点如政府、农户、龙头企业、合作社、协会等着手，明晰不同节点的功能与定位，以供应链增值和稳定并突出小农户利益最大化为出发点，给出农户稳定融入农产品供应链实现脱贫致富和协同发展的政策建议。

四、研究思路与方法

（一）研究思路

本书主要通过对广西石漠化片区和陕西秦巴山片区等典型连片特困地区广泛深入的实地调查，运用科学规范的研究方法和可靠有效的计量手段，科学揭示农产品供应链与农户减贫增收的关联效应，实证检验农产品供应链主体间的利益联结关系，客观探究农产品供应链主体间的协同机理。在此基础上，深入探讨连片特困地区农户稳定融入农产品供应链发展的价值认知及其影响因素、现实意愿及其影响因素以及风险识别及其评估等。据此，科学设计连片特困地区农户稳定融入农产品供应链发展的实现机制。充分借鉴国内外先进经验的基础上，给出连片特困地区农户稳定融入农产品供应链实现脱贫致富和协同发展的政策措施。本书的核心思路如图 1.1 所示。

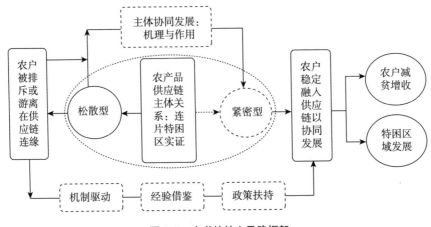

图 1.1　本书的核心思路框架

（二）数据来源

本书的核心研究数据来源于课题组赴 5 省（区）、9 县（区）开展的农户问卷调查。课题组分别于 2013 年 9 月前往广西、云南等欠发达地区，2014 年 8 月前往福建、江苏等发达地区和陕西等欠发达地区开展了农户问卷调查。其中，广西河池市的大化县、环江县和都安县以及崇左市的龙州县均属于国家确定的滇桂黔石漠化区集中连片特困县；陕西安康市的旬阳县以及汉中市的南郑县均属于国家确定的秦巴山区集中连片特困县；云南迪庆州的德钦县则属于国家早已实施特殊扶持政策的四省藏区集中连片特困县。

在调查过程中，依据样本的可获得性、科学性及当地的实际情况等，采用随机抽样的方法对农户分别进行一对一、面对面的调查。根据研究需要，共发放问卷 600 余份，最终收回问卷 530 份，剔除关键信息漏答等无效问卷后获得有效问卷 507 份，问卷有效率 95.66%。样本农户分布情况统计如表 1.1 所示。

表 1.1　样本农户分布情况统计

类型	省份	调研市（州）	调研县（区）	样本村	样本户数
发达地区	江苏	泰州市	姜堰区	通扬村	21
	福建	宁德市	霞浦县	董墩村	40
欠发达地区	广西	河池市	大化瑶族自治县	亮山村、流水村、双排村、古感村	113
			环江毛南族自治县	叠岭村、清潭村、东兰移民场、上南村、大安村、地蒙村、中南村	48
			都安瑶族自治县	内闷村	1
		崇左市	龙州县	上龙村、岭南村	34
	云南	迪庆州	德钦县	茨中村、巴东村、石底村	27
	陕西	安康市	旬阳县	周家阳坡村、桂花村	123
		汉中市	南郑县	李家山村、刘台村	100
合计	5省（区）	7市（州）	9县（区）	23村	507

与此同时，为获取来自发达地区农产品供应链发展情况的翔实资料和鲜活案例，课题组分别于 2014—2015 年分赴广东省的广州和深圳等珠三角地区，山东省的潍坊和青岛等环渤海地区开展了实地调研，收集整理了发达地区通过培育和构建特色农业产业链（包括畜禽产业链、蔬菜产业链等）促进农民增收致富的真材实料，为本书研究积累了直观的感性认识和丰富的案例素材。

（三）研究方法

本书在研究过程中，除了采用常规的定性与定量分析相结合、规范与实证研究相结合等研究方法外，在文献梳理、逻辑推演和实地调研的基础上，根据具体的研究内容，将重点采用如下研究方法。

1. 系统分析法

本书的研究目标是探求小农户如何通过农产品供应链实现与大市场的

有效对接问题。对此，本书把有效对接模式视为一个系统，对影响系统运转的各构成要件，如小农户的要素禀赋、面临的制度约束、外部环境条件、小农户与供应链的融合度和稳定性等，按照系统论的方法与观点进行科学解析，以便为研究目标的实现提供佐证与支撑。

2. 案例解析法

为增强整个研究的实效性和针对性，通过解析实地调研获取的典型案例，对连片特困地区农户融入农产品供应链的稳定机制及扶持政策有效性的检验十分必要。通过典型案例的解析与追踪，辨别机制运行和政策实施的现实效果，以便在实践操作中改进和完善。

3. 对象比较法

本书对比分析经济发达地区和欠发达地区农产品供应链对农户减贫增收的带动作用的差异，并分析造成差异的因素。通过比较双方之间的差异及分析原因，有助于为欠发达地区培育和完善农产品供应链并进一步带动农户减贫增收提供先进的经验借鉴。

4. 定量分析法

根据研究需要，本书采用的主要定量分析方法包括模糊综合评价法、模糊层次综合评价法和多元有序选择模型等。

（1）模糊综合评价法。模糊集合理论最初由美国扎德（Zadeh）教授提出，用来表示事物的不确定性。而模糊综合评价法（FCE）是一种理论基础为模糊数学的评标方法，这种评价方法能够根据隶属度理论，将描述性的评价标准量化，能够使受到多个评价因素影响的对象得出一个总体评价，得到一个总括的结论。用此方法能较好地将生活中模糊的、难以确定的评价语言量化，在用于解决各种非确定性问题方面具有较大的优势。

（2）模糊层次综合评价法。模糊层次综合（FAHP）评价法将层次分析法同模糊综合评价法相结合，用层析分析法确定各农户风险因素的权重大小，用模糊综合评判确定评判效果，属于将定性与定量相结合的评价模型，两者相互融合，结合了各自的优点，因此能够系统、客观地对目标进行评价，具有科学性、客观性和可靠性。

（3）多元有序选择模型。应用 Multinomial Logistic 多元选择模型，来检验农产品供应链对农户减贫增收的关联效应，解析农户对农产品供应链的价值认知，揭示农户对农产品供应链的融入意愿及其影响因素。

多元选择模型是分析当被解释变量不只两种选择时的有效工具。一般的多元选择模型，其被解释变量之间属于并列的关系，相互之间没有程度上的顺序差异。而当遇到被解释变量之间存在程度上的差异，涉及大小排序问题时，则需要建立排序选择模型。排序选择与二元选择模型类似，设有一个不可观测的潜在变量 y_i^*，可观测的是 y_i，设 y_i 有 0，1，2，$\cdots$，M 等 $M+1$ 个取值。

$$y_i^* = x_i'\beta + u_i^* \qquad (i = 1,\ 2,\ \cdots,\ N) \tag{1.1}$$

式（1.1）中 u_i^* 是独立同分布的随机变量，y_i 可以通过 y_i^* 按式（1.2）得到。

$$y_i = \begin{cases} 0 & \text{如果 } y_i^* \leq c_1 \\ 1 & \text{如果 } c_1 \leq y_i^* \leq c_2 \\ 2 & \text{如果 } c_2 \leq y_i^* \leq c_3 \\ \vdots & \vdots \\ M & \text{如果 } c_M \leq y_i^* \end{cases} \tag{1.2}$$

设 u_i^* 的分布函数为 $F(x)$，可以得到式（1.3）所示概率：

$$\begin{aligned} P(y_i = 0) &= F(c_1 - x_i'\beta) \\ P(y_i = 1) &= F(c_2 - x_i'\beta) - F(c_1 - x_i'\beta) \\ P(y_i = 2) &= F(c_3 - x_i'\beta) - F(c_2 - x_i'\beta) \\ P(y_i = 3) &= F(c_4 - x_i'\beta) - F(c_3 - x_i'\beta) \\ &\vdots \qquad\qquad \vdots \\ P(y_i = M) &= 1 - F(c_M - x_i'\beta) \end{aligned} \tag{1.3}$$

进一步得到：

$$\frac{\partial P(y_i = 0)}{\partial x_i} = -f(c_1 - x_i'\beta)\beta, \quad \frac{\partial P(y_i = M)}{\partial x_i} = -f(c_M - x_i'\beta)\beta \quad (1.4)$$

式（1.4）中，u^* 的密度函数为 $f(x)$。因此，$P(y_i = 0)$ 的变动随 x_i 变动方向与 β 的符号相反；而 $P(y_i = M)$ 的变动随 x_i 变动方向与 β 的符号相同，但是对于中间取值概率的变动与 x_i 的关系则是模糊不清的。

第二章　问题导入：连片特困地区农业小生产与大市场的困境与出路

一、连片特困地区农业与农村经济发展概况

（一）连片特困地区情况概述

1986 年国家扶贫开发领导小组正式成立，首次划分了 14 个扶贫区域。21 世纪初，在扶贫纲要精神的指导下，扶贫开发工作得到迅猛推进，取得了巨大成就，但农村的贫困问题越来越往"老少边穷"等生态环境恶劣、基础设施建设薄弱、公共服务滞后的地区集中。这些地区总体来说受到资源禀赋的限制和生产力水平低下等因素的制约，即使投入大量的资金和人力资源，仍难以达到扶贫效果。2008 年 12 月 31 日，《中共中央国务院关于2009 年促进农业稳定发展农民持续增收的若干意见》发布，中共中央、国务院提出要对这些特殊类型的贫困地区开展全方位的综合治理。2010 年 2月，温家宝同志提出要把扶贫开发的重担放在"集中连片特困地区和特殊类型贫困地区"。同年 7 月，温家宝同志在西部大开发会议上正式明确提出集中连片困难地区的概念。2011 年 3 月，回良玉同志作出指示："对连片特困地区的扶贫需要采取特殊的政策，坚持以连片特困地区作为扶贫的主战场。"

2012 年 6 月，国务院扶贫办以 2007—2009 年三年的人均县域生产总值、人均县域财政一般预算收入、县域农民人均纯收入等与贫困程度高度相关的指标为基本依据，统筹考虑对革命老区、民族地区、边疆地区加大

扶持力度的要求，在全国共划分了 11 个集中连片特殊困难地区，加上已明确实施特殊扶持政策的西藏、四省藏区、新疆南疆三地州，共 14 个片区、680 个县，作为新阶段扶贫攻坚的主战场。① 王超和王志章（2013）将连片特困地区定义为："是指由于先天自然资源禀赋、历史文化和社会现状等因素的限制，贫困范围广、程度深，导致一般经济增长难以带动、扶贫开发工作难度大、周期性较长涉及两个或者两个以上的县级以上行政机构所构成的集中连片特殊困难地区。"② 14 个片区国土面积达 339 万平方公里，覆盖人口 2.36 亿。按 2007—2009 年三年平均计算，这些地区的县域人均生产总值 6650 元、县域人均财政一般预算收入 262 元、县域农民人均纯收入 2667 元，分别相当于西部平均水平的 49.1%、43.7% 和73.2%。③

本书重点以西南的滇桂黔石漠化片区和西北的秦巴山片区为例来开展调查研究和实证分析。滇桂黔石漠化片区涉及广西、贵州、云南三省（区）的 15 个地（市、州）、91 个县（市、区），国土面积 22.8 万平方公里。2010 年年末，总人口 3427.2 万人，其中乡村人口 2928.8 万人，少数民族人口 2129.3 万人。2010 年，按照 1274 元扶贫标准，扶贫对象有324.4 万人，贫困发生率高达 11.1%，比全国平均水平高 8.3 个百分点，比西部地区平均水平高 5 个百分点；农民人均纯收入相当于全国平均水平的 58.8%。片区集民族地区、革命老区和边境地区于一体，是全国 14 个片区中扶贫对象最多、少数民族人口最多、所辖县数最多、民族自治县最多的片区。④

---

① 在 680 个县中，西部有 505 个，占 74.26%；中部有 153 个，占 22.50%；东部有 22 个，仅占 3.24%。可见，中西部尤其是西部地区依然是我国扶贫攻坚的重中之重。

② 王超、王志章：《少数民族连片特困乡村包容性旅游发展模式的探索——来自贵州六盘水山区布依族补雨村的经验数据》，《西南民族大学学报》（人文社会科学版）2013 年第 7 期。

③ 王仁贵、张萌：《新一轮扶贫"整体战"》，2012 年 2 月 20 日，见 http://news.xinhuanet.com/politics/2012-02/20/c_ 122726204.htm。

④ 按照 2300 元的扶贫标准，2011 年片区内（不含百色市右江区、田东县、平果县，河池市金城江区、南丹县、天峨县、凯里市、兴义市、六盘水市钟山区、都匀市、文山市）扶贫对象为816 万人，贫困发生率 31.5%，高出全国平均水平 18.8 个百分点；农民人均纯收入相当于全国平均水平的 49.9%。

秦巴山片区横跨豫、鄂、渝、川、陕、甘六省市，集革命老区、大型水库库区和自然灾害易发多发区于一体，覆盖 80 个县（市、区），国土面积 22.5 万平方公里。2010 年年末，总人口 3765 万人，其中乡村人口 3051.5 万人，少数民族人口 56.3 万人。2010 年，按照 1274 元的扶贫标准，扶贫对象有 302.5 万人，贫困发生率为 9.9%，比全国平均水平高 7.1个百分点，比西部地区平均水平高 3.8 个百分点；农民人均纯收入相当于全国平均水平的 67.2%。片区内部差异大，致贫因素复杂，是国家新一轮扶贫开发攻坚主战场中涉及省份最多的片区。

综上可见，无论是贫困的广度，还是贫困的深度，本书以滇桂黔石漠化片区和秦巴山片区为例来探讨连片特困地区的农业市场化进程和农民组织化水平，均具有较强的典型代表性。

（二）连片特困地区经济与社会发展态势

滇桂黔石漠化片区和秦巴山片区经济社会发展水平统计结果如表 2.1所示。

表 2.1　2010 年年末片区经济社会发展水平统计

类型	衡量指标	滇桂黔石漠化片区	秦巴山片区	全国平均
经济发展水平	人均 GDP（元/人）	9708	11694	30015
	城镇居民人均可支配收入（元/人）	13252	13155	19109.4
	农村居民人均纯收入（元/人）	3481	3978	5919
	三次产业结构比（%）	21∶43∶36	21∶46∶33	10.1∶46.7∶43.2
社会发展程度	城镇化率（%）	24.7	30.4	49.7
	适龄儿童入学率（%）	98.5	98.6	99.7
	居民平均受教育年限（年）	7.9	8.0	9.0
	农民新农合参合率（%）	86.7	89.3	95.0

类型	衡量指标	滇桂黔石漠化片区	秦巴山片区	全国平均
基础设施情况	饮水不安全人口比例（%）	37.9	69.3	22.2
	不通沥青（水泥）路的乡镇比例（%）	4.9	4.5	3.9
	不通沥青（水泥）路的建制村比例（%）	65.6	50.6	—
农业生产条件	人均耕地面积（亩/人）	0.99	—	1.36
	基本农田有效灌溉面积（%）	27.8	37.5	49.6
	森林覆盖率（%）	47.7	53.0	20.36
片区贫困状况	贫困人口规模（万人）	324.4	302.5	2688
	贫困发生率（%）	11.1	9.9	2.8

资料来源：片区数据来源于《滇桂黔石漠化片区区域发展与扶贫攻坚规划（2011—2020年)》《秦巴山片区区域发展与扶贫攻坚规划（2011—2020年)》；全国数据来源于《中国统计年鉴2014》。"—"表示未能查到相关数据。

1. 经济发展水平落后

从人均 GDP、城镇和农村居民收入水平以及三次产业结构比来看，连片特困地区全面落后于全国平均水平。人均 GDP 水平上，滇桂黔石漠化片区和秦巴山片区分别为全国的 32.34% 和 38.96%，大约为全国平均水平的三分之一；城镇居民收入水平上，滇桂黔石漠化片区和秦巴山片区分别为全国的 69.35% 和 68.84%，大约为全国平均水平的三分之二；农村居民收入水平上，滇桂黔石漠化片区和秦巴山片区分别为全国的 58.81% 和 67.21%，也基本为全国平均水平的三分之二。反映在产业结构上，连片特困地区三次产业结构构成，第一产业所占比重明显高于全国平均水平一倍以上，表明在贫困地区农业依然是经济发展的主导产业。

2. 社会发育程度低下

从城镇化水平、儿童和成人受教育程度、新农合保障程度等来看，连片特困地区同样落后于全国平均水平。城镇化率方面，滇桂黔石漠化片区和秦巴山片区分别比全国平均水平低 25 个和 19.3 个百分点；适龄儿童入学率方面，滇桂黔石漠化片区和秦巴山片区分别比全国平均水平低 1.2 个和 1.1 个百分点；居民平均受教育年限方面，滇桂黔石漠化片区和秦巴山片区分别比全国平均水平低 1.1 年和 1 年；农民新农合参合率方面，滇桂黔石漠化片区和秦巴山片区分别比全国平均水平低 8.3 个和 5.7 个百分点。可见，连片特困地区社会发育水平较为低下，也有较大的改善余地。

3. 基础设施建设不足

从区域发展所必需的水和路情况来看，连片特困地区基础设施建设条件远远不能满足区域经济社会发展的基本需要。水利供给上，滇桂黔石漠化片区和秦巴山片区分别有 37.9% 和 69.3% 的人口不能获得安全的饮用水，分别比全国平均水平高出 15.7 个和 47.1 个百分点；道路建设上，滇桂黔石漠化片区和秦巴山片区分别有 4.9% 和 4.5% 的乡镇不能通沥青（水泥）路，更是分别有 65.6% 和 50.6% 的建制村不能通沥青（水泥）路，二者均高出全国平均水平相当大的比例。道路、水电等基础设施条件建设不足，进一步导致连片特困地区的经济社会发展受阻。

4. 农业生产条件不利

滇桂黔石漠化片区和秦巴山片区地处全国重要河流的发源地和流经地，是国家重要的生物多样性和水源涵养生态功能区。两大片区森林覆盖率均超出全国平均水平的一倍以上，为片区经济社会转型发展提供了优越的生态条件。与此同时，支撑片区农业生产和发展的其他条件却较为不利。如耕地资源方面，片区不但人均耕地面积狭小，而且土地细碎化程度严重，农业难以实现规模化经营。根据课题组调查，在广西龙州县，一户农户家里有耕地 3 亩，一共分为 15 块，平均一块田只有 2 分；而在陕西旬阳县，一户农户家里有耕地 3 亩，一共分为 26 块，平均一块田却只有 1 分多。连片特困地区耕地的细碎化程度由此可见一斑。而且，旱涝保收的优质耕地资源比重偏小，使得片区农业生产和发展的后劲受到较大束缚。滇桂黔石漠化片区和秦巴山片区基本农田有效灌溉面积分别只有 27.8%、37.5%，分别比全国平均水平低 21.8 个和 12.1 个百分点。

5. 贫困规模大程度深

滇桂黔石漠化片区和秦巴山片区贫困人口均占全国贫困人口总数的十分之一以上，贫困发生率分别比全国平均水平高出 8.3 个和 7.1 个百分点。滇桂黔石漠化片区部分贫困群众住房困难，权权房、茅草房比例高，人畜混居现象突出。片区石漠化面积 4.9 万平方公里，中度以上石漠化面积达 3.3 万平方公里，是全国石漠化问题最严重的地区，有 80 个县属于国家石漠化综合治理重点县。[①] 秦巴山片区内地形复杂，洪涝、干旱、山体滑坡等自然灾害易发多发，是我国六大泥石流高发区之一，因灾致贫返贫现象严重。51 个汶川地震极重灾县和重灾县中有 20 个在该片区，灾后振兴发展任务繁重；全国 45 个未控制大骨节病县中有 16 个在片区，因病致贫问题突出；有 42 个县属于南水北调中线工程水源保护区，4 个县位于三峡库区。[②]

二、现代化进程中连片特困地区农业小生产困境

连片特困地区经济与社会发展态势不佳的状况，在农业生产中同样得到很大程度的体现。尤其是随着现代化进程的不断深入，千家万户的小农户在面对千变万化的大市场时，存在着不同程度的困难境地，主要表现如下。

（一）农业规模化经营受限，使得农业生产难以取得效益

进入 21 世纪，在国家一系列强农惠农政策的推动下，农村土地流转呈现依法、规范和加速之势，使得我国现代农业发展的规模化水平有了相当大程度的提高。但在连片特困地区，受区域资源禀赋和土地要素特征影

[①] 国务院扶贫开发领导小组办公室、国家发展和改革委员会：《滇桂黔石漠化片区区域发展与扶贫攻坚规划（2011—2020 年）》，2012 年。

[②] 国务院扶贫开发领导小组办公室、国家发展和改革委员会：《秦巴山片区区域发展与扶贫攻坚规划（2011—2020 年）》，2012 年。

响，农业规模化经营水平依然难以提升。根据课题组在广西、陕西等连片特困地区的调查，尽管存在农户通过互换并地、有偿租赁等方式流转到了几十亩土地的现象，但更普遍的情况是，绝大多数农户户均经营耕地面积小的仅有一两亩地，大的也就六七亩地。而且本就狭小、有限的耕地面积，因为自然、历史等缘由，多被分割为零零碎碎的十几块，甚至几十块。土地的细碎化、零散化进一步造成土地的劣质化、边缘化，使得现代农业生产和发展对土地资源的规模依赖和质量要求无法满足和实现。土地经营的规模报酬长期不能得到合理回报，农民生产积极性和热情受挫，农业经营效益愈发低下，农业产业陷入低水平重复和恶性循环当中。

（二）农业市场化进程缓慢，使得农业生产难有竞争优势

改革开放特别是 21 世纪以来，劳动、资本、科技、知识等现代农业生产要素的市场化进程飞速发展，土地等要素的市场化改革在一些发达地区也得到了很大程度上的推进，但在连片特困地区，受基础设施条件、自然历史因素、人们观念意识等影响，农业市场化进程依然缓慢，农产品商品化程度较为低下。根据课题组在广西和陕西的调查结果（见表2.2），在连片特困地区农业生产过程中，农户使用雇工的情况并不多见。在广西，只有 18.88% 的农户有过在农产品收获时用过雇工的情况；在陕西，这一比重也只有 43.05%；两大片区合计，有过在农产品收获时用过雇工的农户比重仅有 31.74%，不足三分之一。调查进一步显示，即使用过雇工，雇工劳动量占农产品收获劳动量的比重基本在 50% 以下。在问及使用雇工的原因时，选择"本地有方便的劳务队伍"这一选项的农户比例也非常少，基本在 2% 的水平上。表2.2 进一步表明，在连片特困地区，其他反映区域农业市场化进程的指标，如农产品深加工后再销售、事先签订合同来销售农产品等，各项占比均不足 10%。可见，连片特困地区农业市场化进程缓慢，农户农业产前、产中和产后的行为方式更多地表现出非市场化特征，农业生产和交易方式落后，使得片区农业生产难以获得竞争优势。

表 2.2　农户市场化行为调查统计

农户市场行为选择	滇桂黔石漠化片区（196）		秦巴山片区（223）		两区合计（419）	
	总量	比重（%）	总量	比重（%）	总量	比重（%）
农产品收获时用过雇工	37	18.88	96	43.05	133	31.74
本地有方便的劳务队伍	4	2.04	5	2.24	9	2.15
农产品未加工直接销售	119	60.71	120	53.81	239	57.04
农产品深加工后销售	3	1.53	18	8.07	21	5.01
农产品由自己到市场卖掉	128	65.31	65	29.15	193	46.06
事先签订销售合同	14	7.14	22	9.87	36	8.59

资料来源：课题组实地调查所得。

（三）农业信息化建设滞后，使得农业生产难以顺应市场

众所周知，信息化是城镇化、工业化和农业现代化的重要手段和支撑。在全国大力推进农业信息化软硬件建设的背景下，连片特困地区的农业信息化水平有了较大程度的提升，但受制于自身科技文化素质和观念意识等影响，农户信息化手段仍然较为单一，较低的信息化利用水平使得农户难以抓住现代市场中瞬息万变的有效信息。表 2.3 显示，尽管近年来移动电话在连片特困地区普及程度得到很大改善，九成以上农户都至少拥有一部手机，但农户对手机的利用更多是以通话为主，通过手机接收有益信息的寥寥无几。与此同时，在发达地区的农村传送信息更为普遍的有线电视和电脑网络等，在连片特困地区的普及度却较为低下。表 2.3 显示，连片特困地区开通电脑网络的农户比重只有 22.91%，开通有线电视的农户比重也只有约四成。而对现代信息设备的不充分利用，使得通过电脑或手

机获取农产品市场行情的农户比重均不足 10%。配套较低的现代农业信息接收设备及其薄弱的开发利用水平，使得农户想要获得需要的农业信息并不容易，只有 12.41% 的农户认为获取市场行情容易。

表 2.3　农户信息化水平调查统计

农户信息化手段	滇桂黔石漠化片区（196）		秦巴山片区（223）		两区合计（419）	
	总量	比重（%）	总量	比重（%）	总量	比重（%）
移动电话	189	96.43	204	91.48	393	93.79
有线电视	170	86.73	95	42.60	265	63.25
电脑网络	46	23.47	50	22.42	96	22.91
通过电脑或手机获取行情	15	7.65	21	9.42	36	8.59
获取市场行情容易	14	7.14	38	17.04	52	12.41

　　注：滇桂黔石漠化片区有线电视统计量偏高，是因为在农户调查时，未跟受访者解释清楚有线电视的真正含义，使得很多农户误以为只要家里有电视信号，就是开通了有线电视。实际上，在广西调查期间发现，很多农户家里是用信号接收锅来收看电视节目的。这一情况在后来的陕西调查中予以纠正，秦巴山片区有线电视比重统计更为可靠。

　　资料来源：课题组实地调查所得。

（四）农户组织化程度低下，使得农业生产缺乏组织保障

　　分散经营的小农户通过与农业龙头企业合作或者加入农民专业合作社，借助相对强势的产业链组织提升自身同大市场对接的能力，已经被认为是提高小农户组织化程度的有效手段。尽管“龙头企业+农户”“龙头企业+合作社+农户”等产业化组织模式在我国东部发达地区已经广为流行，但在连片特困地区，这些产业化组织模式的运行仍然不尽如人意。表 2.4 显示，无论是与农业龙头企业合作，还是加入农民专业合作社的农户比重，在两大片区均不足两成，农户生产和经营活动依然沿袭传统的单家独户方式来面对市场，农户组织化程度相当低下。即使在有限的与农业龙

企业通过订单方式实现产销合作的农户中，这种合作也表现出相当的不稳定性。实地调查进一步显示，农户对合作的龙头企业表示信任的比重很低，两大片区只有7.16%的农户对与其合作的龙头企业是信任的。当农产品市场价格高于合同价格时，依然选择按合同价格销售农产品的农户比重，在滇桂黔石漠化片区和秦巴山片区分别只有4.08%和2.24%，两大片区合计只有3.10%。面对这种市场行情变动，大部分农户选择了"哪里价高卖给哪里"这种有违契约精神的短视行为。这种情况进一步加剧了农户组织化程度难以有效提高，使得农业生产因缺乏稳定的组织保障而不断陷入小生产的泥沼中不能自拔。

表2.4　农户组织化程度调查统计

农户组织化程度	滇桂黔石漠化片区 (196)		秦巴山片区 (223)		两区合计 (419)	
	总量	比重（%）	总量	比重（%）	总量	比重（%）
与农业龙头企业有过合作	39	19.90	16	7.17	55	13.13
加入农民专业合作社	34	17.35	38	17.04	72	17.18
市场价高于合同价时依然按合同价销售农产品	8	4.08	5	2.24	13	3.10
信任合作的农业龙头企业	22	11.22	8	3.59	30	7.16

资料来源：课题组实地调查所得。

（五）农户风险意识淡薄，使得农业生产面临更多变数

农业本身自然风险和市场风险相互交织的产业特征，要求小农户在从事农业生产和经营活动时要具备相当的风险识别和控制能力。但实践中，受外部环境条件和自身文化素质及观念意识等影响，小农户往往不具有风险防御意识和风险抵抗能力，使得小农户对接大市场时会面对更多的不确

定性，而这种情况在连片特困地区表现得更加突出。根据表 2.5 统计结果，从风险识别情况看，两大片区有接近三分之一的农户认为纳入农产品供应链发展没有风险或不清楚有无风险，而认为农业生产的风险是可控的农户比例也只有大约三分之一，四成左右的农户从不或较少关注农产品供应链风险。从风险防范方面看，尽管两大片区有 36.28% 的农户对农业保险持乐观态度，但真正通过多种经营或购买农业保险来降低农业风险的农户比重却只有 13.84%。这充分表明在连片特困地区，一方面，小农户风险意识淡薄，生产和经营过程中很少关注可能发生的风险；另一方面，当风险发生时，更多农户选择了自己承受损失而不是依靠市场渠道来分散和化解。

表 2.5　农户风险意识调查统计

农户风险意识	滇桂黔石漠化片区 (196)		秦巴山片区 (223)		两区合计 (419)	
	总量	比重（%）	总量	比重（%）	总量	比重（%）
纳入农产品供应链发展没有或不清楚有无风险	58	29.59	64	28.70	122	29.12
农业生产的风险是可控的	65	33.16	71	31.84	136	32.46
从不或较少关注农产品供应链风险	65	33.16	105	47.09	170	40.57
对农业保险持乐观态度	75	38.27	77	34.53	152	36.28
通过多种经营或购买保险来降低农业风险	21	10.71	37	16.59	58	13.84

资料来源：课题组实地调查所得。

三、农户市场化贫困：连片特困地区农业小生产对接大市场的最大障碍

（一）问题的提出

自 1986 年以来，我国先后颁布并实施了《国家八七扶贫攻坚计划》《农村扶贫开发纲要（2001—2010）》《农村扶贫开发纲要（2011—2020）》等重要扶贫纲领性文件，引导反贫困战略由救济式转向开发式，反贫困工作取得了巨大成效，但现行扶贫机制由于瞄准机制偏差、投资漏出率高等原因导致的扶贫效率低和资金投入渠道单一等问题依旧存在（张新伟，1999；匡远配，2005）。[①] 因而，顺应反贫困工作新形势，进一步调整反贫困政策，创新反贫困机制势在必行。党的十八届三中全会提出"加快完善现代市场体系""使市场在资源配置中起决定性作用"。[②] 在当前深入推进"四化"同步，全面深化农村改革背景下，反贫困同样宜重视市场化手段的有效运用。通过市场机制增强贫困人口适应市场经济变化的能力来开展反贫困工作，可以增强贫困地区自我积累和发展能力，培育内在增长机制（徐月宾等，2007；徐志明，2008），[③] 有利于遏制脱贫后"返贫"现象的发生。

实践中，农户在生产和发展中表现出的市场化贫困严重制约着其减贫增收致富。所谓市场化贫困，是指农户因外部条件或者自身禀赋的限制而无法有效参与市场并在参与中共享发展成果而陷入贫困的现象，其中外部条件包括其所处的自然地理环境、政治环境、经济发展水平和社会文化背

---

① 张新伟：《扶贫政策低效性与市场化反贫困思路探寻》，《中国农村经济》1999 年第 2 期。匡远配：《中国扶贫政策和机制的创新研究综述》，《农业经济问题》2005 年第 8 期。

② 中国共产党第十八届中央委员会第三次全体会议：《中共中央关于全面深化改革若干重大问题的决定》，2013 年 11 月 15 日，见 http://news. xinhuanet. com/politics/2013 - 11/15/c _ 118164235.htm。

③ 徐月宾、刘凤芹、张秀兰：《中国农村反贫困政策的反思——从社会救助向社会保护转变》，《中国社会科学》2007 年第 3 期。徐志明：《扶贫投资低效率与市场化反贫困机制的建立》，《乡镇经济》2008 年第 9 期。

景等；自身禀赋则包括农户个体或其家庭整体的科学文化水平、生产经营能力、资产拥有情况和社会资源获取能力等。

就市场和贫困的关系问题，前人作了众多具有参考价值的探索。张铭羽、沈红（1993）很早就在进行市场经济对贫困地区的利弊分析时提出市场经济的资源配置作用和开放性特征将对贫困地区的经济发展和农民增收起到促进作用。[1] 陈和黄（Chyi and Hwang，2010）经过研究发现，"亲市场"的各类基础设施建设将对贫穷的发展中国家反贫困工作有着积极作用。[2] 王春超、叶琴（2014）通过实证研究发现市场化程度提高对于减少劳动者多维贫困有着显著影响。[3] 另有研究指出，更多地参与市场能够显著降低农户陷入贫困的概率，但即使市场参与程度高，具有较少人力资本和较高人口负担率、更多地从事农业生产的农户也有可能陷入贫困（章元等，2009）。[4]

可见，前人对相关问题的方法和理论方面做了大量研究，但农村特别是贫困地区农村市场化程度是否与我国的反贫困工作需要相适应，或者说贫困农户是否因市场化程度不高而面临着脱贫难的问题，目前的相关研究亟待加强。基于此，本书拟在前人研究的基础上，借助连片特困地区农户调查一手数据，通过引入农户市场参与维度尝试对 AF 方法进行拓展，并将其应用于连片特困地区农户多维贫困测量中，重点分析其市场化方面的贫困程度，探究通过市场化推进反贫困的思路是否符合实践需要，以期为反贫困政策的调整与完善提供价值参考。

---

[1]　张铭羽、沈红：《向市场经济体制转轨中的扶贫问题》，《经济研究》1993 年第 12 期。

[2]　Chyi Y. L.，Hwang C. S.，"Development of Domestic Markets and Poverty Reduction for Poor Developing Economies"，*Economic Modelling*，No. 1—2，2011.

[3]　王春超、叶琴：《中国农民工多维贫困的演进——基于收入与教育维度的考察》，《经济研究》2014 年第 12 期。

[4]　章元、万广华、刘修岩等：《参与市场与农村贫困：一个微观分析的视角》，《世界经济》2009 年第 9 期。

（二）研究方法与数据来源

1. AF 多维贫困测量方法

通过多维方法对农户进行贫困测量既可使测量更为全面，同时又可区分不同维度下贫困农户所遭受的福利剥夺状况，从而为确定各维度在推进反贫困工作中的重要程度提供参考。AF 多维贫困测量方法由阿尔基尔、福斯特（Alkire and Foster，2011）共同提出，[①] 是目前被广泛应用于多维贫困测量的主要方法之一。该方法的测算步骤如下：

（1）矩阵的构建。令 n 代表个体总数，d 代表维度总数，进而建立一个 n 行 d 列的矩阵 Y：

$$\begin{vmatrix} y_{11} & y_{12} & \cdots & y_{1d} \\ y_{21} & y_{22} & \cdots & y_{2d} \\ \vdots & \vdots & & \vdots \\ y_{n1} & y_{n2} & \cdots & y_{nd} \end{vmatrix}$$

y_{ij} 表示第 i 个个体在第 j 个维度上的观测值，其中 $i = 1，2，3，\cdots，n$；$j = 1，2，3，\cdots，d$。

（2）贫困的识别。设定行向量 $Z = (z_1，z_2，z_3，\cdots，z_d)$，$z_j(j = 1，2，3，\cdots，d)$ 为第 j 个维度的剥夺临界值，如果个体在 j 维度上的观测值小于 z_j，则取值为 1，表示其在该维度上的福利被剥夺，陷入贫困；否则取值为 0，表示其在该维度上未陷入贫困。

由上述方法对 Y 矩阵进行整理可得到剥夺矩阵 Y^0。Y^0 也是一个 n 行 d 列的矩阵，所不同的是该矩阵中所有的元均为 0 或 1。将矩阵 Y^0 第 i 行的元相加，得到剥夺计数 $c_i(c_i = 0，1，2，\cdots，d)$，它表示第 i 个个体在 c_i 个维度上陷入贫困。

接下来考察第 i 个个体是否存在多个维度福利同时被剥夺的贫困。假

---

① Alkire S., Foster J., "Counting and Multidimensional Poverty Measurement", *Journal of Public Economics*, No. 7—8, 2011.

设考察第 i 个个体是否存在 k 个维度福利同时被剥夺的贫困，k 的取值为 1 到 d 闭合区间内的任意整数。建立如下函数：

$$p_i^k = \begin{cases} 0, & c_i < k \\ 1, & c_i \geq k \end{cases} \tag{2.1}$$

$p_i^k = 1$，表示第 i 个个体存在 k 个维度福利同时被剥夺的贫困；$p_i^k = 0$，表示第 i 个个体不存在 k 个维度福利同时被剥夺的贫困。由此可见，p_i^k 受到 z_j（维度剥夺临界值）和 k 的双重影响，故称双临界值法。当 $k=1$ 时，这是最为严格的多维贫困定义，即只要个体存在任意一个维度的贫困即被认定为贫困；当 $k=d$ 时，这是最为宽松的多维贫困定义，即只有当个体 d 个维度全部为贫困时才被认定为贫困。

（3）多维贫困指数（MPI）。设定 p^k 为发生 k 个维度贫困的个体数量，则 $p^k = \sum_{i=1}^{n} p_i^k$。设定多维贫困发生率为 H，则 $H = p^k/n$。此时，根据 AF 方法，其相应的平均剥夺份额 A 和多维贫困指数 M_0[①]亦可求出：

$$A = \sum_{i=1}^{n} (p_i^k C_i)/p^k d \; ; \; M_0 = HA \tag{2.2}$$

（4）维度的权重。关于对各维度的权重进行设定的问题，既可采用专家打分和主成分分析等方法，也可运用等权重赋值法。相对而言，因为很大程度上避免了人为因素对维度赋权的干扰，后者的运用更为广泛。如王春超、叶琴（2014）在其对中国农民工多维贫困演进问题进行研究时即使用等权重赋值方法。[②] 本书采用各维度等权重法，即各维度赋予同等权重，各维度下的指标均分其所属维度的权重。

（5）多维贫困指数贡献率。在计算各维度的多维贫困贡献率之前，先要计算各维度的多维贫困贡献额，设 M_{0j} 为第 j 个维度的多维贫困贡献额，其计算公式为：

---

① 多维贫困指数除 M_0 外，还有 M_1、M_2 等不同形式，可用平均贫困距 G 和贫困深度 S 分别对 M_0 进行调整得到，其中，$M_1 = M_0 G$，$G = |y^1(k)|/|y^0(k)|$，$y_{ij}^1 = (z_j - y_{ij})/z_j$；$M_2 = M_0 S$，$S = |y^2(k)|/|y^0(k)|$，$y_{ij}^2 = (y_{ij}^1)^2$，实际应用可根据需要进行选择。

② 王春超、叶琴：《中国农民工多维贫困的演进——基于收入与教育维度的考察》，《经济研究》2014 年第 12 期。

$$M_{0j} = p_j \cdot w_j / n \qquad (2.3)$$

其中，p_j 为按照同时存在 k 个维度贫困的标准进行贫困识别后，在第 j 个维度的贫困个体数量；w_j 是第 j 个维度的权重。此时，即可计算出各维度的多维贫困贡献率 C_j，其公式为：

$$C_j = M_{0j} / M_0 \qquad (2.4)$$

2. 维度和指标设定

结合已有研究成果同时考虑数据可得性，本书选取了收入、教育、生活设施和农户市场参与四个维度，共包含 12 个指标。

（1）收入。无论是单一指标测量的传统贫困认定方法，还是近年来的多维贫困测量方法，收入都是不可或缺的重要指标。国内外研究对该维度的贫困线设定主要有两种：一是参考世界银行确定的"一天内购买货物及服务的总开支少于在美国以 1.25 美元所能购买货物及服务"的标准；另一个是参考我国确定的以人均纯收入进行认定的贫困标准。本书采用的是我国于 2011 年最新划定的贫困标准线，即以农村居民家庭人均纯收入 2300 元人民币作为收入维度的贫困线。

（2）教育。接受正规教育既是宪法赋予公民的基本权利，也是公民获得更好发展权利并共享发展成果的根本保障。受教育水平在某种程度上影响着一个人摆脱贫困的能力，因此，教育也是很多学者在进行多维贫困测量时都予以采纳的一个重要维度。本书在教育维度上所设定的贫困线为所调查农户户主是否完成我国九年制义务教育。

（3）生活设施。生活设施维度本书选取了饮水来源、信息通信和道路交通三个指标。饮水安全问题一直是世界各国反贫困工作的关注重点，为此我国于 2005 年启动了农村饮水安全应急工程，其重要性可见一斑；而随着社会发展，电视、手机、电脑网络等信息通信终端设备已日益成为人们日常生活和文化娱乐的必需品，是衡量生活质量的标准之一；同时鉴于各类公路对经济增长和减缓贫困有着统计意义上的显著影响（鞠晴江，2006），[①] 本书将上述三个指标引入多维贫困分析框架。

---

① 鞠晴江：《道路基础设施、经济增长和减贫——基于四川的实证分析》，《软科学》2006 年第 6 期。

（4）市场参与。农户市场参与维度的引入，是本书结合当前大背景和实践需要对多维贫困测量方法的一个拓展。党的十八届三中全会提出的"加快完善现代市场体系""使市场在资源配置中起决定性作用"战略方针，为我国长期以来非市场化占主导的反贫困提供了新的思路和途径。从实践来看，市场化程度较高的农户其摆脱贫困的能力一般也较强，通过提高贫困农户的市场参与程度和市场驾驭能力，对改变其持久性贫困并最终脱贫致富是有着积极作用的。基于此，为更全面地反映和研究贫困人口的多维贫困状况，将农户市场参与纳入多维贫困分析框架是有一定必要性的。

对于农户市场参与维度，本书基于调研所得数据，结合农业产业特点，最终从产前、产中、产后、风险应对和自我认知四个角度设定了7个指标。

本书所设定的维度和指标以及具体的权重、赋值说明如表2.6所示。

表2.6　维度指标设定和赋值说明

维度	指标		权重	赋值说明
收入	家庭人均纯收入		1/4	目前我国贫困标准为人纯收入 2300 元，低于此标准的农户赋值为1，反之则为0
教育	户主受教育水平		1/4	按照我国九年义务教育标准，户主为小学及以下受教育水平赋值为1，反之则为0
生活设施	安全的饮用水来源		1/12	问卷中设定的地下水、自来水、水窖蓄水和江河湖水4类饮水来源，有其中任何一个即赋值为0，反之则为1
	日常信息通讯设备		1/12	问卷中设定的移动电话、有线电视、电脑网络三类信息通信设施，有其中任何一个即赋值为0，反之则为1
	便捷的道路交通		1/12	紧邻村村通公路、县级公路、或距离省道国道2公里以内，满足其中任何一项即赋值为0，反之则为1
市场参与	产前	生产资料购买渠道	1/20	通过农贸市场、经销店、厂家、科研院所或者农机推广中心等现代化市场途径获得即赋值为0，反之为1
	产中	生产资料使用量依据	1/20	依据说明书、技术人员或农资经销商建议等方式即赋值为0，个人经验或者邻里商量等主观方式赋值为1

维度	指标	权重	赋值说明
产后	农产品收获时雇工情况	1/40	存在雇工情况即赋值为0,没有雇工情况赋值为1
	与企业合作或合作社参与情况	1/40	与龙头企业有合作或者加入合作社即赋值为0,反之则为1
风险应对	应对方式	1/20	通过购买农业保险、关注天气和追踪市场、分散经营等方式防范应对风险即赋值为0,反之则为1
自我认知	获取市场行情	1/40	户主认为获取市场行情比较容易或非常容易即赋值为0,反之则为1
	对供应链和合作社熟悉度	1/40	户主认为自己比较熟悉或非常熟悉即赋值为0,反之则为1

3. 数据来源及样本描述

本书所用数据来自于课题组对广西和陕西两省六县开展的农户调查。该调研分为两次进行:2013年9月份赴广西开展第一次调研,2014年7月份赴陕西开展第二次调研。两次调研所使用问卷完全一致,总计收回问卷433份,剔除关键信息漏答等无效问卷,调研共获取有效问卷419份,问卷有效率96.77%。样本农户分布情况如表2.7所示。

表2.7　调研样本分布情况

省份	调研市	调研县	样本镇村	样本户数
广西	河池市	大化瑶族自治县	大化镇亮山村、流水村、古感村、双排村	113
		环江毛南族自治县	思恩镇叠岭村、清潭村、东兰移民场;水源镇上南村;大安乡大安村;洛阳镇地蒙村;下南乡中南村	48
		都安瑶族自治县	龙湾乡内闷村	1
	崇左市	龙州县	上龙乡上龙村;龙州镇岭南村	34
陕西	安康市	旬阳县	吕河镇周家阳坡村;甘溪镇桂花村	123
	汉中市	南郑县	汉山镇李家山村、阳春镇刘台村	100
合计	4市	6县	13镇(乡)18村	419

（三）　实证结果与分析

1. 多维贫困指数

运用 AF 多维贫困测量方法对调研所得数据进行处理，测量结果如表 2.8 所示。如果把四个维度中任意 1 个指标不达标认定为贫困，则样本农户的贫困发生率达 99.76%，说明在调查样本中有 99.76%的农户存在所设定的 12 个指标中至少 1 个指标的贫困，剥夺强度为 38.24%，多维贫困指数为 38.15%；当考虑 4 个维度 12 个指标中的任意 2 个指标的贫困时，样本贫困发生率为 97.61%，剥夺强度为 38.90%，多维贫困指数为 37.97%；当考虑 4 个维度 12 个指标中的任意 3 个指标的贫困时，样本贫困发生率为 90.69%，剥夺强度为 40.59%，多维贫困指数为 36.81%；当考虑 4 个维度 12 个指标中的任意 4 个指标的贫困时，样本贫困发生率为 73.51%，剥夺强度为 44.24%，多维贫困指数为 32.52%；当考虑 4 个维度 12 个指标中的任意 5 个指标的贫困时，样本贫困发生率为 52.03%，剥夺强度为 48.74%，多维贫困指数为 25.36%，说明随着所考虑指标个数的增加，贫困发生率和多维贫困指数逐次降低，而剥夺强度则逐次升高。

表 2.8　多维贫困测量结果

k	多维贫困户数	贫困发生率 $H(\%)$	平均剥夺强度 $A(\%)$	多维贫困指数 $M_0(\%)$
1	418	99.76	38.24	38.15
2	409	97.61	38.90	37.97
3	380	90.69	40.59	36.81
4	308	73.51	44.24	32.52
5	218	52.03	48.74	25.36
6	127	30.31	53.81	16.31
7	42	10.02	61.51	6.17
8	14	3.34	67.86	2.27
9	2	0.48	75.00	0.36
10	0	0.00	—	—

续表

k	多维贫困户数	贫困发生率 H(%)	平均剥夺强度 A(%)	多维贫困指数 M_0(%)
11	0	0.00	—	—
12	0	0.00	—	—

注：当多维贫困户数 $p^k = 0$ 时，无法代入公式 $A = \sum_{i=1}^{n} (p_i^k C_i)/p^k d$ 计算 A 和 M_0，故表中以"—"表示。

当实行较为严格的多维贫困定义时，如当分别使 $k=1$、$k=2$、$k=3$ 时，相应的多维贫困发生率分别高达 99.76%、97.61%、90.69%，相应的多维贫困指数依次为 38.15%、37.97%、36.81%，这说明某种程度、某个意义上的贫困问题的确在样本农户中广泛存在。当实行较为宽松的多维贫困定义时，如当 k 取值为 10、11 和 12 时，相应的多维贫困发生率和多维贫困指数均为 0，这说明样本农户中不存在 4 个维度 10、11 或 12 个指标全部为贫困的情况。

进一步观察多维贫困发生率和多维贫困指数随 k 取值不同所呈现的变化趋势，可以发现 $k=6$ 较为特殊。相对于其他 k 值变化区间，当 k 取值由 5 变为 6 和由 6 变为 7 时，相应的多维贫困发生率分别下降了 21.72% 和 20.29%，多维贫困指数分别下降了 9.05% 和 10.14%，二者均发生了较大变化。考虑到 $k=6$ 处于 k 取值的中间位置，可较好地避免多维贫困定义过于严格或宽松带来的估算偏误，本书将进一步对 $k=6$ 相应的测量结果展开分析。

2. 多维贫困指数贡献率

表 2.9 列出了 k 取不同值时各维度指标的多维贫困指数贡献率。可以看出，4 个维度 12 个指标的多维贫困指数贡献率随 k 的取值变化而变化。当 k 取值由 5 变为 6 时，教育维度多维贫困指数贡献率超过收入维度，上升至第二位；当 k 取值由 6 变为 7 时，教育维度多维贫困指数贡献率超过市场参与维度，上升至第一位。但在 k 的大多数取值下，市场参与维度多维贫困指数贡献率一直最高；其次是收入和教育维度，且二者多维贫困指

表 2.9　各维度及指标的多维贫困指数贡献率

单位：%

k	收入	教育	基础设施				市场参与						
	人均纯收入	受教育水平	基础设施	饮水来源	信息通讯	道路交通	市场参与	生产资料购买	行情获取难易	农资使用依据	风险应对方式	有无雇工收获	有无合作
1	24.71	25.03	6.47	1.36	0.68	4.43	38.48	1.12	8.21	5.60	8.71	6.78	8.06
2	24.83	24.83	6.50	1.36	0.68	4.45	38.48	1.13	8.22	5.63	8.70	6.71	8.09
3	25.45	24.47	6.43	1.40	0.70	4.32	38.47	1.16	8.13	5.67	8.56	6.83	8.10
4	26.42	25.32	6.61	1.41	0.67	4.53	38.07	1.16	7.83	5.81	8.23	7.13	7.92
5	28.47	26.82	7.53	1.65	0.71	5.18	37.02	1.37	7.37	5.96	7.73	7.06	7.53
6	28.54	30.00	8.78	1.71	0.98	6.10	35.85	1.46	7.20	5.91	7.32	6.77	7.20
7	30.97	33.87	10.97	2.58	1.94	6.45	33.71	2.42	6.45	5.81	6.29	6.45	6.29
8	36.84	34.21	12.28	1.75	2.63	7.89	32.02	3.95	5.70	4.82	6.14	5.70	5.70
9	33.33	33.33	16.67	5.56	5.56	5.56	30.56	2.78	5.56	5.56	5.56	5.56	5.56

数贡献率相当,而与市场参与维度多维贫困指数贡献率却相差较大;基础设施维度的多维贫困指数贡献率则一直较低,始终处于第四位。以 $k=6$ 为例,对照表2.8可知,其相应的多维贫困发生率为30.31%,多维贫困指数为16.31%。其中,市场参与维度的多维贫困指数贡献率最大,为35.85%;其次是教育维度多维贫困指数贡献率,为30.00%;再次是收入维度多维贫困指数贡献率,为28.54%;基础设施维度多维贫困指数贡献率最低,仅为8.78%。

这一结果表明:其一,样本农户市场参与情况不理想,市场化程度不够,相对落后于其收入、教育和生活设施水平,甚至可能已经在一定程度上阻碍了农户的脱贫致富和国家反贫困进程的推进。其二,样本农户收入和教育维度的多维贫困指数贡献率较高,且二者相差不大,这说明目前收入水平的提高与农村教育的改善,依然是农村特别是贫困地区农村反贫困工作中的重要关注点。其三,样本农户生活设施维度的多维贫困指数贡献率较低,这说明本书所选取的生活饮水、信息通信和道路交通三个指标上贫困表现并不明显。这可能得益于近年来国家大力推进的农村饮水安全工程①和"村村通"工程②,表明我国在这方面的反贫困工作收到了一定实效。

接下来进一步观察市场参与维度的贫困情况。为更加直观地比较各生产环节指标的多维贫困贡献率高低,本书以市场参与贫困维度多维贫困指数贡献率为单位1,计算出该维度各指标多维贫困指数贡献率所占百分比,如图2.1所示。由图2.1可知,按照市场参与贫困维度农业生产三个环节的多维贫困指数贡献率,即该环节所设定指标的多维贫困指数贡献率之和占比由高到低排列依次为:产后(38.96%)>产中(36.89%)>产前(24.15%),说明在市场参与维度中农业生产的贫困程度产后环节最重,

---

① 2005年,国家启动了农村饮水安全应急工程,要在两年内解决2120万农村人口饮水安全问题。

② "村村通"是国家一个系统工程,开始于1999年,包含公路、电力、生活和饮用水、电话网、有线电视网、互联网等等。

其次是产中，产前环节最轻。

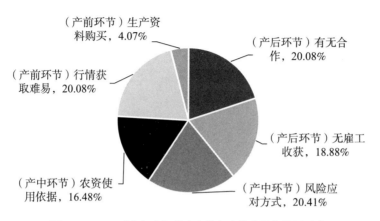

图 2.1　K=6 时市场参与维度各指标多维贫困指数贡献率

具体来看：（1）产前环节方面，生产资料购买指标多维贫困指数贡献率占比为全部指标中最低，仅为 4.07%，说明样本农户该指标方面的贫困程度最轻。实际调研数据也表明，约有 89.74% 的样本农户都采用从各类农资供销机构购买生产资料的方式；产前环节的另一指标获取行情难易程度的多维贫困指数贡献率占比则为 20.08%，统计分析也发现，约有 75.18% 的样本农户因各种原因难以在产前获得准确的市场行情并组织生产。（2）产中环节方面，农资使用依据和风险应对方式两个指标的多维贫困指数贡献率占比依次为 16.48%、20.41%，说明多数农户农业生产过程中的农资使用主要靠个人经验等主观方式，缺乏科学规范的播种、农药化肥施用等各环节的技术指导，同时对农业生产中的自然风险与市场风险尚无科学有效的应对措施，依然停留在"靠天吃饭"阶段。（3）产后环节方面，农产品收获时有无雇工指标多维贫困指数贡献率占比为 18.88%，说明样本农户在该指标方面的贫困程度也较高，多数农户在农业生产过程中并无雇工，其中除思想观念和财力等因素外，主要是由于样本农户中规模化生产经营并不多，故鲜有雇工情况发生；有无合作指标的多维贫困指数贡献率占比为 20.08%，可见很少有农户和龙头企业或者合作社等有生产销售方面的合作，多数仍以

"小农户"的身份直接对接大市场。

通过上述分析不难发现,样本农户对市场的把握能力较差,其在农业生产中的市场参与情况很不理想,其中产后环节的市场参与贫困问题,即农产品销售问题最为突出,其次是产中环节的风险应对和经营管理的市场化程度不够,最后是生产前期的生产计划制订与农资购买环节的市场化程度有待加强。

(四) 研究结论

本书在前人相关理论和方法的基础上,将农户市场参与纳入多维贫困测量分析中,利用 AF 多维贫困测量方法和实地调研所得数据,对连片特困地区农户进行多维贫困测量,结论如下。

1. 多维贫困广泛存在且多维贫困发生率和贫困指数较高

在引入市场参与维度的条件下,多维贫困问题在调研地区广泛存在,并且表现在多维贫困发生率和多维贫困指数方面,数值均较高。可见虽然国家一些反贫困举措,如上文提到的农村饮水安全、"村村通"等工程收到一定实效,但在全面建成小康社会的目标要求趋紧的背景下,当前我国面临的反贫困任务依旧十分艰巨。

2. 市场参与维度的贫困表现最为突出

不同维度的贫困程度差异较大,市场参与维度的贫困尤为严重,具体表现在农户缺乏有效的农业风险应对措施、农资使用不科学、未能融入农产品供应链、市场信息获取能力较弱等。这说明市场化反贫困的思路是符合实际的,应将改善农户市场参与情况、提高农户市场化程度、促进农户稳定融入农产品供应链作为今后反贫困的重点。

3. 收入和教育维度的贫困同样不容忽视

依然有很多贫困地区农户没有摆脱收入过低带来的贫困,相当比例的农户收入低于我国的贫困线;改善贫困地区农村教育条件,提高农民科学文化水平的常规工作仍不能松懈。

四、农产品供应链：连片特困地区摆脱农业小生产与大市场困境的有效选择

（一）小农户对接大市场的理论分析

1. 传统农业形态下农户进入市场的选择：单家独户

传统农业背景下，农户单枪匹马、势单力薄地进入市场（见图2.2），是我国存续多年的生产方式。我国传统农业自给自足的性质，决定了农户只有在满足自用的前提下才会出售农产品。这种方式有其自身的优势，即生产决策完全由农户自身决定，农户作为市场主体享有充分的决策权。但其劣势也是显而易见的，主要有交易成本高、市场价格波动大、农户议价能力弱、经济效益低下等。

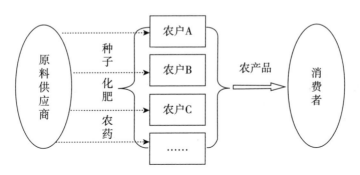

图2.2 传统农业形态下农户进入市场的方式

单个农户自行进入市场，首先从上游原料供应商处购买种子、化肥、农药等生产资料，然后投入生产过程，产出农产品，最后单个农户自行把农产品销售给消费者（见图2.2）。在这整个过程中，农户不但耗费大量的交易成本与原料供应商以及消费者达成交易，而且由于缺乏议价能力，最终将会"高价"买进原料，而"低价"卖出农产品，经济效益低下。

目前，这种单枪匹马进入市场的方式在欠发达地区占据着主导地位。这种情形常见有两种：一种是主动的，即农户自行通过市场直接从农药、

化肥、农机具供应者购买原料，向市场销售农产品。这种情况更多是由于自然环境、交通条件等因素，农户没有被产业链组织覆盖到；另一种是被动的，农户不愿意与其他企业或者合作组织合作。而这主要是由于农户们不信任其他组织而造成的，使其更愿意承担高昂的交易成本自行进入市场。

2. 现代农业形态下农户进入市场的选择：集体行动

现代农业发展呈现出集约化、专业化、组织化和社会化相结合的特征，在客观上要求农业经营主体之间加强合作来不断提升农业经营绩效，而农户合作属于集体行动的范畴。尽管农户合作因为存在个体"搭便车"等机会主义行为而损害集体利益的逻辑悖论，但在满足某些条件时（如合作的规模大小、成员的异质性、选择性激励等），这一悖论是可以化解的。实践中，小农户往往借助农业产业化或农民组织化等农产品供应链模式，来实现与大市场的有效对接（如图2.3）。

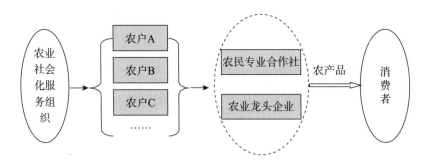

图2.3　现代农业形态下农户进入市场的方式

农业产业化是我国农业发展的必然要求和题中之义，它要求以市场为导向，以经济效益为中心，重点通过主导产业的培育和产品的开发，同时优化各种生产要素，实现整个产业链条的一体化经营，它是现代农业经营的最好诠释。以"公司+农户"为核心的农业产业化要求生产、加工、销售、服务、管理这一整套环节，通过有效的市场运作来完成。它把农户视作产业链中的一个重要环节，农户通过与龙头企业等其他市场主体签订生产、服务、销售等协议，有效地将小农户从分散的状态联合起来，形成一定的生产规模，能够较大程度上实现与其他市场主体的良性互动，有利于提高农户的市场主体地位。

以家庭承包经营为基础，主要成员为生产同类农产品的农民或提供同类农业生产经营服务的组织，在自愿联合、民主管理的原则上成立的农民专业合作社，是现代农业发展中有效带动小农户进入大市场的另外一种途径。农民专业合作社成立的最初目的就是通过整合农户资源，抱团取暖，有利于抵御生产和市场的双重风险。通过农民专业合作社的运作，向管理要产出，在市场竞争中争取更多的主动权，使农民分享更多的收益。同时，合作社能够帮助农民提高组织化水平和综合性素质。现代经济竞争讲究合作，农民专业合作社帮助农民实现合作，按照合作社的管理规定和要求来约束农民，可以提高其组织化的水平。而且，合作社经常举办一些先进技术或者管理经验等方面的讲座或培训，帮助农民不断提高综合素质。

（二）农产品供应链的概念界定

农产品供应链是在工业供应链基础上提出来的，供应链本身不断发生变化，人们对供应链的认识也在持续深化。现代管理学认为供应链就是一个功能网链结构，各个环节相互紧扣、相互依存，缺一不可。这个网链围绕着中间的一个核心企业，通过对整个商流、信息流、物流和资金流的有效控制，从原料的采购开始，到生产、加工、运输、销售，产品最终到消费者的手中，一环接一环，把供应者、经销者和消费者有机串联在一起的结构。

在此基础上，农产品供应链可以界定为：从农产品生产原料开始到农产品生产过程再到农产品产出最后经过物流、销售，进入市场，最终形成消费者的购买使用这一整个过程。在这个过程中，提供农产品原料的供应商、生产农产品的农户、收购销售农产品的经销商以及最终的农产品消费者连接起来形成一个有机的利益链条（见图2.4）。

根据图2.4，原料供应商把农户需要的种子、农药和化肥等生产农产品所需原料卖给农户，这其中会有合作的可能，即农户与原料供应商签订购买合同，供应商为农户提供服务。农户把这些原料投入生产，经过一个

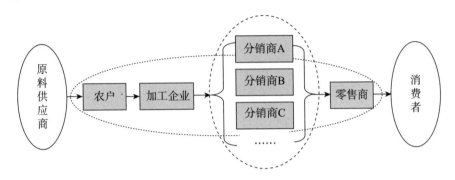

图2.4　农产品供应链主体间相互关系

生产周期生产出来初级农产品，出售给加工企业，由加工企业对农产品进行分类加工再由分销商销售给零售商，最后出售到消费者的手中。在这一过程中，农民专业合作社等中介组织主要负责把分散的农户组织起来，专业协会组织等主要为各交易主体提供技术指导和信息服务，政府部门则主要为农产品供应链的有序运转提供规则和制度等保障，这就是农产品供应链的一般运作模式。

（三）农产品供应链的基本特征

由农产品供应链的定义可知，其核心是农产品的生产到最终进入市场实现价值，故而农产品供应链具有农业和供应链本身的一些特点：①自然再生产和社会再生产有机结合。由于农产品的生产必然是农业活动，农业活动最基本的特点就是自然再生产与社会再生产的结合，而这一点是农产品供应链区别于其他供应链最本质的特点。②具有一定的季节性和周期性。虽然某些农产品例如蔬菜在一定程度上可以摆脱季节性的束缚，但是主要农产品的生产具有季节性和周期性，例如水稻、小麦，其具有固定的生长周期，必须到一定的时间节点才能收获，所以农产品供应链会表现出在某些时刻各个链条主体比较繁忙，这是由其季节性和周期性决定的。③供应链主体的复杂性。农产品供应链包含了原料、工具的供应商，农户以及收购商、经销商等群体，而这其中的农户以及与农户直接相关的利益主体，其行为方式具有很大的复杂性，由于信息非对称在农户身上表现得尤为明显，故而其在进行决策的时候，经常表现出非理性。④物流的复杂性。农产品供应链物流的复杂性主要表现在两个方面：其一，农产品大部分是从交通不便的农村作为物流起点，所以交通的复杂性决定了物流本身的成本和风险增大；其二，由于农产品本身的特殊性，尤其是生鲜农产品对时间的要求较高，对物流的速度要求就较高。⑤农产品供应链具有较大的脆弱性。由于供应链受到的干扰因素具有较大的不确定性，例如农产品产出时的价格不可预知，导致事先成交的订单在交割时会有较大的违约风险，加上农户的非理性形成，更是加剧了整个农产品供应链的不稳定性。

第三章 理论基点：农产品供应链对农户减贫增收的关联效应分析

如何有效而持续地实现农户增收一直是我国"三农"问题的症结所在。要解决这一难题，必须破解小农户对接大市场的矛盾，使农户充分参与到市场中来，在完善市场主体地位的同时，分享市场经济发展带来的效益和福利。这就需要不断改善农产品市场流通的现行体制和运行模式，通过农业生产经营体制和机制的有效创新，以此带动农户这一重要经营主体努力提高市场理念、组织水平、风险意识和竞争能力。理论与实践已经证明，实施农产品供应链战略就是有效克服这一矛盾的有益尝试。农产品供应链战略的深入实施，能够合理配置农业及其相关产业的各种资源要素，夯实供应链主体间的合作基础，增强农户的家庭积累和发展能力，从而有效促进农户收入水平的持续增长和家庭福利的不断改善。

有别于现有文献研究局限于贫困地区本身来探讨供应链对农户的减贫效应，借助农户调查数据和计量分析模型，本书尝试阐明如下关键问题：农产品供应链对农户减贫增收效应的发挥，在发达地区和欠发达地区有何差异？农户融入农产品供应链后其收入水平到底受到哪些因素的影响？对以上问题的有效回答，将有助于进一步厘清新时期市场化减贫的战略取向与路径选择，从而为政府政策调适提供科学依据和价值参考。

一、农产品供应链减贫的理论分析

任何的经济行为背后必定有理论基础的支撑，本节主要从深层次论述农产品供应链促进农户减贫增收相关的经济理论，主要包括减少农户的信息不对称和降低农户的交易费用两个方面。

（一）信息不对称

信息不对称是西方经济学中一个比较重要的理论，而这一理论最早是由美国经济学家提出的，是指在市场交易的过程中，各个市场主体对市场的信息掌握的程度是有差异的，而对信息掌握比较充分的主体则会凭借这一优势在交易中占据主动地位也会因此受益。

信息不对称产生的主要问题有三个：一是代理人问题。在委托代理的关系中，由于委托人与代理人的目标不完全一致，但都是为了自身的利益最大化，所以代理人在执行委托人的委托的时候，会作出损害委托人利益的事。故而采取"股权激励"是一种解决委托代理人问题的有效方式。二是道德风险问题。道德风险是源于保险合同中的保险事项，指市场交易中一方主体由于信息不对称而不能观察另一方的行动，或者由于监督的成本过高而不能察觉另一方的行动，由此造成的对自身经济利益的损害。解决的主要措施包括制度约束和提高当事人的风险意识。三是逆向选择问题。逆向选择在西方经济学中是一个比较重要的概念，也是比较值得研究的心理学概念，它是指在市场交易中，交易双方由于对信息掌握不对称，在市场价格下降时，一方出于对产品质量的担忧反而会减少对好的产品的购买，从而产生的劣质品驱逐良品，而给整个市场造成全部同类产品的平均质量下降的不良影响。

农户融入农产品供应链，往往能够掌握更多的市场信息，弥补自身处在市场交易中掌握信息不足的劣势，反而能够充分利用信息，更好地实现农产品的价值，从而创造收益。

（二）交易费用理论

交易费用理论是制度经济学的基本理论，是由科斯于 1937 年提出的。交易费用是指交易过程中产生的所有成本，不仅包括货币成本，也包括时间成本。交易费用广泛存在，不仅市场交易中存在交易成本，在一切社会关系中同样存在。威廉姆森根据交易成本形成的过程将其分为四类：一是事前的交易成本，是指交易发生之前，发生的搜寻、谈判等事项所产生的成本，如果交易事项发生，那么这些成本就是已产生的成本，但如果交易事项没有发生，那么事前的成本转为沉没成本。二是事后的交易成本，主要指由于双方签订的契约不能够满足双方共同的意愿而产生的成本。三是讨价还价的成本，指在落实交易事项过程中，交易双方就各自的利益要求对方妥协而产生的成本。四是约束成本，在交易中尽量让对方相信自己所付出的成本称为"约束成本"，也指达成协议或合同后，为维护交易协议或合同所付出的成本。

产生交易费用主要是受人的因素和交易环境因素的双重影响，主要包括资产的专用性、交易的不确定性以及交易的频率。如果资产的专用性越高，那么这一资产只能投入某一产品或者交易中，造成在交易过程中的议价能力会较差，但是资产专用性的情况又普遍存在，因而交易成本广泛存在；交易的不确定性会造成交易过程中发生各种不能预知的风险，加上交易过程交易双方必定存在交易信息不对称的情形，交易双方无法完全信任对方，因此，通过契约、合同等形式来保障各自利益便成为一种双方都愿意的方式。所以，交易不确定性的增强会给监督和成交带来困难，故使交易成本也随之增加；如果交易的频率越高，那么与交易有关的管理成本和议价成本也必然升高，一个通常用来解决交易频率的方法是把交易由外部转为内部，以此减少交易成本。

农户融入农产品供应链，可以形成固定的交易模式，避免自己单独去市场寻找买家交易，减少交易的偶然性，提高交易的成功率，大大降低交易费用。

二、连片特困地区样本农户基本特征统计

（一）研究区域概况

贫困问题作为困扰世界各国尤其是发展中国家的主要难题之一，消除

或缓解贫困，实现人类的全面发展、进步与繁荣是国际社会共同的价值追求。相比发达地区，欠发达地区农户由于受地理位置、国家政策及资源禀赋等诸多条件的约束，在现代农业生产经营中处于非常不利的地位，"小农户"与"大市场"之间的衔接异常滞后，农民脱贫增收的步伐缓慢，这都在很大程度上影响着我国全面小康社会及农业现代化的实现。而将农户纳入农产品供应链，通过农业产业链条的不断延伸，努力增强小农户的组织化程度和市场化能力，将有助于这些问题的有效解决。

本书选取的欠发达地区（滇、桂两省）和发达地区（苏、闽两省农户）的各方面差异明显。具体来看，欠发达地区一般经济相对发达地区较为落后，产业结构较为单一，少数民族居民较多，人民生活水平较低，不仅贫困范围广，而且程度深，扶贫难度和挑战大。滇、桂两省的贫困地区多数处于这样的边境山区，不仅生态环境脆弱，人均收入水平普遍较低。2013年广西壮族自治区和云南省的 GDP 分别为 14378 亿元和 11720.91 亿元，人均 GDP 依次为 30709.10 元和 25157.57 元，均低于全国平均水平（41804.71 元），且以河池市和邵通市最低；而江苏和福建两省，处于我国东部沿海经济发达地区，经济发展水平和对外开放度高，人们收入普遍较高，2013年两省的 GDP 分别为 59161.75 亿元和 21759.64 亿元，人均 GDP 依次为 74699.37 元和 58056.67 元，高出全国人均 GDP 的 38.88%以上，约为云南和广西两省的 2.5 倍。

与此同时，由于两个地区工农业产业结构的差异，特别是欠发达地区农业产业结构的单一，使得当地优势产业并未给农民带来巨大收益。尽管这两个地区（四个省份）的农产品供应链发展程度不一，但就所调查情况显示，由于发达地区农户非农就业就会较多，其收入并非依赖于农业收入，甚至有些农户已完全"非农化"；而欠发达地区农户的收入中，农业收入特别是经营性收入依旧占据较大比例，区域农产品（如甘蔗等）的深加工和精加工潜力并未发挥出来，农产品供应链的完善对农民收入的增加、脱离贫困具有较强的正向拉动作用。总体而言，尽管当前云南和广西地区的农户较江苏和福建收入普遍偏低，但大部分农户对农产品供应链的构建持肯定态度且融入意愿较强，这更多的是由于他们在资源或要素禀赋方面的缺失，使得他们更加依靠群体（或集体）的力量，农产品供应链的构建与完善对他们脱贫致富的正向作用更强。因此，掌握欠发达地区农产品供应链整体状况，熟知农户对农产品供应链的需求，并通过与发达地区的对比，明确农产品供应链对农户减贫增收的带动程度，对于解决欠发达地区乃至我国农户普遍面临的难题具有不可估量的作用。

（二）研究数据来源

为了检验农产品供应链对农户减贫和增收的实际效应，课题组分别于2013年9月前往广西、云南等欠发达地区，2014年8月前往福建、江苏等发达地区进行了农户问卷调查。在调查过程中，依据样本的可获得性、科学性及当地的实际情况等，采用随机抽样的方法对农户分别进行一对一、面对面的调查。根据研究需要，共发放问卷300份，最终收回问卷290份，剔除关键信息漏答等无效问卷后获得有效问卷284份，问卷有效率97.93%（见表3.1）。

表3.1　调查样本分布情况

类型	省份	调研市（州）	调研县（区）	样本村	样本户数
发达地区	江苏	泰州市	姜堰区	通扬村	21
	福建	宁德市	霞浦县	董墩村	40
欠发达地区	广西	河池市	大化瑶族自治县	亮山村、流水村、双排村、古感村	113
			环江毛南族自治县	叠岭村、清潭村、东兰移民场、上南村、大安村、地蒙村、中南村	48
			都安瑶族自治县	内闷村	1
		崇左市	龙州县	上龙村、岭南村	34
	云南	迪庆州	德钦县	茨中村、巴东村、石底村	27
合计	4省（区）	5市（州）	7县（区）	19村	284

（三）样本基本情况

从调查的基本数据来看，欠发达地区比发达地区在家庭平均规模、劳动力、户均拥有的耕地面积方面和文化程度方面均显示出了优势；其中，家庭人数方面和文化程度方面，欠发达地区比发达地区每户约多一个人和高出一个水平，而户均拥有耕地面积甚至高出约两倍；人均收入方面，却显示了巨大的"反差"，欠发达地区尽管拥有较多的劳动力及较高的人均文化程度，但发达地区人均收入是欠发达地区的2.26倍。这与欠发达地区主要以农为主、两个地区社会经济以及家庭的生活和生产方式等方面差距明显紧密相关，这在更大程度上反映了我国普遍存在的一种现状。

由表3.2可以发现，两类区域的家庭基本情况差异明显，除家庭人均收入外，欠发达地区的其他相关指标均比发达地区高。具体来看，欠发达地区家庭平均规模达到4.57人，明显高出发达地区的3.7人；尽管两个地区规模上差异较大，但户均拥有的劳动力数量差距较小，分别为2.63人和2.15人；农户的平均文化程度方面，欠发达地区农户反而比发达地区农户高，其平均文化程度为初中及以上，而发达地区农户平均文化程度仅为小学及以上；至于户均耕地方面，欠发达地区人均拥有耕地量高达8.19亩，约为发达地区的3倍；但与此相反的是，发达地区的人均收入是欠发达地区近3倍，两个地区在这两种要素的占有上呈现出完全相反的状况，差距异常明显。究其原因，这多半与不同地区社会经济发达程度、人口数量多寡、土地资源状况等诸多因素有关。

表3.2　发达与欠发达地区农户基本情况一览表

地区	家庭平均规模（人）	家庭平均劳动力（人）	人均耕地面积（亩/人）	平均文化程度（年）	人均收入水平（元/人）
欠发达地区	4.57	2.63	8.19	2.75	0.97
发达地区	3.70	2.15	3.21	1.70	2.19

资料来源：课题组实地调查所得。

三、农产品供应链带动农户减贫增收的分析方法

(一) 变量设置

1. 被解释变量

被解释变量为农户收入变动情况, 按照不同地区收入差距状况, 划分为 3 个等级, 分别为贫困、脱贫和富裕。若农民人均收入低于当地平均水平, 将其归为贫困, 并赋值为 0; 若农民收入处于平均水平和 3/4 分位点之间, 则为脱贫, 赋值为 1; 剩余的高收入农户为富裕群体, 赋值为 2。本书未将全国贫困标准作为分类依据, 是考虑到贫困线主要是用农民人均纯收入来度量的, 由于获取相关数据的难度 (生产性资产折旧等指标) 较大, 而采用相对容易计量又能够反映不同收入水平和贫富程度的农民人均收入这一相对指标来予以区分。

2. 解释变量

根据研究目的与数据可得性, 将解释变量依次划分为地区特征、供应链融入状况、市场环境和政策环境四个部分。地区特征主要为是否欠发达地区, 用于识别区域经济发展状况对农户减贫增收效应的影响差异; 供应链融入状况主要包括是否加入农产品供应链、是否受大户影响、农产品收获方式、有无加工销售、农产品出售渠道和对供应链管理认可程度等; 市场环境主要为融入农产品供应链的风险认知; 政策因素主要为政府是否对农业生产组织 (龙头企业或合作社) 给予扶持等 (见表 3.3)。

表 3.3　模型中各变量含义及预期影响方向

变量类型	变量名称	变量定义与说明	预期影响方向
农户收入变动	农民人均收入水平	农户总收入/总人口 0: 贫困; 1: 脱贫; 2: 富裕	
地区特征	是否欠发达地区	0: 否; 1: 是	+

续表

变量类型	变量名称	变量定义与说明	预期影响方向
供应链融入状况	是否加入农产品供应链	0：未加入；1：加入（包括与龙头企业合作或加入合作社）	+
	是否受大户影响	1：影响很大会模仿；2：有一点影响一定程度模仿；3：有一定影响不会模仿；4：影响很小不会模仿；5：没有影响	？
	农产品收获方式	1：农机具；2：人畜力；3：其他	？
	有无加工销售	1：没有加工直接销售；2：简单处理后销售；3：深度加工后销售	+
	农产品出售渠道	1：自己到市场上去卖；2：上门收购的中间商；3：零散客户上门购买；4：农民合作社；5：按合同由企业收购；6：超市；7：学校、企业、政府等食堂采购；8：其他	+
	对供应链管理认可程度	1：很不满意；2：不太满意；3：一般；4：比较满意；5：很满意	+
市场环境	融入农产品供应链的风险认知	1：不清楚；2：没有风险；3：风险很小；4：有一定风险；5：风险很大	－
政策环境	政府对农业生产组织的扶持	0：否；1：是；2：不清楚	+

（二）模型选择

Logistic 模型主要用于将定性被解释变量进行定量分析，从而来量化和验证解释变量对被解释变量的影响。根据模型中被解释变量可选方案的数量，一般可分为二元 Logistic 和多元 Logistic 回归模型，其中二元 Logistic 模型被解释变量分类为 2 个，多元 Logistic 模型被解释变量的分类等于或大于 3 个。基于研究需要，本书设置的被解释变量是有 3 个选项的多分类变量，依次表示贫富程度由低到高，因此，本书选取多元有序 Logistic 模型对农户融入农产品供应链后收入变动情况进行实证分析。模型具体形式设定为：

$$\text{Ln}\left(\frac{p(y \leq j)}{1 - p(y \leq j)}\right) = \alpha_j + \sum_{i=1}^{m} \beta_i x_i + \mu \qquad j=1,\ 2,\ \cdots,\ k-1 \quad (3.1)$$

式（3.1）中，y 为被解释变量，α 为常数项，β 为各变量回归系数，μ 为随机干扰项，$p(y \leq j)$ 为分类 j 及 j 以下分类的累积概率。被解释变量 y 为农户融入农产品供应链后的收入变动情况，根据各地区农民收入状况的差异，将农户收入变动设为 3 个等级，分别赋值为 0，1，2，依次代表贫困、脱贫和富裕。

四、农产品供应链带动农户减贫增收的效应及影响

(一) 描述性统计分析

1. 农户与龙头企业合作情况

图 3.1 显示，两类区域的样本农户大部分没有与龙头企业合作。具体讲，欠发达地区有 158 户农户没有与当地的龙头企业合作，占欠发达地区总体样本的 70.85%；有 34 户与龙头企业有合作关系，31 户曾经与龙头企业有过合作但现在未合作，这两类农户分别占样本的 13.90% 和 15.25%。发达地区的情况与之类似，但比例有所差异，其中没有与龙头企业合作的农户为 58 户，占总体样本的 95.08%；而与龙头企业有合作和曾经有合作但现在未合作的农户分别占样本的 3.28% 和 1.64%。总体而言，农户与龙头企业的合作状况并不理想。发达地区没有与龙头企业合作的样本比重明显高于欠发达地区，这或许与发达地区工业为主的产业体系及农业收入在农民收入中比重较低有关。

2. 龙头企业带动农户情况

图 3.2 显示，欠发达地区的被调查者中，有 68.16% 的农户认为当地农业龙头企业不仅数量少，且对农户的带动力弱；17.94% 的农户认为当地的龙头企业尽管数量少，但是对于农民增收的带动力还是很强的；9.42% 的

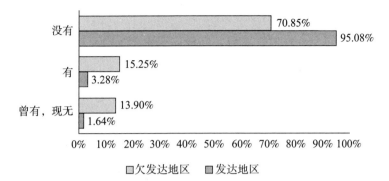

图 3.1　两类区域农户与龙头企业合作情况

农户对当前龙头企业的状况很满意，认为当地龙头企业的数量不但多，而且带动力强，对农民减贫增收的作用大；4.48%的农户认为当地龙头企业的数量不少，但是带动农民致富的作用并未发挥出来。发达地区的被调查者中，93.44%的农户对于当地龙头企业的发展状况是不满意的，他们认为当地龙头企业不仅数量少，而且对农户的带动能力弱；4.92%的农户认为当地龙头企业数量多，但带动力弱；仅有1.64%的农户认为龙头企业的数量不仅多，而且对农户的带动力强。总体而言，不管是欠发达地区还是发达地区的农户均认为龙头企业的数量少，且对农户减贫增收的带动力弱，这反映出我国当前农业龙头企业发展中的一个普遍状况，企业带动农户增收致富的作用未得到充分发挥。

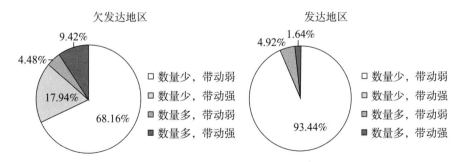

图 3.2　两类区域农业龙头企业带动农户情况

3. 农户加入农民专业合作社情况

由图 3.3 可见，在欠发达地区的被调查者中，没有加入合作社的农户比例最高，占到总体样本的 75.72%；已加入农户的比例位居第二，占 16.67%；而以前曾加入和准备加入合作社的农户数量较少，分别占总体样本的 1.90% 和 5.71%。在发达地区的被调查者中，没有加入合作社的农户比例最高，占到总体样本的 73.77%，其他情况也与欠发达地区类似。总体而言，尽管两类区域未入社的农户占到绝大多数，但从调查来看，欠发达地区农户加入合作社的比例与发达地区相差无几，这也为欠发达地区农户融入市场尽快实现脱贫致富奠定了基础。

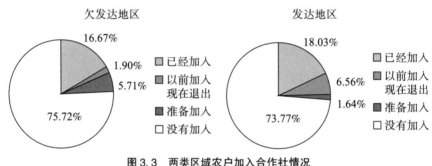

图 3.3　两类区域农户加入合作社情况

4. 农民专业合作社带动农户情况

由图 3.4 可见，在欠发达地区的被调查者中，有 57.94% 的农户认为当地合作社不仅数量少，而且农户加入也少；仅有 19.63% 的农户对当地合作社的发展状况较为肯定，认为当地合作社数量多且加入农户也多。而发达地区的状况却不容乐观，61 户农户均认为当地农民专业合作社的数量少而且加入的农户也少，这一比例占到发达地区总体样本的 100%。从两类区域的对比情况来看，尽管发达地区农民的人均收入较高，但农民专业合作社对农户的带动作用几乎没有，这也间接反映出了发达地区农民不以农业收入为主的实际情况，导致两类区域的情况差异如此之大。

5. 农户对供应链运行熟知程度

图 3.5 显示，在欠发达地区的被调查者中，有 82 户农户对农产品供应

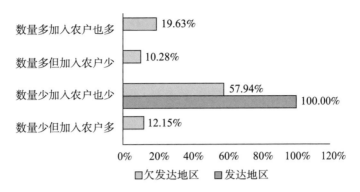

图 3.4　两类区域农民专业合作社带动农户情况

链运行情况了解一般，占总体的 37.10%；49 户农户对其运行状况不太了解，占总体的 22.17%；42 户农户对其完全不了解，占总体的 19.00%；而对农产品供应链运行比较熟知的农户占到总体的不到 22%。与此类似，发达地区农户对农产品供应链运行情况的认知同样一般。具体来讲，对农产品供应链不甚了解的农户占总体的 49% 左右，而比较了解的仅为 14.75%。综合来看，对农产品供应链整体运行情况不了解的农户占到 40%，明显高于熟知农户的比重，这说明不管是发达地区还是欠发达地区，被调查农户对农产品供应链运行情况的了解不尽如人意。

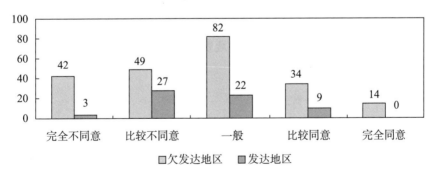

图 3.5　两类区域农户对农产品供应链运行熟知情况

6. 供应链对农户增收带动情况

图 3.6 显示，在欠发达地区的被调查者中，认为供应链对农户收入有

正向影响的农户占大多数（65%左右），其中认为影响很大的农户占27.49%，认为影响较大的农户占37.91%，14.69%的农户认为影响一般，而仅有不到20%的农户认为对收入影响小。从农户的评价来看，欠发达地区农户整体上对农产品供应链持肯定态度。而发达地区有47.54%的农户认为影响较大，24.59%的农户认为影响一般，还有不到28%的农户认为影响小。总体来看，欠发达地区农户对于农产品供应链的带动作用评价较为肯定及强烈，发达地区略微偏低，这与两类区域经济发展水平、农民收入状况等密切相关，这也说明农产品供应链对欠发达地区农户减贫增收的作用发挥要优于发达地区。

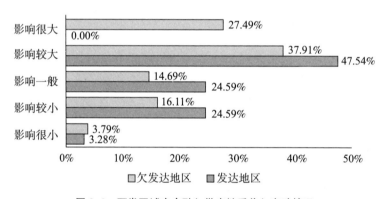

图3.6　两类区域农户融入供应链后收入变动情况

（二）　农产品供应链对农户减贫增收的影响因素分析

1. 模型的多重共线性检验

为了保证模型设定及变量设置的准确合理，需对设置的各解释变量间进行多重共线性检验，其主要判断标准为方差膨胀因子（VIF）。方差膨胀因子的值≥10，则说明变量间存在严重的共线性；与 VIF 对应的是容忍度（Tolerance），其值越小，则表明当该解释变量作为被解释变量进行相关回归分析时，其被解释的程度就越高，它的取值范围在（0.1，+∞）。

对所选解释变量进行多重共线性的检验结果表明，VIF 的平均值为1.130，其最大值为 1.325<10，容忍度（T）的最小值为 0.755>0.1（表

3.4），可见，模型不存在严重的多重共线性问题。

表3.4　模型的多重共线性检验

变量	VIF	T
是否欠发达地区	1.056	0.947
是否加入农产品供应链	1.325	0.755
是否受大户影响	1.131	0.884
农产品收获方式	1.122	0.891
有无加工销售	1.140	0.877
农产品出售渠道	1.046	0.956
对供应链管理认可程度	1.026	0.975
融入农产品供应链的风险认知	1.229	0.814
政府对农业生产组织的扶持	1.058	0.945
Mean VIF	1.130	—

2. 计量结果分析

运用Stata11.0软件，对模型进行多元有序 Logistic 回归。结果表明，模型整体对数似然值为 -234.369，显著性为 0.0002（见表 3.5），通过了 1% 的显著性检验，模型整体拟合程度较好。由此表明，本书选取的表征农户融入农产品供应链的诸多指标，与农户融入农产品供应链后的收入变动具有强的关联性。但并非选取的全部变量均通过了显著性检验，如是否受大户影响、农产品收获方式、融入农产品供应链的风险认知等，这些因素并不是影响农户融入供应链后收入增加的关键因素。

表3.5　多元有序 Logistic 模型回归结果

变量	偏回归系数	标准误差	P 值
是否欠发达地区	0.499*	0.275	0.070
是否加入农产品供应链	0.779***	0.269	0.004
是否受大户影响	-0.013	0.104	0.901
农产品收获方式	0.325	0.282	0.249

续表

变量	偏回归系数	标准误差	P 值
有无加工销售	0.420*	0.239	0.084
农产品出售渠道	0.156*	0.092	0.091
对供应链管理认可程度	0.385***	0.149	0.009
融入农产品供应链的风险认知	−0.123	0.135	0.362
政府对农业生产组织的扶持	0.495*	0.267	0.064
观察值	284	—	—
−2 Log likelihood	−234.369	—	—
Pseudo R²	0.263	—	—
Prob	0.0002	—	—

注：*、**、***分别表示在10%、5%和1%的置信水平上显著。

"是否欠发达地区"变量的偏回归系数为0.499，并通过了10%的显著性检验，这表明欠发达地区农产品供应链的运行，对农户减贫增收具有重要的正向影响。农产品供应链对欠发达地区农户贫困状况缓解及收入水平增加会有一定程度的促进，而且这一状况要明显优于发达地区，这也可从前文分析中得到佐证。农产品供应链通过将农户与农业龙头企业、农民专业合作社等众多市场主体联结起来，使其形成利益共同体，不仅承担农业生产与市场风险，而且共享农产品附加值，在降低生产经营成本的同时，实现了贫困的缓解和收入的增加以及抵御市场风险能力的增强，有效解决了"小生产"与"大市场"之间的矛盾。

"是否加入农产品供应链"变量的偏回归系数为0.779，且通过了1%的显著性检验，这表明加入农产品供应链对农户减贫增收具有明显的正向带动作用。这一结论，与本书预期的情况一样。欠发达地区农户以多种形式与涉农企业或合作社等产业组织形成一个以实现整体利益为目标的网链结构，通过彼此之间的信息共享和风险分担，能够有效地减少各种成本支出（生产成本、交易成本等），从而实现农民收入的快速增长及整个供应链的价值增值。

"有无加工销售"变量的偏回归系数为 0.420，且通过了 10%的显著性检验，这表明农户对农产品进行不同程度的加工对其减贫增收具有较强的正向影响，这与本书基本预期一致。在实际调查中，当被问及"最近的农产品加工基地"时，尽管受访农户多半回答"没有"，但如果农户将收获的农产品进行简单的清洗和分拣售卖时，其收入会明显提高，这也与我国沿海发达省份及发达国家或地区的先进经验相一致，在"产—供—销"一体化的产业化运作体系中，生产、加工、销售均由合作社或"公司+农户"等产业化形式完成，这一长期而稳定的合作来自于供应链主体对农产品附加值或利润的共享。同时表明，农业产业链条每延伸一环，其带来的增收潜力都将是巨大的。

"农产品出售渠道"变量的偏回归系数为 0.156，并通过了 10%的显著性检验，这表明农户不同售卖渠道的选择对其减贫增收具有较强的正向影响。我国农民群体庞大，"一家一户"的松散状况使其在市场竞争及议价过程中经常处于不利地位，农产品收购商"坑""蒙""骗"的现象时常发生，而且出售的产品大都是初级农产品，附加值低，农户难以获得较高的卖价和合理的收益。在融入农产品供应链后，农户按照协议或契约及其他形式与合作社、中间商、企业、超市、学校和政府等稳定合作，能够保障其收入水平明显提升。

"对供应链管理认可程度"变量的偏回归系数为 0.385，且通过了 1%的显著性检验，这表明农户对供应链管理的认可与肯定能够有效地带动其减贫增收致富。农户对农产品供应链的风险认知，直接影响着其融入农产品供应链的意愿和期望，进一步影响着其减贫增收致富步伐的加快实现。农户对农产品供应链了解得越多，其对农产品供应链的认可度及接纳度越高，进而与供应链其他主体的合作越稳定，掌握的市场信息也越多、越全面，在应对市场风险和突发性事件时作出的判断会更加科学准确，更可能避免不必要损失的发生。

"政府对农业生产组织的扶持"变量的偏回归系数为 0.495，且通过了 10%的显著性检验，这表明政府对合作社等农业生产组织的扶持对农户减贫增收具有较强的正向影响。农民专业合作社作为农民的自治机构和专业组织，代表着广大农民的切身利益。在我国农民专业合作社快速发展的时期，政府对合作社的有益指导、资金支持与政策优惠等，都将在很大程度上刺激农民凭借自身所拥有的资源禀赋或要素条件（如技术、资金、土地、管理才能、房屋等），积极主动地加入本地区各类专业合作组织，从而能共享合作社的收益，实现收入的大幅增加。

五、农产品供应链对农户减贫增收的带动效应明显

实现小农户与大市场的有效对接既是现代农业健康发展的必然要求，又是贫困农户减贫增收的现实路径。在农业市场化改革深入推进的背景下，通过培育农产品供应链以此带动农户减贫增收致富，是当前市场化减贫的重要方向。基于滇、桂、苏、闽四省（区）农户调查数据，采用多元有序 Logistic 模型，分析了农产品供应链对农户减贫增收的关联效应及区域差异。基于前文实证分析，得出如下研究结论。

（一）加入农产品供应链对农户减贫增收和致富具有正向作用

农产品供应链通过将农户与农业龙头企业、农民专业合作社等众多市场主体联结起来，使其形成利益共同体，不仅承担农业生产与市场风险，而且共享农产品附加值，在降低生产经营成本的同时，实现了贫困的缓解和收入的增加以及抵御市场风险能力的增强，有效解决了"小生产"与"大市场"之间的矛盾。本书实证分析发现，无论是发达地区还是欠发达地区，农户融入农产品供应链都可以显著提高其收入水平。

（二）欠发达地区农产品供应链对农户的带动作用优于发达地区

总体来看，欠发达地区农户对于农产品供应链的带动作用评价较为肯

定及强烈，而发达地区略微偏低，这既与发达地区受访者自身情况有关，也与两类区域经济发展状况、农民收入水平等密切相关。欠发达地区尽管在长期的发展过程中积贫积弱，但在当前市场化改革进程日渐推进的背景下，该类区域更需要发展农产品供应链来带动经济的快速发展，这也说明农产品供应链对欠发达地区农户减贫增收的带动作用要优于发达地区。

（三）农户减贫增收受较多因素影响，其中供应链融入状况影响明显

实证分析发现，在影响农户收入变动的六个关键因素中，有四个因素属于供应链融入状况，具体包括是否加入农产品供应链、有无加工销售、农产品出售渠道、对供应链管理认可程度。可见，增强区域市场发育程度、提升农户对供应链认知水平、加强政府对供应链的扶持力度等，通过不断改善农户供应链融入状况，将在很大程度上提高农户的收入水平。

第四章　连片特困地区农产品供应链的
主体关系及其协同机理

一、农产品供应链的主体识别

根据本书对农产品供应链的内涵界定，农产品供应链可以理解为农产品沿着生产资料供应商（或农业社会化服务组织）、农户（传统农户和新型主体）、龙头加工企业、农业专业合作社、配送中心、批发商、零售商以及消费者运动的一个网状链条。按照农产品的一般生产、供应和消费流程，农产品供应链通常由以下环节和组织载体构成：产前供应环节，以种苗、饲料、农资供应商以及信息、资金等社会化服务机构为组织载体；产中生产环节，以传统农户、新型主体和生产性组织为载体；产后加工环节，以种养大户、农业龙头企业、农民专业合作社等为载体；空间流通环节，以物流配送服务商、批发商等多层次流通渠道以及配套的服务性组织为载体；终端消费环节，以零售商、消费者服务部门、最终顾客（个体或组织）等为载体。

肖小虹（2012）依据供应链主体是否参与利益分配，是否承担相应风险，把农产品供应链参与主体分为实施主体和支持主体两大类。① 农户、农民合作经济组织与龙头企业等实施主体，直接参与农产品供应链运行、利益分配并承担相应风险；政府部门、金融保险机构、中介组织、信息机

---

① 肖小虹：《中国农业产业链培育框架构建：原则、目标、主体和运行机制》，《贵州社会科学》2012年第11期。

构、科研机构等支持主体，不参与供应链利益分配也不承担相应风险，只为供应链运行提供服务、支持与保障。根据连片特困地区农业市场化进程和农业经济发展现状，本书把农产品供应链的参与主体划分为两类：一类是农产品供应链的核心参与主体，包括农户、农业龙头企业与农民专业合作社；另一类是农产品供应链的辅助参与主体，包括政府部门、社会化服务组织、专业协会组织、信息机构、科研机构等。为方便研究并综合考虑数据可得性，本书重点探讨农户、农业龙头企业、农民专业合作社与专业协会组织这四大供应链主体与农户市场化行为选择之间的关系。

二、连片特困地区农产品供应链的主体关系分析

利用课题组实地调研数据，本部分重点对连片特困地区三类农产品供应链主体，即农户、农业龙头企业和农民专业合作社及其发展情况和相互关系进行分析，以此解析当前农产品供应链主体间关系现状及其存在的问题。

（一）主体发育特征

1. 农户

（1）农户个体特征变量。在 419 份有效问卷中，样本农户个体特征如表 4.1 所示。

表 4.1　样本农户个体特征情况统计表

变量及其分布区间	频率（%）	变量及其分布区间	频率（%）
性别		是否兼业	
男	86.16	是	50.84
女	13.84	否	49.16
户主年龄		户主文化程度	
20 岁及以下	0.72	不识字或者识字很少	8.83

变量及其分布区间	频率（%）	变量及其分布区间	频率（%）
21—30 岁	5.01	小学	28.88
31—40 岁	20.76	初中	47.97
41—50 岁	28.64	高中或中专	13.37
51—65 岁	36.28	大专及以上	0.95
66 岁及以上	8.59		

资料来源：课题组实地调查所得。

性别方面，受访农户户主以男性为主，占比 86.14%，女性仅占 13.84%，可见在连片特困地区的农村家庭，依然是传统的"男主外，女主内"模式，家庭决策权掌握在男性手中。

农户的兼业情况方面，整体来看，有兼业和无兼业的比例大致相当，前者为 50.84%，后者为 49.16%。从具体兼业类型来看，在有兼业的 213 个样本中，选择"村干部"和"技术工"的均为 17 人，占比 7.98%；选择"教师""企业工人""医生"的依次为 2 人、8 人、5 人，所占比例依次为 0.94%、3.76%、2.35%；有 164 人选择了"其他"，占比高达 77.00%。根据实地调查，"其他"主要包括进城务工或者一些长短期的零工，但此类兼业工作环境差、待遇低，且随时面临着各种原因造成的失业。

年龄结构方面，20 岁及以下的比例仅为 0.72%；21—30 岁的占比为 5.01%；31—40 岁和 41—50 岁的比例依次为 20.76%、28.64%；51—65 岁的比例最大，占 36.28%；有 8.59%的为 66 岁及以上。可见，样本农户整体上年龄偏高。

文化程度方面，初中文化水平的农户占比最大，为 47.97%；其次为小学，占比 28.88%；高中及以上的仅为 14.32%。可见，样本农户以小学和初中文化水平为主，整体文化水平并不高。

（2）农户家庭特征变量。样本农户家庭特征情况如表 4.2 所示。经营规模方面，1 亩到 4 亩规模的比例最高，为 44.87%；其次是 4 亩到 6 亩，占比 22.43%；再次是 6 亩到 15 亩，占比 20.29%；15 亩以上的，仅占

7.64%；有4.77%的农户为家庭经营规模为1亩甚至更小。农产品主要经营类型方面，绝大部分为粮食，占到了样本总量的59.67%；而果蔬类、畜禽类和水产类比例都很小，依次为9.55%、0.72%和5.25%；种植甘蔗、茶叶等各类经济作物的农户统归为"其他"，占比24.82%。家庭劳动力方面，绝大多数家庭为2至3个劳动力，两者共占样本总量的73.51%；1个或4个劳动力的比例不高，均略高于10%；家庭劳动力数量最多的为6个，最少的为0，二者占比均不足1%。家庭收入方面，3万元及以下的农户占到了样本总量的60.86%，3万元到6万元的占比26.97%，高于6万元的仅为12.17%，整体收入水平不高。

表 4.2　样本农户家庭特征情况统计表

变量及其分布区间	频率（%）	变量及其分布区间	频率（%）
经营规模		农产品经营类型	
1亩及以下	4.77	粮食	59.67
1亩—4亩	44.87	果蔬	9.55
4亩—6亩	22.43	畜禽	0.72
6亩—15亩	20.29	水产	5.25
15亩以上	7.64	其他	24.82
家庭劳动力数量		家庭年收入	
0	0.48	1万元及以下	12.17
1	11.69	1万元—3万元	48.69
2	52.98	3万元—6万元	26.97
3	20.53	6万元—8万元	3.34
4	10.98	8万元以上	8.83
5	2.63		
6	0.72		

注：经营规模、家庭年收入区间值中，最小值不包含在内，最大值包含在内。

资料来源：课题组实地调查所得。

2. 农业龙头企业

表 4.3　当地龙头企业存在情况统计表

当地有无农业龙头企业	没有	有	不清楚
频数	161	175	83
频率（%）	38.42	41.77	19.81

资料来源：课题组实地调查所得。

由表 4.3 可知，受访农户中，有 161 人选择当地"没有"农业龙头企业，占比 38.42%；有 175 人选择当地"有"农业龙头企业，占比 41.77%；有 83 人表示"不清楚"有无农业龙头企业。这说明当地无龙头企业或龙头企业影响力不足，整体而言，连片特困地区农村的农业龙头企业仍有待进一步发展。

3. 农民专业合作社

由表 4.4 可知，选择当地"有"合作社的农户有 229 人，占比 54.65%；选择当地"没有"合作社的农户有 116 人，占比 27.68%；有 74 人表示"不清楚"当地有无农民专业合作社。相对于农业龙头企业而言，农民专业合作社的发展情况稍好，但同样需加快发展。

表 4.4　当地农民专业合作社存在情况统计表

当地有无农民专业合作社	没有	有	不清楚
频数	116	229	74
频率（%）	27.68	54.65	17.66

资料来源：课题组实地调查所得。

（二）主体关系分析

1. "农业龙头企业+农户"主体关系

（1）农业龙头企业带动情况。从龙头企业的带动作用方面看，具体情况如表 4.5 所示。在选择"有"龙头企业的 175 位农户中，83 位认为当地龙头企业的"带动作用强"，占比 47.43%；而选择"带动作用弱"的有 92 人，占比 52.57%，二者比例相当，但后者略高于前者。这说明整体而言，连片特困地区的农业龙头企业带动作用有待增强。

表 4.5　当地农业龙头企业对农户带动情况统计表

	龙头企业数量多	龙头企业数量少	比例（%）
带动作用强	31	52	47.43
带动作用弱	11	81	52.57
比例（%）	24.00	76.00	100.00

资料来源：课题组实地调查所得。

（2）农户与农业龙头企业合作情况。如图 4.1 所示，农户与龙头企业合作情况很不理想。在选择当地"有"农业龙头企业的 175 位样本农户中，目前保持与龙头企业合作的农户仅有 34 人，占比为 19.43%；而没有和龙头企业合作的农户为 119 人，占比高达 68.00%。另外一个值得注意的情况是，有 22 人"曾经有，而现在无合作"，所占比例为 12.57%。

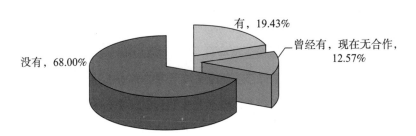

图 4.1　农户与龙头企业合作情况

如图 4.2 所示，就合作形式而言，与龙头企业合作的农户中，土地入股和劳动雇佣的并不多，分别为 7 人和 6 人，占比依次为 12.07% 和 10.34%；资金入股的仅占 3.45%，签订合同的较多，为 16 人，占比 27.59%；27 人选择"其他"，占比最高，为 46.55%。根据调查记录，"其他"包括偶然性的购买和销售行为，此类合作关系并不稳定。整体而言，农户与龙头企业合作较少，形式较为单一，合作关系不稳定。

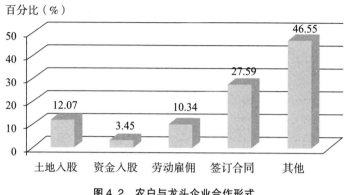

图4.2　农户与龙头企业合作形式

如图 4.3 所示，就合作效果来看，与龙头企业合作的农户中，有73.21%的农户表示与龙头企业合作后，收入有所增加；10.17%农户表示收入"无变化"；有 16.07%的农户表示与龙头企业合作后，收入反而下降了。同时，必须指出的是，在表示收入增加的农户中，大多数仅"小幅增加"。可见，龙头企业合作对于农户的增收作用并不显著，甚至在一些情况下，农户收入下降。

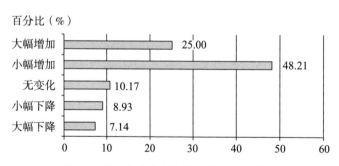

图4.3　农户与龙头企业合作后收入变化情况

对未与龙头企业合作的农户询问原因，其结果如表 4.6 所示。此题设定为多选题，119 位未与龙头企业合作的农户作出了 379 次选择，其中最多的是"当地没有农业龙头企业"，有 146 次，占比 38.52%；紧随其后的是"没有发现合适的企业"，有 111 次，占比 29.29%；"企业提供服务不到位"和"与企业合作的农户太少"各占约8%的比例。由此可见，当地没有或者缺乏合适的农业龙头企业成为制约农户通过与龙头企业合作融入农产品供应链的主要原因。此外，现有龙头企业发展水平有限，服务带动功能不足也加重了问题的严重性。

表 4.6　农户未与农业龙头企业合作的原因分析

选项	频数	频率（%）
A：当地没有农业龙头企业	146	38.52
B：一些企业挂羊头卖狗肉	14	3.69
C：一些企业经常欺诈农户	20	5.28
D：没有发现合适的企业	111	29.29
E：企业提供服务不到位	30	7.92
F：与企业合作的农户太少	33	8.71
G：其他	25	6.60

资料来源：课题组实地调查所得。

（3）农户与农业龙头企业信用关系

企业信用履行情况。如图 4.4，当被问及"合作企业是否存在违约行为"时，56 个农户中，29 人选择"无"，占比 51.79%；14 人选择"有"，占比 25.00%；选择"不清楚"的有 13 人，占比 23.21%。整体而言，大多数企业都能够严格履行约定，但仍有四分之一的企业存在违约行为，农产品供应链的相关管理有待一进步加强。

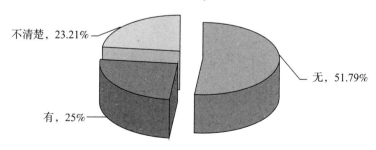

图 4.4　龙头企业是否有违约行为

　　农户信用履行情况。当被问及"如果市场价格高于合同价格,您会怎么做"时,56 个农户中,32 人选择"哪里价高卖到哪里",占比约五分之三;只有 13 人选择"按合同销售",所占比例不足四分之一(如图 4.5 所示)。此外,有少量农户选择"按合同价格减量销售给合作企业""与企业协商适当提价"和"与企业协商提至市场价"。可见,大多数农户思想意识尚未转变,在合作中只重视短期利益,而忽视保持长期合作关系的重要性,这种情况下的合作存在着严重隐患。

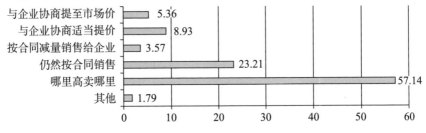

图4.5　市场价格高于合同价格时农户选择

　　农户对企业的信任程度。农户对企业的信任程度统计如图 4.6 所示。与农业龙头企业合作的 56 位农户中,有 12 人表示对合作企业不信任,占比 21.43%;有 16 人表示"比较信任"合作企业,占比 28.57%;只有 9 人表示"非常信任"合作企业,仅占 16.07%;而对此问题持中立态度的农户最多,占到了 32.14%。这说明整体上农户对于企业的信任程度不高,

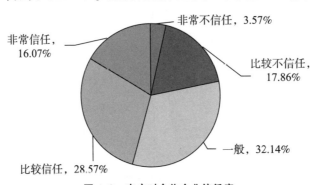

图4.6　农户对合作企业信任度

农户与企业的合作关系缺乏长期而稳定的必要基础。

2."农民专业合作社+农户"主体关系

（1）农民专业合作社带动情况

表4.7　农民专业合作社数量及吸纳农户情况

	合作社数量多	合作社数量少	频率（%）
加入农户多	40	62	44.54
加入农户少	18	109	55.46
频率（%）	25.33	74.67	100.00

资料来源：课题组实地调查所得。

农民专业合作社的发展情况如表4.7所示。25.33%的农户认为当地农民专业合作社数量多，而认为当地农民专业合作社少的农户高达74.67%；44.54%的农户认为当地合作社加入农户多，而认为当地合作社加入农户少的比例高达55.46%。可见，连片特困地区的农村，当前的合作社发展情况并未满足农户的需要，具体表现在其数量不多，加入农户的数量也有待提高。

表4.8　农户对当地农民专业合作社作用认识情况

选项	频数	频率（%）
为农户提供物资购买、技术指导上的帮助	117	33.52
为农户与企业间架起沟通的桥梁	94	26.93
使农户有力量与龙头企业谈判，参股经营	63	18.05
如果独立发展，会成为龙头企业的竞争对手	43	12.32
龙头企业利用农民专业合作社减少农户违约	32	9.17

资料来源：课题组实地调查所得。

农民专业合作社作用方面，此题设定为多选题，表示本地有农民专业合作社的229个样本农户共作出349次选择，具体情况如表4.8所示。选择"为农户提供物资购买、技术指导上的帮助"有117次，所占比例最高，为33.52%；其次是"为农户与企业间架起沟通的桥梁"，有94次，占比26.93%；选择"使农户有力量与龙头企业谈判，参股经营""如果独立发展，会成为龙头企业的竞争对手"和"龙头企业利用农民专业合作社减少农户违约"依次为63次、43次和32次，所占比例依次为18.05%、12.32%和9.17%。这说明农户当前对于农民专业合作社的作用认识不够全面，仅仅将其视为一个物资技术帮助者和销售中的沟通协调者，这对于合作社作用的充分发挥存在着不利影响。

（2）农户加入农民专业合作社情况

由图4.7可以看出，样本农户的农民专业合作社加入情况并不乐观。419份样本中，已入合作社的仅有67户，占样本总量的15.99%；准备加入的35户，占比8.35%；有6户曾经加入过合作社，但现在已经退出；没有加入合作社的农户有311户，占比高达74.22%。

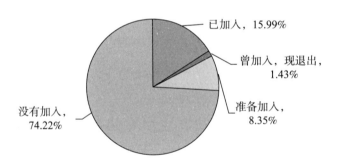

图4.7　农户加入农民专业合作社情况

由此可见，连片特困地区农户通过加入合作社融入农产品供应链的水平很低。

加入合作社的效果方面，以农户收入变化为例，加入农民专业合作社后农户的收入变化如图4.8所示。有不到五分之三的农户表示加入农民专业合作社后家庭收入增加了，同时有超过五分之一的农户表示加入合作社后家庭收入无变化，更有超过五分之一的农户表示加入合作社后家庭收入反而下降了。由此可见，农民专业合作社对于农户的增收作用并未得到完全发挥，这说明当地合作社在具体运行过程中存在着问题。

百分比（%）

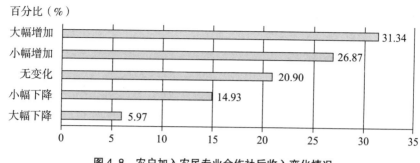

图4.8　农户加入农民专业合作社后收入变化情况

当被问及"未加入合作社"的原因时，此题设定为多选题，样本农户总共作出了364次选择。由表4.9可知，农户未加入农民专业合作社最主要的原因是"当地没有成立农民合作社"，占比45.88%；其次是"对合作社运行不抱希望"和"合作社对农户要求太高"，二者均占到了8.24%的比例。这说明当前没有合作社是农户未加入农民专业合作社的主要原因，同时有相当数量的农户因为各种原因被挡在合作社门槛之外。

表4.9　农户未加入农民专业合作社的主要原因分析

选项	频数	频率（%）
A：当地没有成立农民合作社	167	45.88
B：对合作社运行不抱希望	30	8.24
C：加入合作社会使风险加大	17	4.67
D：合作社对农户要求太高	30	8.24
E：家庭意见不统一	25	6.87
F：合作社不接受我加入	15	4.12
G：其他	80	21.98

资料来源：课题组实地调查所得。

此外，通过对6户"曾经加入，但现在退出农民专业合作社"的农户进一步了解得知，其退出的原因主要是"合作社运作不规范，与自己预期反差很大"以及"入社后家庭收益反而减少了"等，这说明一些农民专业合作社在实践中并未满足农民的需要，未起到对农户的帮扶带动作用。

(三) 简要的结论

本部分通过对连片特困地区农户基本特征、农业龙头企业和农民专业合作社的存在与发展情况及其相互关系进行较为细致的分析后，得到如下结论。

1. 连片特困地区农户需要不断增强自身积累与发展

就当前而言，对于稳定融入农产品供应链，连片特困地区农户在个人及家庭禀赋特征方面的水平有待进一步提高。农户整体文化水平较低，而平均年龄偏高，户均土地经营规模偏小，收入水平较低，更为重要的是农户思想观念有待更新，一些农户在与农产品供应链其他主体的合作中只顾局部的眼前利益，而忽视了与其建立并保持长期而稳定合作关系的重要性。

2. 连片特困地区农产品供应链核心主体亟待培育发展

连片特困地区的广大农村以农业龙头企业和农民专业合作社为代表的农产品供应链核心主体发展水平不高。农业龙头企业和农民专业合作社数量偏少，现有企业与合作社的辐射带动作用不强，由于各种原因，与企业合作或加入合作社的农户比例偏小，严重阻碍了农户稳定地融入农产品供应链。

3. 农户与其他农产品供应链主体的关系存在不少问题

农户与企业的合作关系缺乏必要的信任基础，企业违约行为时有发生，农户的违约行为则更为普遍，农产品供应链信用机制的建立完善迫在眉睫；农民专业合作社的运行与管理存在一些问题，不能满足农户需要，而农户对于农民专业合作社的认识尚不全面，农户与合作社协同发展面临着诸多问题。

综上所述，可见农业龙头企业、农民专业合作社和农户之间的主体关系基本处于松散状态，主体间缺乏紧密的联合与稳定的合作，制约了农户与农产品供应链各主体长期而稳定的协同发展与互利共赢。

三、农产品供应链主体的协同发展绩效——以"农户+专业协会组织"为例

上文得到的农产品供应链主体关系处于松散状态的结论，是基于连片特困地区农户层面的实地调查和统计分析。那么，从其他主体角度，又是如何看待或评价农产品供应链的主体关系？农产品供应链主体间协同发展的情况和绩效如何？由于缺乏专门针对连片特困地区除农户之外的其他农产品供应链主体的调查数据，本部分实证分析所用数据，来源于全国范围的对食用菌专业协会组织的调查，通过对"农户+专业协会组织"这一农产品供应链运行模式发展情况的分析，来进一步揭示农产品供应链主体间的协同发展问题。

专业协会组织作为农产品供应链运行的重要辅助主体，是实现小农户与大市场对接的有机桥梁，其在促进农民增收、繁荣农村经济中具有不可忽视的作用。学术界在专业协会组织的运行效率、金融支持模式、制度建设问题、经济贡献能力、破解农产品质量安全问题等方面进行了系统的研究。尽管已经有研究关注了农产品供应链主体行为博弈与协同优势问题，但基于专业协会组织的空间异质性及其与农户的协同发展视角，解析农产品供应链的主体关系及其协同发展绩效方面的文献未见报道。本书结合传统的 DEA 模型与衡量"三化协调"的 HR 模型，构建两步法，来探讨专业协会组织与农户的协同发展绩效及空间异质性，就分析结论给出可操作的对策建议，通过提升专业协会组织运行的技术效率，来推进专业协会组织与农户的协同发展，以充分发挥专业协会组织在促进农产品供应链有效运行中的作用。

（一）研究方法与资料来源

1. 研究方法

要准确把握并客观衡量供应链主体的行为绩效，一个前提是要确定供

应链主体的前沿面函数。考虑运算结果的稳定性和可靠性，本书采用规模报酬可变（VRS）的 DEA 模型对供应链主体的运行绩效进行测度。采用投入导向型的 VRS 模型来衡量决策单元的行为绩效，模型可设定如下：

$$
\begin{cases}
\min\limits_{\theta,\lambda} \theta^k \\[2mm]
\text{s.t. } \sum\limits_{k=1}^{n} \lambda_k x_{n,k} \leqslant \theta^k x_{n,k}(n=1,2,3) \\[2mm]
y_{m,k} \leqslant \sum\limits_{k=1}^{n} \lambda_k y_{m,k}(m=1) \\[2mm]
\lambda_k \geqslant 0(k=1,2,\cdots,n) \\[2mm]
\sum\limits_{k=1}^{n} \lambda_k = 1
\end{cases}
\tag{4.1}
$$

式（4.1）中涉及专业协会组织决策单元（DMU）为 74 个，对每个样本而言有 n 个投入、m 个产出数据，对第 k 个决策单元，用列向量 $x_{n,k}$、$y_{m,k}$ 分别代表农产品供应链各参与主体的投入与产出。也就是说，$N×1$ 的投入矩阵 $x_{n,k}$ 和 $M×1$ 的产出矩阵 Q 代表了 K 个样本所有的数据。λ_k 表示第 n 项投入和第 m 项产出的加权系数；θ^k 表示第 k 个农户的效率值介于 0 和 1 之间，越接近于 1 代表效率越高，$\theta^k=1$ 的样本创新效率在总体中最高。另外，$x \geqslant 0$，$y \geqslant 0$。

测度创新主体协调发展水平的方法较多，常见且多用的主要有层次分析法、复合系统协同度评价模型、向量自回归法、协整检验法、协调系数模型、灰色关联法等，这些方法的一个共同点是需要人为赋权重、熵值，对协调发展水平的结果难以准确保障。为避免人为赋权的主观性，从而更加科学的测算出农户与专业协会组织之间的协调性，本书将薛红霞等（2010）运用的协调度模型（HR）①引入主体协调发展研究当中，选用 DEA 方法和协调度模型（HR）两步法测度农户与专业协会组织的协调发展水平，体现农户组织化发展协调状况的好坏以及两主体协调机制由无序

---

① 薛红霞、刘菊鲜、罗伟玲：《广州市城乡发展协调度研究》，《中国土地科学》2010 年第 8 期。

走向有序的趋势，具有一定的合理性和科学性。HR 模型如下：

$$H = 1 - S_d / A_g \qquad (4.2)$$

式（4.2）中，H 表示协调度，S_d 表示标准差，A_g 表示均值。S_d / A_g 为变异系数，又称错配指数。因此，首先求出农户与专业协会组织行为绩效的标准差和均值，从而进一步得出协调度值。设样本分别为 ρ_1、ρ_2，可知：

$$S_d = \sqrt{\frac{(\rho_1 - \bar{\rho})^2 + (\rho_2 - \bar{\rho})^2 + \cdots + (\rho_n - \bar{\rho})^2}{n}} \qquad (4.3)$$

而 $A_g = \bar{\rho}^*$，因此，式（4.2）可以改写为：

$$H = 1 - \frac{\sqrt{\dfrac{(\rho_1 - \bar{\rho})^2 + (\rho_2 - \bar{\rho})^2 + \cdots + (\rho_n - \bar{\rho})^2}{n}}}{\bar{\rho}^*} \qquad (4.4)$$

该模型可以科学地评价农户与专业协会组织的协同发展绩效，且 $H \in [0，1]$，H 越大说明农户与专业协会组织之间协同发展能力越高、利益协调机制越趋于完善；反之，越差。鉴于当前国内专业协会组织不发达且存在规范性差的现实问题，农户与专业协会组织的协同发展绩效 H 值以 0.5 为分界点，大于 0.5 为协调，反之则不协调。本书将农户与专业协会组织协同发展的有效性划分为 5 个标准等级，即协调且有效（$0.9 < \rho \leqslant 1$）、协调且较有效（$0.7 < \rho \leqslant 0.9$）、协调且一般有效（$0.6 < \rho \leqslant 0.7$）、协调且无效（$0.5 < \rho \leqslant 0.6$）、不协调（$H \leqslant 0.5$），具体如表 4.10 所示。

表 4.10　农户与专业协会组织协同发展绩效评价标准

划分标准	$0.5 < H \leqslant 1$				$H \leqslant 0.5$
	$0.9 < \rho \leqslant 1$	$0.7 < \rho \leqslant 0.9$	$0.6 < \rho \leqslant 0.7$	$0.5 < \rho \leqslant 0.6$	
协同发展类型	协调且有效	协调且较有效	协调且一般有效	协调且无效	不协调

2. 资料来源

依托国家食用菌产业技术体系产业经济研究室，针对全国食用菌专业协会组织进行了全国范围的调研，调研涉及我国西北、东南、长江中上游、华东、中原、华北 7 大片区的 16 个省（区、市）的 74 个专业协会组织（见表 4.11）。

表 4.11　农产品供应链主体数据分布情况

区域分布	省（区、市）	地（市、县）	专业协会组织
西北地区	陕西	勉县、略阳县、宁强县、武威市凉州区、米泉市	—
	甘肃		—
	新疆		—
东南地区	浙江	江山市、常山市、平湖市、嘉兴市、杭州市、磐安县、漳州市、龙海市、仙游县、屏南县、南平市、古田县	2
	福建		6
长江中上游	湖北	武汉市、宜昌市、十堰市、随州市	12
华东地区	江苏	泗阳县、沭阳县、金坛市、连云港市、铜山县、宿川区、奉贤区	6
	上海		—
中原地区	河南	南阳市、濮阳市、洛阳市、平顶山市、泌阳县、夏邑县、辉县、烟台市、定陶县、莘县、邹城市	7
	山东		1
华北地区	河北	石家庄市、保定市、承德市、衡水市、遵化市、北京房山区、天津大港区	11
	北京		—
	天津		—
东北地区	辽宁	丹东市、庄河县、遵化市、磐石市、汪清县、蛟河市、牡丹江市、尚志市、海林市、伊春市	3
	吉林		11
	黑龙江		15
合计	16	56	74

3. 指标选取与描述性统计

为了真实反映食用菌产业发展过程中，专业协会组织在带动农户融入供应链方面的作用及其运行绩效，在选取投入产出指标时，严格遵循指标选取与专业协会组织的职能与作用密切相关的原则，筛选了衡量食用菌专业协会组织运行情况的投入产出指标，如表 4.12 所示。

表 4.12 专业协会组织绩效测度的指标及统计特征

指标类型	指标选择	指标刻画	平均值	标准差	最小值	最大值
投入指标	协会负责人文化程度	1＝不识字或识字很少；2＝小学；3＝初中；4＝高中及中专；5＝大专及以上	4.179	0.752	3	5
	协会负责人身份	1＝普通农民；2＝村干部；3＝大户或技术能人；4＝县、乡镇的干部	2.872	0.998	1	4
	协会成员规模	人	339.795	571.798	7	3000
	协会资金规模	万元	58.524	116.633	0.5	800
	协会会议频次	次/年	2.705	1.433	1	5
产出指标	带动菇农规模	户	2738.899	6915.868	7	50000
	菇农培训频次	次/年	6.231	10.116	1	80
	签订购销合同	1＝否；2＝是	1.308	0.465	1	2
	生产资料供应	1＝否；2＝是	1.538	0.502	1	2

（1）投入指标。①协会负责人文化程度：专业协会组织是否能够顺畅运行和有效发展，很大程度上取决于协会带头人的个人能力，而个人能力高低的体现又直接与受教育水平有关。②协会负责人身份：协会负责人的身份是影响产业发展的重要因素。是否担任县、乡或村干部，是否是专业大户或技术能人，将影响协会负责人的经营水平和管理能力，以及社会交往半径，而这些对专业协会组织的发展至关重要。③协会成员规模：除了协会主要负责人对协会发展至关重要外，协会一般成员的规模大小同样对协会发展影响很大。协会吸纳其他成员稳定合作的数量多寡，反映协会能够持续运转和长远发展的人力资源保障。④协会资金规模：不同层次人员的投入对协会运行和发展十分重要，而是否有持续、稳定的资金投入以及资金投入的规模大小，对专业协会组织的正常运行同样不可或缺。⑤协会会议频次：衡量专业协会组织在发挥提高农户组织化程度等方面的投入水平。协会组织是否通过召开定期、不定期的不同规模和范围人员的会议，是否能够坚持规范的议事制度，将对专业协会组织业务的正常运行和功能

的正常发挥产生重要影响。

（2）产出指标。①带动菇农规模：专业协会组织对农户的带动能力是反映协会运行绩效的重要产出指标。对食用菌产业而言，食用菌种植户对专业协会的信任与依赖，很大程度上决定着协会是否能够持续稳定地发展。②菇农培训频次：带动一定规模的菇农投身食用菌产业发展是衡量专业协会组织的数量产出指标，而是否对菇农进行专业技术指导和生产规程培训，以及指导和培训的频次，则是反映专业协会组织运行绩效的质量产出指标。③签订购销合同：在食用菌的生产经营过程中，是否与相关菇农签订规范的购销合同，反映食用菌专业协会组织运行绩效的制度产出指标。④生产资料供应：是否对合同菇农提供专门的生产资料供应（如菌种、菌袋以及各种原材料等），反映食用菌专业协会组织运行绩效的服务产出指标。

（3）描述性统计。调研数据显示，就食用菌专业协会组织的投入来看，专业协会组织主要负责人的平均受教育程度为高中或中专，其身份以大户或技术能人为主，协会成员平均规模达到 339.795 人，资金规模平均达到 58.524 万元，协会组织年均召开大会 2.705 次，投入初具规模；就食用菌专业协会组织的产出来看，协会平均带动菇农 2738.899 户，年培训菇农达 6.231 次，并在购销合同签订及生产资料供方面发挥重要作用，产出水平较为可观。

（二）实证结果与分析

1. 专业协会组织运行的技术效率分析

基于投入导向型的 VRS 模型，利用 DEAP2.1 软件对专业协会组织的运行绩效进行测度，结果如表 4.13 所示。未考虑管理效率损失、环境变量及随机干扰等因素的影响，专业协会组织运行的综合效率均值为 0.888，纯技术效率均值为 0.944，规模效率均值为 0.940。这在一定程度上说明，专业协会组织在管理与规模效应方面表现良好，在现有的投入产出及管理水平下，专业协会组织在推动循环农业产业发展方面发挥了重要作用，有效促进了农产品供应链的运行与发展。因此，维持并强化专业协会组织的投入强度及管理水平，鼓励专业协会组织积极参与食用菌产业发展，可以进一步发挥专业协会组织对农产品供应链发展中的助推作用。

表 4.13 专业协会组织的技术效率均值

	综合效率	纯技术效率	规模效率
专业协会组织	0.888	0.944	0.940

2. 专业协会组织技术效率的空间异质性分析

为了更好地分析专业协会组织与农户的协同发展绩效及空间特征，需要对专业协会组织技术效率的空间异质性进行深入的揭示，具体测算结果见表4.14。从整体来看，区域专业协会组织的技术效率、纯技术效率及规模效率差异不大且表现良好，技术效率的区域优劣排序为：山东、天津>河南>湖北>福建>辽宁>河北>吉林>黑龙江>江苏>浙江，纯技术效率的区域优劣排序为：辽宁、天津、山东、福建>河南>湖北>河北>黑龙江>江苏>吉林>浙江，规模效率的区域优劣排序为：山东、天津>湖北>吉林>河南>河北>浙江>黑龙江>江苏>福建>辽宁（陕西、甘肃、新疆、北京、上海5省市数据缺失，其余省份未纳入调研范围）。

表 4.14 不同区域专业协会组织技术效率测算及分布

区域分布	省（区、市）	技术效率	纯技术效率	规模效率
东南地区	浙江	0.585	0.622	0.938
	福建	0.894	1.000	0.894
长江中上游	湖北	0.925	0.953	0.969
华东地区	江苏	0.832	0.922	0.904
中原地区	河南	0.930	0.980	0.950
	山东	1.000	1.000	1.000
华北地区	河北	0.885	0.945	0.939
	天津	1.000	1.000	1.000

续表

区域分布	省（区、市）	技术效率	纯技术效率	规模效率
东北地区	辽宁	0.893	1.000	0.893
	吉林	0.876	0.918	0.953
	黑龙江	0.870	0.940	0.926
平均水平		0.888	0.944	0.940

注：在专业协会组织调研过程中，未涉及陕西、甘肃、新疆（西北地区）及北京（华北地区）、上海（华东地区）等地，因此在表中未将这5个省（区、市）列入。

专业协会组织技术效率的空间差异不大且分布较为集中，主要集中在（0.8—0.9）和（0.9—1）的效率值区间。具体来看，技术效率表现最好的区域集中在中原地区与长江中上游地区省份，专业协会组织的技术效率值均在0.9以上；东北三省、华北地区及东南沿海省份次之，其技术效率值均处于（0.8—0.9）区间内，浙江省专业协会组织的技术效率最低，仅为0.585，尚有41.5%的提升空间。专业协会组织纯技术效率的空间分布呈现高度集中的特点。具体来看，绝大多数省（区、市）的专业协会组织的纯技术效率值均处于（0.9—1）区间内，且福建、山东、辽宁与天津4个省（区、市）的纯技术效率值为1，仅浙江省的专业协会组织的纯技术效率值较低，只有0.622，提升空间较大（除数据缺失省份）。

专业协会组织规模效率的空间分布与技术效率、纯技术效率的分布状况基本一致，呈现较为集中的分布特点。具体来看，所有省（区、市）的专业协会组织的规模效率均大于0.8，辽宁与福建的规模效率值最低，分别为0.893和0.894，其余省（区、市）的规模效率值则处于（0.9—1）区间内，表现良好（除数据缺失省份）。

3. 专业协会组织与农户的协同发展绩效及空间异质性分析

（1）专业协会组织与农户的协同发展绩效测度与分析。在专业协会组织运行绩效测度的基础上，根据公式（4.2）进一步测度专业协会组织与食用菌种植户的协同发展绩效，结合表4.10划分标准，对我国专业协会组织与农户的协同发展绩效进行区域划分，并分析其空间异质性，实证结果

如表 4.15 所示。观察可知：食用菌专业协会组织与农户的协调发展度为
0.544，整体处于"协调且一般有效"状态，尚未实现最佳协同状态，且
存在较明显的空间分异，具有较大的提升空间。

表 4.15　农户与专业协会组织协调发展度及协调等级划分

区域分布	省（区、市）	农户（技术效率）	专业协会组织（技术效率）	主体整合（ρ）	协同发展（H）	协同发展类型
西北地区	陕西	0.315	—	0.602	0.326	不协调
	甘肃	0.366	—	0.627	0.411	不协调
	新疆	0.388	—	0.638	0.446	不协调
东南地区	浙江	0.489	0.585	0.537	0.874	协调且无效
	福建	0.536	0.894	0.715	0.646	协调且较有效
长江中上游	湖北	0.551	0.925	0.738	0.642	协调且较有效
华东地区	江苏	0.383	0.832	0.608	0.477	不协调
	上海	0.299	—	0.594	0.298	不协调
中原地区	河南	0.399	0.930	0.665	0.435	不协调
	山东	0.442	1.000	0.721	0.453	不协调
华北地区	河北	0.479	0.885	0.682	0.579	协调且一般有效
	北京	0.323	1.000	0.662	0.276	不协调
	天津	0.236	1.000	0.618	0.126	不协调
东北地区	辽宁	0.440	0.893	0.667	0.519	协调且一般有效
	吉林	0.431	0.871	0.651	0.522	协调且一般有效
	黑龙江	0.456	0.876	0.666	0.554	协调且一般有效
平均水平		0.455	0.888	0.649	0.544	协调且一般有效

注：表中陕西、甘肃、新疆、上海的主体整合度数值缺失，利用技术效率均值代替，并
计算出主体的平均水平，进而测度专业协会组织与食用菌种植户之间的协同发展绩效。

"协调且较有效"地区（$0.5<H\leqslant1$，$0.7<\rho\leqslant0.9$），处于该协调等级
的仅有福建和湖北。该类地区的专业协会组织与农户的协调发展度均值为
0.644，专业协会组织与农户的效率均值为 0.727，在一定程度上实现了专
业协会组织与农户的较为高效的协同发展，尤其是专业协会组织的高效运

行，但是还有一定的提升空间。此外，福建与湖北是食用菌生产大省，具有发展食用菌产业的优越的地理位置和资源存量优势，且具有一批国内知名高校及科研结构的支撑，进一步加强专业协会组织管理与提高农户技术效率，加快产业升级，推动产业创新，实现专业协会组织与农户的高度协同发展。

"协调且一般有效"地区（$0.5<H\leqslant1$，$0.6<\rho\leqslant0.7$），处于该协调等级的有河北、辽宁、吉林和黑龙江。该类地区的食用菌专业协会组织与农户的协同创新绩效为 0.544，专业协会组织与农户的效率均值为 0.667，实现了食用菌专业协会组织与农户的一般协同，但是还有 45.6% 的提升空间。此外，东北地区及河北具有发展食用菌产业的得天独厚的自然资源与气候条件，促进农户的适度规模经营，提高农户技术效率成为该地区协同创新目标实现的重中之重。

"协调且无效"地区（$0.5<H\leqslant1$，$0.5<\rho\leqslant0.6$），处于该协调等级的只有浙江。该类地区的食用菌专业协会组织与农户的协同创新绩效为 0.874，实现了专业协会组织与农户的深度衔接，但是协会组织与农户的技术效率偏低，仅为 0.585 和 0.489，成为导致浙江食用菌专业协会组织与农户之间处于"协调且无效"状态的主要原因。

"不协调"地区（$0\leqslant H\leqslant0.5$），处于该协调等级的有陕西、甘肃、新疆、江苏、上海、河南、山东、北京、天津（陕西、甘肃、新疆、北京、天津的专业协会组织的技术效率值数据缺失，用全国平均水平代替）。该类地区的食用菌专业协会组织与农户的协同发展绩效较低，均值仅为 0.363，还有 63.7% 的提升空间，这在一定程度上说明了食用菌专业协会组织与农户之间尚未建立有效的深度融合与协同机制。

（2）专业协会组织与农户协同发展绩效的空间异质性分析。湖北、福建的食用菌专业协会组织与农户的衔接与协同创新机制运行较好，基本实现了专业协会组织与农户的有效衔接与同步发展；河北、辽宁、吉林和黑龙江的食用菌专业协会组织与农户的衔接与协同创新机制表现一般，农户的技术效率远低于专业协会组织的运行绩效，制约了两者的协同发展；浙江食用菌专业协会组织与农户之间的衔接与协同创新机制运行良好，但是受制于农户与专业协会组织的低效，两者的协调是无效的；陕西、甘肃、新疆、江苏、上海、河南、山东、北京、天津未能实现专业协会组织与农户的协调发展，协调发展度较低。

综上所述，专业协会组织在促进农产品供应链有序运行方面发挥了重要作用，食用菌专业协会组织的技术效率、纯技术效率及规模效率均表现良好；在农产品供应链运行过程中，专业协会组织与农户建立了有效的衔接与协同发展机制，整体上机制运行处于"协调且一般有效"状态，农户在食用菌产业发展过程中对农业废弃物的转化利用效率偏低是主要影响因素。此外，专业协会组织与农户的协同发展存在一定的空间差异，其中湖北、福建省处于"协调且较有效"状态，河北、辽宁、吉林和黑龙江4省处于"协调且一般有效"状态，浙江省处于"协调且无效"状态，陕西、甘肃、新疆、江苏、上海、河南、山东、北京、天津9省（区、市）处于"不协调"状态。

（三）研究结论

依托国家食用菌产业技术体系产业经济研究室，对专业协会组织的运行状况进行了全国范围的调研，通过构建 DEA—HR 模型，测度与分析了食用菌专业协会组织的运行效率及其空间异质性，并在此基础上探讨了"专业协会组织+农户"这一农产品供应链运行模式的主体关系及其协同绩效，得到了如下的研究结论。

1. 农产品供应链主体间的关系普遍松散且不协同

现有农产品供应链主体间的关系，无论是在连片特困地区，还是在全国层面，大多处于相对松散的不协同状态。

主要表现是农产品供应链的主体关系尚不明晰，各主体的协同意识淡薄，职责范围不清，利益划分欠合理。由此进一步使得农产品供应链的实践运行受阻，农产品供应链的功能作用远未得到有效发挥。

2. 农产品供应链主体协同发展绩效上有较大的提升空间

就"专业协会组织+农户"这一农产品供应链运行模式而言，专业协会组织与农户的协同发展绩效尚有较大的提升空间。整体来看，食用菌专业协会组织与农户的协同发展度为 0.544，整体处于"协调且一般有效"状态，未能实现最佳协同状态，尚有 45.6% 的提升空间。就空间差异来看，湖北、福建的食用菌专业协会组织与农户的衔接与协同创新机制运行较好，基本实现了专业协会组织与农户的有效衔接与同步发展；河北、辽宁、吉林和黑龙江的食用菌专业协会组织与农户的衔接与协同发展机制表现一般，农户的技术效率远低于专业协会组织的运行绩效，制约了两者的协同发展；浙江食用菌专业协会组织与农户之间的协同发展机制运行良好，但受制于农户与专业协会组织的低效，两者的协调是无效的；陕西、甘肃、新疆、江苏、上海、河南、山东、北京、天津未能实现专业协会组织与农户的协调发展，协调发展度相对较低。

四、基于共生关系的农产品供应链主体协同机理

（一）农产品供应链主体间的共生关系

德国生物学家德巴里（Anton de Bary，1879）对"共生"一词进行了权威解读，他认为"共生"是指不同种属按某种物质联系而生活在一起。彭建仿（2012）以企业与农户为例，用图形概括了农产品供应链主体间的共生关系模型（见图 4.9）。

图中，U_1、U_2 表示农产品供应链的核心参与主体农户和企业。M_i 表示 U_1、U_2 之间的某种共生模式（包括点共生、间歇共生、连续共生和一体化共生等），这种模式的具体类型随 U_1、U_2 的性质（其中 U_2 起着决定性作用）及二者所处环境的性质及其变化的不同而不同。E_a 表示对 U_1 和 U_2 共生关系起积极作用的正向环境（如政府监管、政策扶持、消费者认可等），E_p 表示起消极作用的反向环境（如假冒伪劣、恶性竞争等），E_n 表示起中立作用的中性环境。这种积极或消极作用的发挥，是通过对共生过程中物

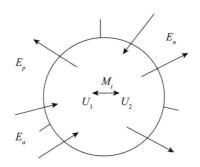

图 4.9 农产品供应链主体间共生模型示意图

资料来源：彭建仿：《供应链关系优化与农产品质量安全——龙头企业与农户共生视角》，《中央财经大学学报》2012 年第 6 期。

质、信息及能量的生产和交换的激励或抑制来实现的。[1]

农产品供应链主体间的共生模式由低级向高级不断演进的过程，既是农产品供应链主体间共生关系不断优化的结果，也是供应链主体为提高农产品供应链运行绩效而不断提高协同程度的过程。[1]这一过程可用图 4.10 来说明。

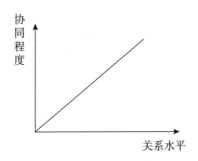

图 4.10 农产品供应链主体间共生关系优化与行为协同模型

资料来源：彭建仿：《供应链关系优化与农产品质量安全——龙头企业与农户共生视角》，《中央财经大学学报》2012 年第 6 期。

---

① 彭建仿：《供应链关系优化与农产品质量安全——龙头企业与农户共生视角》，《中央财经大学学报》2012 年第 6 期。

图 4.10 表达的主要意思是农产品供应链主体间的共生关系与其协同水平呈现显著正相关。一方面，农产品供应链主体间的共生关系越融洽，双方或多方相互间的影响度和渗透力越强，各方就越有可能彼此共享农产品质量品质、安全状况、交易价格等市场信息。^①另一方面，正如彭建仿（2012）分析的那样，供应链主体间相互依赖的情感契约在这一过程中也得到加强。这就是说，融洽、密切的供应链主体关系，反过来进一步增强了供应链主体间的共生意识和协同程度，而这一结果对于供应链的任何一主体而言都是有利的。当供应链主体间共同致力于提高农产品供应链整体运行绩效时，供应链价值增值和主体共赢的目标就实现了。

（二）农产品供应链主体间的协同机理

按照现代汉语词典的解释，"协同"一词是指主体间的相互配合与彼此合作，是"各种分散的作用在联合中使总效果优于单独的效果之和的相互作用"^①。德国著名理论物理学家赫尔曼·哈肯（Hermann Haken）于 20 世纪 70 年代在系统科学中提出了著名的协同理论。该理论认为，在一个庞大而复杂的系统内，各子系统的协同行为能够产生出超越各子系统自身单独作用的功效。这意味着，协同理论强调构成整体系统的各子系统不能单打独斗、各自为战，个体利益的追求一定是在整体利益得到保障和加强的前提下才能实现的。否则各子系统间将成一盘散沙，个体和整体都难有作为。

赫尔曼·哈肯的协同思想和理论真核，对农产品供应链各参与主体间的行为选择具有重要启迪。农产品供应链作为一个整体系统，其运行绩效高低决定于各参与主体的协同程度。对于农产品供应链主体间的协同，王夏阳（2008）认为在合理的契约安排下，通过信息共享的方式来降低整条供应链的生产成本、库存成本，尽可能地消除缺货现象，使供应链各参与主体在和谐的氛围内开展经营运作活动。^②这就是说，主体间和谐氛围的

---

① 罗贞礼：《边缘区域经济协同发展理论与实践体系研究》，《贵州社会科学》2011 年第 1 期。
② 王夏阳：《非线性成本约束、契约设计与供应链绩效》，《现代管理科学》2008 年第 5 期。

营造和形成甚为关键，因为这种氛围的好坏直接影响主体间契约安排和信息共享的实现。不同共生主体同处农产品供应链整体系统中，农户是系统得以有序运行和持续稳定的细胞和基础，如果农户的根本利益不能得到有效保障，在理性经济人的利弊权衡后，农户最终的决策必然是采取机会主义行为甚至选择退出系统。无论农户采取哪种行为选择，对所有供应链参与主体而言都将不是最优的结果。

在社会治理中，多元主体共同参与社会管理是一种全新的治理机制。这种新的治理理念，同样适用于农产品供应链系统中各主体共同参与来维护整体系统的有序运转。在这种共同参与和协同治理中，多主体间的协调机制和动态行为以及主体的适应性和进化学习能力是提升系统整体创造力和竞争力的关键。通过信息流的催化和管理机制的创新，带动农产品供应链上参与主体间商流、物流和资金流的全方位协同创新，发挥供应链参与主体的各自优势，实现资源共享，缩短创新周期，降低创新风险，提高供应链模式下各参与主体的收益水平，进而提高农产品供应链的整体绩效和竞争能力。这就要求龙头企业等生产组织要加强企业内部治理，提升企业运行绩效，主动树立"农户是企业永续发展之根"的共生理念和协同精神；农户这一核心主体要在转变自身发展理念、调整优化自身行为的同时，积极树立供应链协同发展的参与热情、合作意识；政府则要在转变服务意识、提升服务质量上下功夫、做文章，努力为企业与农户等供应链核心参与主体创造主体间互惠互利、成长相容的共生界面介质，包括信誉、文化、契约、市场以及产品质量、技术标准等，牢固树立多元主体协同参与供应链治理理念，健全多元参与制度，拓宽多元参与渠道，最终促进农产品供应链各参与主体间的互惠共生和协同发展。

第五章　连片特困地区农户融入农产品供应链发展的价值认知分析

前文分析和现有研究均表明，在我国连片特困地区，广大农户融入农产品供应链的意愿和行为在受农户要素禀赋等条件的约束和农产品供应链发育程度影响的同时，农户对农产品供应链的作用认知和价值判断将会对其供应链融入产生显著的正向效应。但就主观认知的角度而言，当前我国农户对农产品供应链价值认知的整体水平较低，尤其是在贫困地区，由于各种主客观条件的限制，农户对农产品供应链的价值认知水平更低。而由于认知水平低，农户融入农产品供应链的意愿也明显减弱，导致农产品供应链的发育受到阻碍，同时也影响农户的收入水平提高。所以，提高农户对农产品供应链的认知水平具有十分重要的理论与实践意义。现阶段，特别是在连片特困地区，农户对农产品供应链的价值认知水平究竟如何以及农户对农产品供应链的价值认知受哪些因素的影响成为亟待解决的关键问题。

对国内外文献的梳理不难发现，以下两方面的研究尚需进一步拓展和深化：其一，从宏观层面探讨农产品供应链各主体间合作博弈的文献较多，从微观角度关注农户对农产品供应链价值认知水平的研究则相对不足，而农户认知直接关系其融入农产品供应链的意愿及行为选择；其二，研究表明融入农产品供应链与农户收入变动关系紧密，但尚未有关于不同收入层次的农户对农产品供应链的价值认知是否会有差异以及差异产生机理的文献报道。基于此，本书拟在前人研究的基础上，利用广西、陕西两省（区）连片特困地区的实地调研数据，并以农村居民人均收入水平为贫困线标准，将农户分为贫困和非贫困两组进行对比，深入揭示不同主体对农产品供应链的价值认知差异及其影响因素，以期丰富相关领域的学术研究，并为政府决策提供价值参考。

一、价值认知理论基础与研究假说

（一）理论基础

从获得认知到采取行动，这中间会经历一个心理变化。而针对这种心理，国内外有较多的相关研究理论，较为著名的理论有如下四种。

1. 态度—行为—情境理论

该理论由斯特恩、奥斯卡姆普（Stern and Oskamp，1987）提出。理论认为个人行为是个人态度和环境的函数，即个人态度及环境的变化是影响人的行为改变的主要因素，也即个人行为的变化是态度和环境相互作用的产出。

2. 认知失调理论

该理论由费斯廷格（Festinger，1957）提出。理论主要阐释人的态度变化过程的社会心理学特征。由于存在逻辑上的冲突、价值观念的违背、新旧经验的不同等因素，所以面对新的情境，个人将出现认知失调的状况，这种失调状况的出现是由于两种情况：一是由于旧观念的牢不可破从而使人否认新出现的情境；二是促使人去寻找关于新的情境的信息和理论从而接受新的情境形成新的认知。

3. 计划行为理论

该理论由心理学家埃赛科（Icek Ajzen，1991）提出。计划行为理论主要是解释人类是如何改变自身的行为模式。该理论清楚地阐释了行为意向直接影响人的行为这一人类行为改变的具体过程。而实践中行为意向主要受到态度、主观规范以及知觉行为控制这三个因素的影响。埃赛科认为一个人对某项事物的态度越积极，其行为意向就越强烈，从而采取行动的可能性就越高；同理，一个人主观规范正向和知觉行为控制越强，其行为意向越强，其越有可能实施具体行为。

4. 期望—价值理论

该理论是动机心理学中最有影响力的理论之一，其中较为有影响的是伊科里斯（Eccles，1983）阐述并验证的一个成就相关选择的期望价值理论模型。理论认为，个体完成某项任务的动机是由本项任务带来的期望价值所决定的。

国内对认知和行为理论的研究成果也较为丰富，主要是从传播学的角度来阐述认知对行为的影响，已有的许多传播学研究成果表明，传播的效果由低到高可分为三个层次：第一层次是认知层面的，即"知晓度"，是传播的信息对人们的知觉以及记忆产生作用，使人们有了常说的"知道"的记忆；第二层次是态度层面的，即"赞同度"，是传播的信息能够得到人们的认同，这是价值体系的变化；第三层次是行为上的，即"支持度"或"信奉度"，能够让人们在行为上表现出传播信息对他们的影响。

结合以上相关的行为改变和传播学理论，本书认为随着农户对农产品供应链价值认知程度的提高，其越有可能认同农产品供应链的价值，进而会积极地采取行动加入农产品供应链或者推动农产品供应链的发展。

（二）研究假说

本书将农产品供应链的价值分为三类，即直接经济价值、心理预期价值和风险规避价值，体现在问卷中的问题分别为"融入农产品供应链能够帮助农户减贫增收""农产品进入更大市场会给农户带来更多实惠""加入农民专业合作社或专业协会，可以有效降低农业市场风险"。

参考已有文献，并结合课题组对连片特困地区多次实地调研情况以及农户融入农产品供应链发展的基本特征，本书认为影响农户对农产品供应链价值认知的主要因素包括个人禀赋特征、家庭经营特征、外部环境特征以及主观评价因素，设定研究假说如下。

1. 个人禀赋特征

个人禀赋特征在影响农户认知上具有重要的作用。农户禀赋包括户主性别、年龄、文化程度和务农年限。在广大农村地区，尤其是贫困地区的农村，家庭决策权依然集中在男性户主手中，男性"主外"，因而比女性拥有更为宽广的视野，本书预测被调查者中男性对农产品供应链的价值认知程度比女性高；在对事物的感知程度上，年龄的差距通常体现得非常明显，一般而言，随着年龄增加，人们对外界事物的感知能力会下降，故本书认为年龄是影响农户对农产品供应链价值认知的因素；文化程度高的农户往往具有更强的分析能力，认识更加深刻，故本书认为文化程度是影响农户对农产品供应链价值认知的重要因素；农户从事农业生产的年限决定了其对农业生产活动的熟知程度，务农年限更长的农户对农产品的生产更为精通，且更容易认同农产品供应链的价值，但务农年限长也可能是农户囿于固有的传统经验，对新兴事物认识不足，故务农年限对农户农产品供应链价值认知的影响方向有待验证。

2. 家庭经营特征

家庭经营特征包括耕地规模、兼业人数、家庭人均收入和有无生产合作。耕地是农户从事农业生产的直接对象，能够承包更多耕地进行农业生产的农户往往更精通农业生产和市场行情，本书预测拥有更多耕地的农户对农产品供应链的价值认知程度更高；农村兼业者通常是拥有某一项技能可以使其赚取农业生产以外的收入，一般而言，兼业者收入比非兼业者高，由于从事非农活动，其对农业生产的关注度也会受影响，进而影响其对农产品供应链价值的认知，故而本书假设家庭的兼业人数是影响农户对农产品供应链价值认知的重要因素；家庭人均收入反映的是一个家庭管理生产要素的能力，生产要素包括劳动力、资本、技术、知识等，知识在现代经济发展中的作用越来越重要，人均收入高的家庭一般在利用知识方面的能力强，知识能力在一定程度上等同于认知能力，故本书假设家庭人均收入是影响农户对农产品供应链价值认知的重要因素；有无生产合作是指农户是否加入农业合作组织或者与农业企业有合作，一般有生产合作的农户对农产品供应链的价值认知程度更高。

3. 外部环境特征

外部环境特征包括农户周围有无农业龙头企业和农民专业合作组织。农业龙头企业对农产品进行加工包装，是提高农产品附加价值的一个重要渠道，而农户是否能够与加工企业合作首先取决于在农户的活动范围内是否存在农业企业，本书假设有无农业龙头企业是影响农户对农产品供应链价值认知的一个重要因素；农民专业合作组织成立的目的就是帮助农户增强市场意识，提高其抵御生产风险和市场风险的能力，是农产品供应链上极为关键的一环，故本书认为有无农民专业合作组织是影响农户对农产品供应链价值认知的一个关键因素。

4. 主观评价因素

主观评价因素包括农户对农产品供应链风险管理的满意度和对农产品供应链运行情况的熟悉度。农户对农产品供应链风险管理的满意度越高，说明农户越认同它，那么农户也越能认知到农产品供应链的价值，故本书预测农户对农产品供应链风险管理的满意度与农户对农产品供应链的价值认知之间具有正向关联；农户对农产品供应链运行情况的熟悉度高，则其更有可能对农产品供应链的价值表示认同。

二、农户对农产品供应链价值认知的分析方法

（一）数据来源

本书所用数据均来自于课题组对广西和陕西 2 省 6 县开展的农户调查。该调查分两次进行，2013 年 9 月赴广西开展第一次调研，2014 年 7 月赴陕西开展第二次调研。两次调研所使用问卷完全一致，总计收回农户问卷 433 份，剔除关键信息漏答等无效问卷，调研共获取有效问卷 419 份，问卷有效率达 96.77%。样本农户分布情况如表 5.1 所示。

表 5.1　调研样本区域分布情况

调研省	调研市	调研县	样本镇村	样本户数
广西	河池市	大化瑶族自治县	大化镇亮山村、流水村、古感村、双排村	115
		环江毛南族自治县	思恩镇叠岭村、清潭村、东兰移民场；水源镇上南村；大安乡大安村；洛阳镇地蒙村；下南乡中南村	47
		都安瑶族自治县	龙湾乡内闷村	1
	崇左市	龙州县	上龙乡上龙村；龙州镇岭南村	33
陕西	安康市	旬阳县	吕河镇周家阳坡村	61
			甘溪镇桂花村	62
	汉中市	南郑县	汉山镇李家山村	42
			阳春镇刘台村	58
合计	4 市	6 县	13 镇（乡）18 村	419

在 419 个有效样本中，男性 361 人，占 86.2%；女性 58 人，占 13.8%。年龄方面，30 岁及以下的为 24 人，占 5.7%；31—50 岁的为 206 人，占 49.1%；51 岁及以上的为 189 人，占比高达 45.1%。文化程度方面，小学及以下的 158 人，占 37.7%；初中的为 201 人，占 48.0%；高中及以上的 60 人，占 14.4%。可见，样本农户中，户主绝大部分为男性，年龄 50 岁以上的偏多，而文化水平整体偏低。此外，根据研究需要，本书按照年人均纯收入 2300 元农村居民家庭贫困标准，对样本农户进行了分组，低于此线则设定为贫困农户，共有 239 户，占比 57.04%；其余则为非贫困农户，共有 180 户，占比 42.96%。

（二）模型构建

本书的各变量多为离散型数据，根据分布函数 $F(x)$ 的不同，常用的模型有 Probit 模型、Logistic 模型和 Tobit 模型。基于研究需要，本书采用多元有序 Logistic 模型。在该模型中，Y 为多元有序被解释变量，k 为其可取值的个数；$X = (x_1, x_2, \cdots, x_m)$ 为解释变量向量，m 为解释变量个数。Y 取 j 值的概率为 $\Pi_j = P(y = j \mid X)$，$j = 1, 2, 3, \cdots, k$，取 p_i 为 Π_i 的估计值。建立多元有序 Logistic 回归模型如下（王济川、郭志刚，2001；陈艳华等，2011）：[①]

$$p_1 = \exp\left[a_1 + \sum_{i=1}^{m} b_i x_i\right] \Big/ \left\{1 + \exp\left[a_1 + \sum_{i=1}^{m} b_i x_i\right]\right\} \quad (5.1)$$

$$p_j = \frac{\exp\left[a_j + \sum\limits_{i=1}^{m} b_i x_i\right]}{1 + \exp\left[a_j + \sum\limits_{i=1}^{m} b_i x_i\right]} - \frac{\exp\left[a_{j-i} + \sum\limits_{i=1}^{m} b_i x_i\right]}{1 + \exp\left[a_{j-1} + \sum\limits_{i=1}^{m} b_i x_i\right]} \quad j = 1, 2, 3, \cdots, (k-1)$$

$$(5.2)$$

$$p_k = 1 - \exp\left[a_{k-1} + \sum_{i=1}^{m} b_i x_i\right] \Big/ \left\{1 + \exp\left[a_{k-1} + \sum_{i=1}^{m} b_i x_i\right]\right\} \quad (5.3)$$

式中，b_1，b_2，$\cdots$，b_m 为回归模型的系数估计值；a_j 为模型截距的估计值及模型的常数项。

（三）变量设置

根据研究假设和模型选择，变量的具体设置如表 5.2 所示。本书将分别以农产品供应链的三种价值为被解释变量建立三个多元有序 Logistic 回归模型，即模型Ⅰ、模型Ⅱ、模型Ⅲ，并对贫困农户和非贫困农户两类群体进行对比研究。

---

① 王济川、郭志刚：《Logistic 回归模型：方法与运用》，高等教育出版社 2001 年版。陈艳华、林依标、黄贤金：《被征地农户意愿受偿价格影响因素及其差异性的实证分析：基于福建省 16 个县 1436 户入户调查数据》，《中国农村经济》2011 年第 4 期。

表 5.2 变量的含义及预期影响方向

变量			代码	变量的含义及赋值	预期影响
被解释变量	模型 I	直接经济价值	Y_1	融入农产品供应链能够帮助农户减贫增收：完全不同意 = 1；比较不同意 = 2；一般 = 3；比较同意 = 4；完全同意 = 5	
	模型 II	心理预期价值	Y_2	农产品进入更大市场会给农户带来更多实惠：完全不同意 = 1；比较不同意 = 2；一般 = 3；比较同意 = 4；完全同意 = 5	
	模型 III	风险规避价值	Y_3	加入农民专业合作社或专业协会，可以有效降低农业市场风险：完全不同意 = 1；比较不同意 = 2；一般 = 3；比较同意 = 4；完全同意 = 5	
解释变量	个人禀赋特征	性别	X_1	男 = 1；女 = 0	+
		年龄	X_2	20 岁以下 = 1；21—30 岁 = 2；31—40 岁 = 3；41—50 岁 = 4；51—65 岁 = 5；66 岁以上 = 6	−
		文化程度	X_3	不识字或识字很少 = 1；小学 = 2；初中 = 3；高中或中专 4；大专及以上 = 5	+
		务农年限	X_4	10 年及以下 = 1；11—20 年 = 2；21—30 年 = 3；31—40 年 = 4；41—50 年 = 5；51 年及以上 = 6	?
	家庭经营特征	耕地规模	X_5	家庭实际耕地面积（亩）	+
		兼业人数	X_6	家庭中从事农业以外行业的劳动人员数（人）	−
		家庭人均收入	X_7	家庭实际人均年收入（万元）	?
		有无生产合作	X_8	是否有加入农业合作组织或者与农业企业合作，是 = 1；否 = 0	+
外部环境特征		周围①是否有农业龙头企业	X_9	有 = 1；无 = 0	+
		周围是否有农业合作组织	X_{10}	有 = 1；无 = 0	+

---

① 这里的"周围"是指被调查者所在县域范围内，其他同。

续表

变量		代码	变量的含义及赋值	预期影响
主观评价因素	对农产品供应链风险管理满意度	X_{11}	对目前的农产品供应链风险管理方式：很满意 = 5；比较满意 = 4；一般 = 3；比较不满意 = 2；很不满意 = 1	+
	对农产品供应链运行情况熟悉度	X_{12}	对农产品供应链的运行较为熟悉：完全不同意 = 1；比较不同意 = 2；一般 = 3；比较同意 = 4；完全同意 = 5	+

三、农户对农产品供应链价值认知程度的统计分析

整体来看，大多数农户对农产品供应链的三种价值并不否认（见表5.3）。贫困农户中，不否认农产品供应链的直接经济价值、心理预期价值以及风险规避价值所占比例①依次为84.10%、87.03%、87.45%；非贫困农户相应的比例依次为89.44%、88.33%、91.11%；且两类农户对农产品供应链三种价值表示完全不认同，即选择"完全不同意"的农户比例均低于4%。

表5.3　不同主体对农产品供应链三类价值的认知程度统计

价值类型	农户类型	完全不同意	比较不同意	一般	比较同意	完全同意
直接经济价值（%）	贫困	2.51	13.39	34.31	32.64	17.15
	非贫困	1.67	8.89	44.44	37.78	7.22
心理预期价值（%）	贫困	3.35	9.62	25.94	36.82	24.27
	非贫困	2.78	8.89	38.89	26.11	23.33
风险规避价值（%）	贫困	2.93	9.62	35.15	38.49	13.81
	非贫困	2.22	6.67	42.22	31.67	17.22

资料来源：课题组实地调查所得。

---

① 本书对"一般""比较同意""完全同意"三个选项均认定为农户不否认农产品供应链的价值。

需要指出的是，两类农户群体对农产品供应链三种价值的认知有相当的比例为"一般"，表明有很多农户仅仅是不否认农产品供应链的价值存在，但其认可程度并不高，因而提高农户对农产品供应链的价值认知依然十分必要。

同时，通过对比可发现，两类农户对农产品供应链的价值认知存在一定差异。首先，非贫困农户对农产品供应链三种价值的认同比例均高于贫困农户；其次，两类农户对三种价值的重要程度认知存在差异，对于贫困农户，三种价值按认可程度排序依次为：风险规避价值（87.45%）>心理预期价值（87.03%）>直接经济价值（84.10%）；而对于非贫困农户则为：风险规避价值（91.11%）>直接经济价值（89.44%）>心理预期价值（88.33%）。

四、农户对农产品供应链价值认知的影响因素分析

（一）模型的多重共线性检验

为保证模型的准确与稳定，需要对各解释变量间是否存在多重共线性进行检验。判断是否存在共线性的标准是容忍度（Tolerance）或者方差膨胀因子（VIF）。容忍度的值越小，表明该解释变量作为被解释变量进行回归分析时被其他变量解释的程度越高，就越可能存在严重的共线性，容忍度（T）的合理范围是（0.1—+∞）；方差膨胀因子是容忍度的倒数，若VIF≥10，说明可能存在解释变量间严重的共线性问题。

以年龄为被解释变量，其余变量为解释变量的多重共线性检验结果表明，对贫困农户而言，VIF的平均值为1.178，其最大值为1.456<10，容忍度（T）的最小值为0.687>0.1；对非贫困农户来说，VIF的平均值为1.452，其最大值为2.465<10，容忍度（T）的最小值为0.406>0.1（见表5.4），可见，各变量间不存在多重共线性。同理，可以对其他各变量进行多重共线性检验。受篇幅所限，本书略去其他变量的检验过程。综合来看，回归方程中各解释变量间不存在严重的多重共线性问题，故保留预设

模型中的所有解释变量。

表 5.4 模型的多重共线性检验结果

变量		贫困农户		非贫困农户	
		T	VIF	T	VIF
年龄	性别	0.869	1.151	0.909	1.100
	文化程度	0.831	1.204	0.838	1.193
	务农年限	0.687	1.456	0.847	1.181
	耕地规模	0.958	1.044	0.889	1.125
	兼业人数	0.966	1.035	0.881	1.135
	家庭人均收入	0.945	1.058	0.888	1.126
	有无生产合作	0.931	1.074	0.739	1.354
	周围是否有农业龙头企业	0.771	1.296	0.655	1.527
	周围是否有农业合作组织	0.782	1.279	0.629	1.589
	对农产品供应链风险管理满意度	0.866	1.155	0.406	2.465
	对农产品供应链运行情况熟悉度	0.828	1.208	0.460	2.174
	VIF 均值		1.178		1.452

（二）回归结果及分析

运用 Stata11.0 软件进一步对两组数据分别进行多元有序 Logistic 回归，以分析各变量对农户农产品供应链直接经济价值、心理预期价值和风险规避价值的影响，各解释变量对被解释变量的偏回归系数如表 5.5 所示。

表 5.5 多元有序 Logistic 回归及显著性检验结果

变量	模型 I		模型 II		模型 III	
	贫困农户	非贫困农户	贫困农户	非贫困农户	贫困农户	非贫困农户
性别	1.030***	0.323	0.930**	0.027	0.983**	0.052
年龄	-0.058	-0.251	0.101	0.096	-0.502**	-0.317
文化程度	0.325***	0.209	0.608***	0.171	0.363**	0.237

变量	模型Ⅰ		模型Ⅱ		模型Ⅲ	
	贫困农户	非贫困农户	贫困农户	非贫困农户	贫困农户	非贫困农户
务农年限	-0.284**	0.270	-0.430***	0.235	-0.506***	0.432*
耕地规模	0.071**	-0.001	0.682**	-0.002	0.006	0.010
兼业人数	0.162	-0.213	0.196	-0.089	0.241*	-0.020
家庭人均收入	0.143	-0.075	-0.179	0.347**	0.204	0.290**
有无生产合作	-0.142	-0.447	-0.181	0.924***	-0.151	0.488
周围是否有农业龙头企业	0.327	2.130***	-0.333	0.662*	0.103	0.663*
周围是否有农业合作组织	0.123	1.189***	-0.141	0.449	-0.191	0.939**
对农产品供应链风险管理满意度	0.277*	0.624**	-0.130	0.346*	0.733***	0.255
对农产品供应链运行情况熟悉度	0.933***	0.817***	-0.727***	0.442**	0.584***	0.580***
-2 Log Pseudo likelihood	-272.042	-143.519	-281.615	-205.865	-232.803	-186.239
Pseudo R^2	0.182	0.336	0.156	0.167	0.269	0.202

注：*、**、***分别表示在10%、5%和1%的置信水平上显著。

根据表5.5的回归结果，可发现贫困与非贫困两类主体对农产品供应链价值认知的影响因素的确存在差异。体现在同一因素对于两类主体农产品供应链的认知影响程度、作用方向以及显著性均存在着差异；同时，贫困农户对农产品供应链的价值认知多受个人禀赋特征或家庭经营特征的影响，而非贫困农户则易受外部环境特征或主观评价因素的影响。

1. 个人禀赋特征

（1）性别。在贫困农户群体中，性别对于农户农产品供应链的三种价值认知的影响均显著为正，说明在其他条件不变的情况下，贫困农户群体中男性对农产品供应链的价值认知水平显著高于女性；但在非贫困农户群体中，性别对于其农产品供应链的价值认知影响均不显著。这表明在广大的农村地区，特别是连片特困地区的贫困群体中，受"男外女内"传统分工模式的影响，男性主外，接触面广，视野开阔，对各类事物认知程度较高；而女性主内，主要负责家庭事务，对其他事物认知则较差。但是在非贫困群体中，性别差异却不明显，可能的原因是该群体家庭中女性有相对较多的时间和精力来了解家务以外的事务。

（2）年龄。在贫困农户群体中，年龄仅对农产品供应链的风险规避价值认知存在显著的负向影响，这说明在其他条件不变的情况下，贫困农户年龄越大，其对农产品供应链的风险规避价值越不认可；而对于非贫困农户而言，年龄对其农产品供应链三种价值认知影响均不显著。这表明在贫困农户群体中，年龄对于农户农产品供应链的直接经济价值和心理预期价值认知影响并不明显，但其对风险规避价值认知存在着显著负向影响，这可能是年龄越大，思想趋于保守，风险厌恶程度也更高的原因；但在非贫困农户群体中，年龄导致的其对农产品供应链三种价值的认知差异均不明显。

（3）文化程度。在贫困农户群体中，文化程度对于农户农产品供应链三种价值认知的影响均显著为正，说明在其他条件不变的情况下，贫困农户群体中文化程度较高的农户对农产品供应链的价值认知水平显著高于文化程度较低的农户；但在非贫困农户群体中，文化程度对于农户农产品供应链的价值认知影响均不显著。表明在贫困农户群体中，文化程度越高，获取新知识能力越强，对新事物认知水平也越高；但在非贫困农户中，文化程度的影响不显著，可能的原因是该群体中农户的文化程度差异较小，故在计量分析中其对农户认知水平的影响未能表现出显著性。

（4）务农年限。在贫困农户群体中，务农年限对于农户农产品供应链三种价值认知的影响显著为负，说明在其他条件不变的情况下，务农年限较长的贫困农户对农产品供应链的价值认知水平显著低于务农年限较短的贫困农户；在非贫困农户群体中，务农年限对于其农产品供应链的直接经济价值和心理预期价值认知影响均不显著，但对于风险规避价值影响显著为正。这表明，前文提到的务农年限的增加带来的经验积累、业务熟练等正向作用和"经验主义"、思想趋于僵化等负向作用是同时存在的，对贫困农户群体而言，其负向作用居主导，而对非贫困农户群体，其正向作用居主导。

2. 家庭经营特征

（1）耕地规模。在贫困农户群体中，耕地规模对于农产品供应链的直接经济价值和心理预期价值认知的影响均显著且为正，这说明在其他条件不变的情况下，贫困农户群体中耕地规模较大的农户对于农产品供应链的直接经济价值和心理预期价值认知水平显著高于耕地规模较小的农户；在非贫困农户群体中，务农年限对于其农产品供应链三种价值认知的影响均不显著。这表明在贫困农户群体中，耕地规模越大，其对农业生产领域的关注度越高，越能主动了解相关领域内的事物，因而认知程度也越高；但在非贫困农户群体中，耕地规模不同导致其对农产品供应链三种价值的认知差异均已不明显。

（2）兼业人数。在贫困农户群体中，兼业人数对于其农产品供应链心理预期价值认知的影响显著为正，但对直接经济价值和风险规避价值的认知影响均不显著，说明在其他条件不变的情况下，兼业人数较多的贫困农户家庭对农产品供应链的心理预期价值认知水平显著高于兼业人数较少的农户家庭；而在非贫困农户群体中，兼业人数对于其农产品供应链三种价值认知的影响均不显著。这表明在贫困农户群体中，家庭兼业人数越多，其家庭收入对农业的依赖性越低，因而对农产品供应链直接经济价值和风险规避价值认知也越不明显，但其对于加入农产品供应链的农业收入增加预期还是较高的；而对非贫困农户而言，可能由于收入已经达到了一定的水平，因而家庭兼业人数带来的其对于农产品供应链三种价值的认知差异均不明显。

（3）家庭人均收入。在贫困农户群体中，家庭人均收入对于其农产品供应链三种价值的认知影响均不显著；而在非贫困农户群体中，其对于农户农产品供应链的心理预期价值和风险规避价值的影响显著为正，这说明其他条件不变，家庭人均收入越高的非贫困农户，越能认识到农产品供应链的价值。这表明对于非贫困农户群体，随着收入的增加，其更有条件去了解农业产业中除生产以外的产品销售、价值实现和产业发展等问题，因而更能认识到农产品供应链的价值所在；而家庭人均收入的这一作用在贫困农户群体并不显著，可能原因是其收入尚未达到一定水平，其增加的收入多会用于家庭生活等生存开支，而非诸如产业投入或产品价值实现之类的发展问题。

（4）有无生产合作。是否加入农民专业合作社或者是否与龙头企业合作仅对非贫困农户群体农产品供应链心理预期价值有显著影响且为正，这说明在其他条件不变的情况下，加入农民合作社或者与龙头企业合作的非贫困农户对农产品供应链的心理预期价值认知水平显著高于未加入农民合作社或者未与龙头企业合作的非贫困农户；在贫困农户群体中，是否加入农民合作社或是否与龙头企业合作对于其农产品供应链三种价值的认知均无显著影响。这表明在非贫困农户群体中，加入农民合作社或者与龙头企业合作后使其加深了对于农产品供应链的价值认知；而贫困农户群体中，可能由于样本分布较为集中，即未加入合作社也未与龙头企业合作的农户比例较高，故其对农户农产品供应链的价值认知影响不明显。

3. 外部环境特征

在非贫困群体中，周围有无农业龙头企业对农户农产品供应链三种价值的认知具有显著正向影响，周围是否有农业合作组织对农户农产品供应链直接经济价值和风险规避价值认知具有显著正向影响；但在贫困农户群体中，两个变量对于农户农产品供应链三种价值认知的影响均不显著。这表明，对非贫困农户群体而言，周围有农业龙头企业或者农业合作组织将会促进农户对农产品供应链三种价值认知水平的提高；而对贫困农户而言，其促进作用有限。

4. 主观评价因素

（1）对农产品供应链风险管理满意度。在贫困农户群体中，农产品供应链风险管理满意度对其农产品供应链直接经济价值和风险规避价值具有显著的正向影响；在非贫困农户群体中，农产品供应链风险管理满意度对其农产品供应链直接经济价值和心理预期价值具有显著的正向影响。这表明，对于两类群体来说，提高其对农产品供应链风险管理的满意度均可促进其对农产品供应链价值的认可程度。

（2）对农产品供应链运行情况熟悉度。对农产品供应链运行情况熟悉度对于两类农户农产品供应链三种价值的认知均具有显著影响，其中，除对贫困农户群体农产品供应链心理预期价值影响为负以外，其他均为正。这表明一般情况下，提高农户对农产品供应链运行情况的熟悉度将促进其对农产品供应链价值的认同程度提高；但贫困农户群体对农产品供应链运行情况越熟悉，其对农产品供应链的心理预期价值认同度越低，可能的解释是其目前虽享受到农产品供应链带来的收益但却极为有限，故其在认同农产品供应链直接经济价值的同时，对其未来是否能够继续带给农户收益持怀疑或观望态度。

五、农产品供应链的减贫价值得到大多数农户的认可

融入农产品供应链可以有效促进农户减贫增收，而农户对于农产品供应链的价值认知直接影响其融入意愿和行为。本书采用广西石漠化地区和陕西秦巴山区两个连片特困地区 419 份农户调查问卷，建立多元有序 Logistic 回归模型，通过将样本按照贫困和非贫困分为两组，针对农户对农产品供应链的价值认知及其影响因素进行对比研究，得到了如下研究结果。

（一）大多数农户能够认识到农产品供应链的减贫价值但有差异

大多数农户对农产品供应链的价值并不否认，其中非贫困农户的价值认知水平高于贫困农户，但其对农产品供应链的价值认知仍有待提高；同时两类农户对农产品供应链三种价值的认知程度在排序上也存在差异，在两类农户群体中认同度最高的均为农产品供应链的风险规避价值，但贫困

农户群体中认同度最低的是农产品供应链的直接经济价值，非贫困农户群体中认同度最低的则是心理预期价值。

（二）农户对农产品供应链的价值认知受多种因素的综合影响

农户对农产品供应链的价值认知受个人禀赋、家庭经营、外部环境和主观评价等多种因素的综合影响，但贫困农户与非贫困农户两类群体对农产品供应链价值认知的影响因素存在一定的差异。贫困农户对农产品供应链价值的认知多受到个人禀赋特征或者家庭经营特征的影响，而非贫困农户则更易受到外部环境特征或主观评价因素的影响。

（三）同一因素对不同农户供应链的价值认知的作用方向可能有异

虽然各因素对于两类群体农产品供应链的认知影响程度、作用方向以及显著性均存在着差异，如务农年限对贫困农户农产品供应链价值认知有显著的正向效应，而对非贫困农户则是显著的负向效应，但对农产品供应链运行情况的熟悉度对于两类群体农产品供应链的价值认知影响基本一致，具有显著的正向影响。

第六章 连片特困地区农户融入农产品 供应链的意愿及其影响因素

通过文献分析可以看出，尽管近年来小农户参与供应链问题的研究有了一定进展，但以下方面尚有改进空间：第一，研究范围大多局限在供应链和市场发育相对成熟的发达地区，对连片特困地区农产品供应链发育等问题的研究关注不够，尤其是从农产品供应链对农户增收和农村减贫的影响视角开展的研究较为欠缺。第二，虽有学者（如许翔宇，2012）提出将贫困地区农户纳入农产品供应链，以实现农户增收和区域发展的"双赢"，但受区域禀赋资源条件差异性的约束，贫困地区农户融入农产品供应链存在很多不稳定因素，现有研究对这些不稳定因素的揭示和辨析不够，实践中导致供应链对农户减贫增收的带动效应不佳。第三，受数据可获性等影响，对贫困地区农户参与供应链发展的研究侧重于定性描述，运用有效计量工具和科学方法的定量分析尚显薄弱，使得研究结论缺乏严谨的数据支撑，相关政策的制定缺乏现实针对性。

本书基于以上三点不足，利用广西、陕西两地连片特困地区的微观调查数据，深入分析连片特困地区农户融入农产品供应链的意愿情况，运用有序回归模型辨识影响农户融入供应链发展的关键因素，以便本书有针对性地提出农户稳定融入农产品供应链发展的政策建议。

一、农户融入农产品供应链发展的理论梳理

（一）行为发生理论

行为科学研究表明，人的行为是由动机产生的，而动机则是在内在需

要和外部刺激的驱动下产生，所以一般来说，人的行为是在某种动机的驱动下，为达到某一目标的过程。胡继连（1992）总结到人的行为发生的动力有三：行为者的需求、行为动机和行为目标。当行为者产生某种需求并且未得到满足时，就会产生寻求满足需求的动机。在动机的驱使下，行为者发生行为，达成一定的行为目标来满足其需求。

可以看出，行为者的需求是推动行为发生的最原始心理动力，行为动机是行为产生的直接推动力，而行为者的需求衍生了行为动机，行为目标是能够满足行为者需求的预期行为效果。

连片特困地区农户融入农产品供应链的行为也同样遵循行为发生理论，即其融入供应链的行为是在其需求、动机及其目标的共同作用下完成的。

（二）农户行为理论

对于农户行为理论的研究，学术界主要存在三个主流学派：形式经济学派、实体经济学派和历史学派。

形式经济学派以诺贝尔经济学奖获得者舒尔茨为代表人物，以其1964年的《改造传统农业》为代表著作。该学派认为小农同形式主义经济学派形容的企业家一样，同样适用"经济人"假设，他们的经济行为符合帕累托最优原则，是理性并且有效率的。在舒尔茨看来，小农非常具有进取精神，他们通常为了能赚到哪怕一便士而竭力寻找方法途径；他们非常注意比较不同市场上的价格，并且能够对市场价格的变动作出敏捷而正确的反应。波普金后来进一步论述了舒尔茨的观点，他认为小农是理性的小农，他们会在权衡利益长短之后，作出合理的抉择来追求利益最大化。波普金在其著作《理性的小农》（1979）中指出"农户是理性的个人和家庭福利的最大化者"。

实体经济学派以俄国农业经济学家恰亚诺夫为代表人物，《农民经济组织》是其代表作。该学派认为小农的生产经营追求的是低风险，是为了满足家庭生计的需要，而并非利益最大化。恰亚诺夫用边际主义的劳动—消费均衡理论和"生物学规律"的家庭周期说作为理论基础，认为在一般情况下当收入正效用与劳动负效用达到均衡点时农民的劳动投入量才是最佳的。但是农民对于收入正效用和劳动负效用的评估带有主观性，主要取决于农民家庭收入水平。收入低的尤其是基本生活需求仍未得到满足的农民家庭，对收入正效用的评估就会偏高，对劳动负效用的评估就会偏低，于是就容易出现"自我剥削""饥饿地租"的现象。恰亚诺夫认为小农为了满足家庭生计需要，考虑的不是成本与收益的比较，而是自身消费与劳动投入程度之间的均衡。

历史学派以黄宗智为代表人物，《华北的小农经济与社会变迁》（1985）和《长江三角洲小农家庭与乡村发展》（1990）是其代表作。他于1985年提出了自己独特的小农命题——"拐杖逻辑"，即中国的小农家庭收入是家庭农业收入加上非农业收入，后者是前者的拐杖。通过对中国20世纪30至70年代的小农经济进行大量研究调查，黄宗智认为中国的农民既不完全是实体经济学派中的生计生产者，也不完全是形式经济学派中的"经济人"小农，他们既追求利润最大化也追求效用最大化。

以上各学派关于农户行为理论的观点，为本书的实证分析提供了很好的理论基础。在我国连片特困地区，农户融入农产品供应链的意愿和行为是由其各种资源禀赋及结构决定的。因此，本书认为连片特困地区农户融入农产品供应链的行为是在个人特征、家庭特征、市场环境特征和对供应链认知等的影响下综合产生的行为动机。

二、农户融入农产品供应链发展的资料说明

（一）研究区域概况

我国连片特困地区经济发展相对滞后，农业产业结构单一，生态环境脆弱，少数民族众多，贫困程度深、范围广，扶贫工作难度大。课题组所调研地区均在其内，分属滇桂黔石漠化区和秦巴山区。滇桂黔石漠化地区多少数民族聚居，生态脆弱、土地贫瘠、基础设施条件差，农业乃至整体

经济发展水平落后，是全国 14 个片区中扶贫对象最多、少数民族人口最多、所辖县数最多、民族自治县最多的片区。秦巴山区自然资源相对丰富，种植水稻、玉米，兼有桔、茶等经济作物，但该地区山高林密、地形破碎，道路崎岖险阻，严重制约了农业的机械化和规模化。两地虽分别位于我国的西南和西北地区，自然环境、风土人情各异，但在经济社会发展中均面临着如何脱贫致富的难题，常规的扶贫手段难以奏效，扶贫开发工作任务异常艰巨。调研地区 2013 年主要社会经济发展状况如表6.1 所示。

表 6.1　调研地区 2013 年主要社会经济发展状况

指标	广西		陕西		全国
	河池市	崇左市	安康市	汉中市	
人均 GDP（元）	15440	28886	22938	25769	41908
农林牧渔业总产值（亿元）	221.25	238.95	156.62	305.07	96995.30
农村居民人均纯收入（元）	5198	7077	6624	7053	8896
公路里程（公里）	12331	6935	22543	18462	4356200

资料来源：来自《2014 广西统计年鉴》《2014 陕西统计年鉴》和《2014 中国统计年鉴》。

广西石漠化片区和陕西秦巴山片区作为全国扶贫攻坚的主战场，其社会经济发展水平同全国平均水平相比差距甚大，小农户与大市场之间的矛盾尤为激烈。要提高独立分散的小规模农户家庭经营的组织化程度，实现小农户与大市场的有效对接，农产品供应链已被证明是一种行之有效的解决策略，它能够将分散的农户纳入整个供应链条中，提高其组织化程度，减少其农业生产的交易成本、机会成本和物流成本，提高农产品附加值，增加农民收入，促进我国连片特困地区农户的减贫增收。而对于农产品供应链模式的诸多研究探索中，"农户+合作社"模式和"农户+龙头企业"模式的整体运行效率受到政府和学术界的一致认可。农民专业合作社和农业龙头企业作为农产品供应链中的核心力量，对于整个供应链系统的运行起着非常重要的作用。

(二) 资料来源说明

本书资料来源于课题组的入户问卷调查,分两次进行:2013 年 9 月赴广西壮族自治区河池市和崇左市;2014 年 8 月赴陕西省安康市和汉中市,两次调查所使用问卷完全一致。两次调研地分属滇桂黔石漠化地区和秦巴山区,均为集中连片特困县集中分布的地区,调研数据具有代表性。调研地点具体涉及广西河池市的大化瑶族自治县、环江毛南族自治县和崇左市的龙州县;陕西安康市的旬阳县、汉中市的南郑县。在县级下选取乡镇,并按照随机抽样的原则选取行政村进行入户抽样调查。调查共涉及农户400 余家,农村人口约 1800 人。调查共收回问卷 433 份,剔除数据信息缺失的样本,有效样本数量为 419 份,问卷有效率 96.77%。调研样本点分布情况见表 6.2。

表 6.2　调研样本点区域分布情况

调研省	调研市	调研县	样本镇村	样本户数
广西	河池市	大化瑶族自治县	大化镇亮山村、流水村、古感村、双排村	115
		环江毛南族自治县	思恩镇叠岭村、清潭村、东兰移民场;水源镇上南村;大安乡大安;洛阳镇地蒙村;下南乡中南村	47
		都安瑶族自治县	龙湾乡内闷村	1
	崇左市	龙州县	上龙乡上龙村;龙州镇岭南村	33
陕西	安康市	旬阳县	吕河镇周家阳坡村	61
			甘溪镇桂花村	62
	汉中市	南郑县	汉山镇李家山村	42
			阳春镇刘台村	58
合计	4 市	6 县	13 镇(乡)18 村	419

三、农户融入农产品供应链发展的分析框架

(一) 研究假说

不可否认，加入农产品供应链有时会带给小农户一系列的潜在风险，加之不确定性因素的广泛存在，很大程度上会影响甚至阻碍小农户收入的增加。本书所探讨的农产品供应链发展，排除了因为机会主义、信息不对称等而故意转嫁风险给小农户的情况。这是因为，通过在连片特困地区培育并健全农产品供应链，带动小农户稳定融入农业产业链从而实现减贫增收，无论对于贫困地区整体经济发展，还是对于供应链各参与主体持续赢利和长期发展，都是有利可图的，即所有供应链参与主体都有动力去维护农产品供应链的稳定运行，避免出现损害其他主体利益的行为发生从而影响整个产业链条的稳定度和赢利性。

1. 农户个体特征变量

(1) 性别。在面对统一的生产决策时，男性与女性的选择会存在较大的差异。尽管随着时代的发展，更多的女性在家庭生产决策领域的参与度大大提高，教育等方面的差距也逐渐缩小，但在广大农村地区，尤其是连片特困区，性别特征导致的决策差异依然相对普遍。预期性别是影响农户农产品供应链融入意愿的重要因素。

(2) 年龄。年轻人眼界相对开阔、乐于探索新事物，对新事物接受能力也较强；与之相反，年龄较大的农户视野相对闭塞，靠经验行事，对新事物多持有抵触心理，接受能力较差。同时，年轻人具有更强的冒险精神，属于风险偏好者，老年人则更加保守，多属于风险规避者。预期年龄是农户农产品供应链融入意愿的重要影响因子，而且农户年龄越小，其供应链融入意愿越强。

(3) 文化程度。文化程度高的农户，综合素质相应地得到提升，眼界变得更加开阔，对新事物的理解、掌握、接受能力强，即教育产生积极的内部效应；同时，文化程度高的农户，其行为还会影响街坊邻居的行为选

择，较高的教育回报吸引更多的农户增加家庭教育投资，邻居会效仿其做法而加入采纳新事物的行动中来，即教育产生正的溢出效应。预期文化程度会对农户农产品供应链融入意愿产生正效应。

（4）务农年限。农户务农年限越长，积累的经验越丰富，对农业产前、产中、产后各环节的运行越熟悉，更加清楚现有农业产业运行的问题所在，以及阻碍农户增收的症结所在，较长的务农年限可能会有助于增强农户的供应链融入意愿。但较长的务农年限通常意味着农户较高的年龄，由此带来的观念保守、接受能力较差等则会降低农户的供应链融入意愿。因此，务农年限对农户供应链融入意愿的影响尚难以确定，取决于正反两方面效应的大小，有待实证检验。

2. 农户家庭特征变量

（1）家庭劳动力。农户加入农产品供应链后，需要按照下游企业要求实施标准化生产，对劳动力的投入具有更高的要求，劳动力数量越多的家庭越可能满足农业产业运行方式的改变而带来的劳动力需求的集中增加，农户融入农产品供应链的意愿可能越强；反之，则可能越弱。值得注意的是，由于连片特困地区独特的属性，劳动力数量越多的家庭生存压力越大，越可能为了生计需要而将富余的劳动力派出外地务工，因而劳动力丰富的家庭选择外出务工还是采用新型的农业产业运行模式，很大程度上取决于两种选择为农户增加的效用的大小对比，若农户认为前者带来的效用更大，那么融入供应链的意愿就会减弱，反之则强。因此，家庭劳动力数量对农户供应链融入意愿具有重要影响，但是其影响方向尚难以确定，有待检验。

（2）家庭年收入。小而分散的农户要实现与大型超市、企业等供应链主体的顺利对接面临诸多困难，生产初期投资高以及融资难是阻碍小农户融入农产品供应链的主要原因之一。同时农业产业链的升级导致与龙头企业对接的最低投资门槛进一步提升，使得农户融入农产品供应链更加困难。较高的家庭收入可以在一定程度上缓解供应链融入的资金困难，增强农户的融入意愿。因此，预期家庭收入会对农户供应链融入意愿产生正向影响。

3. 市场环境特征变量

（1）市场满意程度。健全的基础设施，如信息、交通等是农产品供应链顺利运行的外部条件。良好的市场条件会提高农户的市场满意度，减小农户农产品供应链融入的外部阻力，进而增强其融入意愿；反之，则会削弱农户融入意愿。在连片特困地区，市场发育相对迟缓，加之受到小农户要素禀赋约束，农户与供应链的对接、融合明显滞后，农户市场满意度评价会对其供应链融入意愿产生明显影响。基于经验事实，预期市场满意度会对农户供应链融入意愿产生积极的正效应。

（2）预期风险大小。我国的农产品供应链发展起步较晚，物流、信息流、资金流等各方面的发展尚存在许多不完善的地方，在连片特困地区的发展尤为如此，因此供应链自身运行具有不确定性，存在一定的风险。农户在面对是否加入供应链的决策时，首先会对其风险大小进行衡量，若认为加入的风险较大，则其融入意愿自然会降低，若认为其风险较小，则融入意愿可能会增强。因此，预期风险大小是影响农户供应链融入意愿的重要因素，并且风险越小，融入意愿越强烈。

4. 供应链认知变量

（1）供应链了解程度。我国农产品供应链起步晚、发展慢的特点在连片特困地区表现尤为明显，对该区域的大多数农户而言，农产品供应链是新型的、从未实践过的农业产业运行模式。因此，对其了解程度大小决定了农户是否会选择加入。农户对供应链的了解程度越大、越全面，面临的信息不对称情况越少，越能对其情况和潜在风险作出较为客观正确的判断，融入供应链的可能性越大；反之，了解越少，面临的不确定性越大，对新事物的抵触抗拒心理越强，融入供应链的可能性越小。预期供应链了解程度会对农户供应链融入意愿产生正效应。

（2）供应链作用的认知。国内外学者已经证实农产品供应链在帮助农户减贫增收、提高农产品竞争力等方面有重要作用。农户对农产品供应链减贫增收作用认知越充分，越能意识到供应链对于解决自身困境的重要帮助，其融入意愿可能越强烈；反之，若农户尚未认识到其重要性，则融入供应链的可能性则较低。因此，预期供应链作用认知会对农户供应链融入意愿产生正向影响。

（二）模型选择

本书将"农户融入农产品供应链的意愿"作为被解释变量。调查问卷中的具体问题设置为"如果有您信任的农业龙头企业与您有合作的机会，您是否愿意与其合作?"。将调查对象融入意愿强弱进行排序，分为三类：选择"不愿意"赋值为 0，表明农户的农产品供应链融入意愿弱；选择"不确定"赋值为 1，表明农户具有一定潜在的供应链融入意愿，但不是很强，持有一种观望态度；选择"愿意"赋值为 2，表明农户具有较强的农产品供应链融入意愿。因此，本书采用多元选择模型来揭示影响连片特困地区农户农产品供应链融入意愿强弱的因素。

多元选择模型是分析当被解释变量不只两种选择时的有效工具。一般的多元选择模型，其被解释变量之间属于并列的关系，相互之间没有程度上的顺序差异。而当遇到被解释变量之间存在程度上的差异，涉及大小排序问题时，则需要建立排序选择模型。排序选择与二元选择模型类似，设有一个潜在变量 y_i^*，是不可观测的，可观测的是 y_i，设 y_i 有 0，1，2，$\cdots$，M 等 $M+1$ 个取值。

$$y_i^* = x_i'\beta + u_i^* \qquad i = 1,\ 2,\ \cdots,\ N \qquad (6.1)$$

式（6.1）中，u_i^* 是独立同分布的随机变量，y_i 可以通过 y_i^* 按式（6.2）得到。

$$y_i = \begin{cases} 0 & \text{如果 } y_i^* \leqslant c_1 \\ 1 & \text{如果 } c_1 \leqslant y_i^* \leqslant c_2 \\ 2 & \text{如果 } c_2 \leqslant y_i^* \leqslant c_3 \\ \vdots & \quad\vdots \\ M & \text{如果 } c_M \leqslant y_i^* \end{cases} \qquad (6.2)$$

设 u_i^* 的分布函数为 $F(x)$，可以得到式（6.3）所示概率：

$$
\begin{aligned}
P(y_i = 0) &= F(c_1 - x_i'\beta) \\
P(y_i = 1) &= F(c_2 - x_i'\beta) - F(c_1 - x_i'\beta) \\
P(y_i = 2) &= F(c_3 - x_i'\beta) - F(c_2 - x_i'\beta) \\
P(y_i = 3) &= F(c_4 - x_i'\beta) - F(c_3 - x_i'\beta) \\
&\vdots \qquad \vdots \\
P(y_i = M) &= 1 - F(c_M - x_i'\beta)
\end{aligned}
\tag{6.3}
$$

进一步得到：

$$
\frac{\partial P(y_i = 0)}{\partial x_i} = -f(c_1 - x_i'\beta)\beta, \quad \frac{\partial P(y_i = M)}{\partial x_i} = -f(c_M - x_i'\beta)\beta \tag{6.4}
$$

式（6.4）中，u^* 的密度函数为 $f(x)$。因此，$P(y_i = 0)$ 的变动随 x_i 变动方向与 β 的符号相反；而 $P(y_i = M)$ 的变动随 x_i 变动方向与 β 的符号相同，但是对于中间取值概率的变动与 x_i 的关系则是模糊不清的。

（三）变量设置

本书选用有序 Logistic 模型对变量进行回归分析，采用极大似然方法估计参数。需要指出的是，M 个临界值 c_1，c_2，$\cdots$，c_M 事先也是不确定的，所以也作为参数和回归系数一起估计。

根据以上模型对变量进行定义。具体如表 6.3 所示。

表 6.3   变量含义及预期影响方向

变量名称	变量的含义及赋值	预期影响方向
被解释变量		
农户融入农产品供应链意愿	如果有您信任的农业龙头企业与您有合作的机会时，您是否愿意与其合作？不愿意 = 0；不确定 = 1；愿意 = 2	
解释变量		

续表

变量名称		变量的含义及赋值	预期影响方向
个体特征变量	性别	受访农户性别：男 = 1；女 = 0	+
	年龄	受访农户的年龄：20 岁及以下 = 1；21—30 岁 = 2；31—40 岁 = 3；41—50 岁 = 4；51—65 岁 = 5；66 岁及以上 = 6	-
	文化程度	受访农户文化程度：不识字或识字很少 = 1；小学 = 2；初中 = 3；高中或中专 = 4；大专及以上 = 5	+
	务农年限	受访农户务农年限：10 年及以下 = 1；11—20 年 = 2；21—30 年 = 3；31—40 年 = 4；41—50 年 = 5；51 年及以上 = 6	?
家庭特征变量	家庭劳动力数量	家庭劳动力人数（单位：人）	?
	家庭年收入水平	农户家庭年收入（单位：万元）	+
市场环境特征变量	市场发育满意程度	农户对最近的集镇或市场的满意程度：很不满意 = 1；不太满意 = 2；一般 = 3；比较满意 = 4；很满意 = 5	+
	预期风险大小	您认为农户农产品供应链发展会有风险吗？不清楚 = 1；没有风险 = 2；风险很小 = 3；有一定的风险 = 4；风险很大 = 5	-
供应链认知变量	供应链了解程度	我对农产品供应链的运行较为熟悉：完全不同意 = 1；比较不同意 = 2；一般 = 3；比较同意 = 4；完全同意 = 5	+
	供应链作用认知	融入农产品供应链能够帮助农户减贫增收：完全不同意 = 1；比较不同意 = 2；一般 = 3；比较同意 = 4；完全同意 = 5	+

四、农户融入农产品供应链发展的意愿及影响

（一）样本农户融入农产品供应链的意愿情况统计

表 6.4 显示了连片特困地区农户融入农产品供应链的意愿情况。由表 6.4 可知，对于问卷中的问题"如果有您信任的农业龙头企业与您有合作的机会时，您是否愿意与其合作？"，受访农户中有 94 户选择了"不愿

意"，占总体样本的 22.43%；大部分农户选择了"不确定"，占 57.76%；只有 83 户农户明确表示"愿意"，占样本总体的 19.81%，低于"不愿意"的比率。一方面，从农户的选择看，调查地区农户目前对于新的农业产业运行模式接受度较低，仅不足五分之一，连片特困地区农产品供应链的发展并不理想；另一方面，也必须看到，只有不足四分之一的农户明确拒绝加入合作，近三分之二的农户对是否加入供应链持观望态度，这显示出供应链发展的巨大潜力。若加大农产品供应链的宣传，抓住有利机遇，为其创造良好的外部发展条件，连片特困地区的农产品供应链应有良好的发展前景，对于农户脱贫致富将会起到重要作用。

表 6.4　样本农户融入农产品供应链意愿情况

融入意愿	男性农户		女性农户		整体	
	频数	频率（%）	频数	频率（%）	频数	频率（%）
不愿意	77	21.33	17	29.31	94	22.43
不确定	201	55.68	41	70.69	242	57.76
愿意	83	22.99	0	0.00	83	19.81
合计	361	100.00	58	100.00	419	100.00

资料来源：课题组实地调查所得。

分性别来看农户融入农产品供应链的意愿，从表 6.4 可见男性与女性在该问题上有明显差异。选择"不愿意"的男性农户占男性农户总体的 21.33%，而该比例在女性农户中为 29.31%，高于前者近 8 个百分点；选择"愿意"的男性农户比例为 22.99%，而女性农户中"愿意"的为 0；而在选择"不确定"的农户中，男性农户高达 55.68%，女性农户更高，为 70.69%。这显示了性别特征造成农户在决策上的差异性，还表明了男性农户加入农产品供应链发展的巨大可能性，在农业企业寻找合作伙伴时，可以将男性农户作为联系劝说的重点对象。

（二）样本农户融入农产品供应链的意愿影响因素描述性统计

表 6.5 是 419 个样本农户的描述性统计特征。

表 6.5　变量的描述性统计结果

变量名称		最小值	最大值	均值	标准差	样本量
被解释变量						
农户融入农产品供应链意愿		0	2	0.97	0.650	419
解释变量						
个体特征变量	性别	0	1	0.86	0.346	419
	年龄	1	6	4.21	1.068	419
	文化程度	1	5	2.69	0.847	419
	务农年限	1	6	3.32	1.362	419
家庭特征变量	家庭劳动力数量	0	6	2.41	0.984	419
	家庭年收入水平	0.12	28.54	3.65	3.385	419
市场环境特征变量	市场发育满意程度	1	5	3.14	1.128	419
	预期风险大小	1	5	3.01	1.260	419
供应链认知变量	供应链了解程度	1	5	2.66	1.139	419
	供应链作用认知	1	5	3.43	1.133	419

资料来源：课题组实地调查所得。

1. 农户个体特征

从性别看，样本农户以男性为主，占 86.2%。在年龄分布上，样本农户大都处于 31—65 岁之间，平均年龄在 45 岁左右，31—40 岁、41—50 岁、51—65 岁三个年龄段农户分别占 20.76%、28.64%、36.28%。从文化程度看，初中及以下文化程度的农户占总体样本的 85.68%，说明调查地农户文化程度较低。务农年限上，11—20 年、21—30 年、31—40 年的农户占总体样本的比重分别为 17.18%、27.68%、23.15%。

2. 农户家庭特征

从家庭劳动力数量看，222 户农户家庭有 2 个劳动力，占总体样本的 52.98%；其次为 3 个劳动力，有 86 户，占总体的 20.53%。从家庭年收入看，2012 年家庭年收入在 3 万元以下的共有 204 户，占总体的 48.69%，年收入在 4 万元以上的仅占 25.51%，说明调研地的家庭年收入水平偏低。此外，调查还显示，家庭人口以 4—6 人的最多，占总体的 22.67%。家庭收入低、人口多，造成该区域人均收入水平较低。

3. 市场环境特征

农户对当地附近集镇、市场的满意度基本呈现正态分布，持"不太满意"和"很不满意"态度的农户，占总体样本的 28.64%，同时有 37.95% 的农户表示对当地市场环境"比较满意"或者"很满意"，剩余 33.41% 的农户表示满意度"一般"，说明当地市场已经具备了一定的基础条件，但仍需进一步完善。在对加入供应链的风险认知上，多数农户认为是有风险的，认为"有一定风险"的农户数量最多，占总体的 44.39%，5.49% 的农户甚至认为加入供应链的"风险很大"，只有不足 35% 的农户认为其"风险很小"或"没有风险"。因此，需要建立一定的风险保障机制以便为农户提供保障。

4. 供应链认知

样本农户对农产品供应链有一定的了解，但并不非常清楚其运行机理，仅有 22.20% 的农户表示"比较了解"或"完全了解"，同时也有 44.87% 的农户对供应链不太熟悉甚至是完全不了解。在对供应链减贫增收作用认知上，79 户农户表示"比较赞同"，占总体比重最大，达到 31.98%，另有 18.62% 的农户非常赞同，二者比重之和达到 50.60%，说明相当比例的农户已经认识到了供应链在减贫增收方面的重要作用。

（三）模型的多重共线性检验

为保证模型的准确与稳定，需要对各个解释变量间是否存在多重共线性进行检验。方法是将解释变量其中之一作为被解释变量，其余变量作为解释变量作回归分析。判断是否存在共线性的标准是容忍度（Tolerance）或者方差膨胀因子（VIF）。容忍度（T）的值越小，表明该解释变量作为被解释变量进行回归分析时被其他变量解释的程度越高，就越可能存在严重的共线性，容忍度（T）的合理范围是（0.1—+∞）；方差膨胀因子 VIF 实际是容忍度（T）的倒数，若其值≥10，说明可能存在解释变量间严重的共线性问题。

表6.6显示了以性别为被解释变量，年龄、文化程度、务农年限、家庭劳动力数量、家庭年收入、市场满意程度、预期风险大小、供应链了解程度、供应链作用认知等为解释变量的多重共线性检验结果。由表6.6可见，容忍度（T）的最小值为0.434>0.1，VIF值的最大值为2.306<10，可见，模型不存在较为严重的多重共线性。

表6.6 模型的多重共线性检验

模型		共线性统计量	
		T	VIF
性别	年龄	0.434	2.306
	文化程度	0.964	1.037
	务农年限	0.446	2.241
	家庭劳动力	0.927	1.079
	家庭年收入	0.921	1.086
	市场满意程度	0.979	1.022
	预期风险大小	0.969	1.032
	供应链了解程度	0.965	1.036
	供应链作用认知	0.974	1.027

同理，可以对其他各变量进行多重共线性检验。受篇幅所限，本书略去其他变量的检验过程。综合全部运行结果来看，多重共线性检验容忍度（T）最小值为0.434，方差膨胀因子VIF最大值为2.306，均在合理范围之内。因此，回归方程中各解释变量间不存在严重的多重共线性问题，模型运行稳定。

（四）计量结果分析

运用计量分析软件，对模型进行Ordered Logistic回归，结果如表6.7、表6.8和表6.9所示。由表6.7可知，模型整体-2对数似然值为779.451，卡方值为35.972，显著性为0.000，表明模型整体拟合效果良好。表6.8显示的伪R方值，Cox和Snell=0.082，Nagelkerke=0.096，McFadden=

0.044。可见模型中所选取的性别等 10 个解释变量与农户融入农产品供应链的意愿这一被解释变量有一定强度的关联性。

表 6.7　模型拟合信息

模型	−2 对数似然值	卡方	df	显著性
仅截距	815.423			
最终	779.451	35.972	10	0.000

表 6.8　伪 R 方值

Cox 和 Snell	Nagelkerke	McFadden
0.082	0.096	0.044

表 6.9 是模型回归结果。由表 6.9 可知，性别、文化程度、市场满意度、预期风险大小、供应链作用认知等 5 个变量通过了显著性检验，可见，这五个变量是显著影响农户农产品供应链融入意愿的关键因素。

表 6.9　有序 Logistic 模型回归结果

变量	偏回归系数	标准误差	Wald	df	显著性
性别	0.708**	0.288	6.051	1	0.014
年龄	0.005	0.138	0.001	1	0.973
文化程度	0.227*	0.117	3.790	1	0.052
务农年限	0.078	0.106	0.539	1	0.463
家庭劳动力数量	−0.066	0.102	0.412	1	0.521
家庭年收入	−0.042	0.030	2.013	1	0.156
市场满意度	0.232***	0.087	7.032	1	0.008
预期风险大小	−0.202**	0.079	6.559	1	0.010
供应链了解程度	0.009	0.086	0.010	1	0.920
供应链作用认知	0.173**	0.087	3.979	1	0.046

注：*、**、*** 分别表示在 10%、5%、1%的置信水平上显著。

"性别"变量的偏回归系数为 0.708，且通过了 5%的显著性水平检验，这表明农户的性别对其融入农产品供应链的意愿产生了显著的正向影响，男性农户相比女性农户更倾向于加入农产品供应链。这与前文的理论假说一致，在传统的社会分工下，男性侧重家庭生产，而女性更侧重家务。此外，由于性别歧视，一般情况下，男性比女性的受教育水平更高，男女在见识、眼界开阔程度上也有所不同。因此，在面对统一选择时，男性与女性的决策会存在很大的差异性。

"文化程度"变量的偏回归系数为 0.227，且在 5% 的置信水平上通过了显著性检验，这表明农户的文化程度对其加入农产品供应链意愿强弱具有重要的正向影响。这说明文化程度较高的农户相对于文化程度较低的农户，其加入农产品供应链的意愿较强，这与前文的假设相一致。文化程度高，视野开阔，获取知识以及对于新事物的接受能力较强，故其加入农产品供应链的意愿也较强。

"市场满意度"变量与农户农产品供应链融入意愿呈正相关，其偏回归系数为 0.232，并通过了 1% 的显著性水平检验，这表明农户对市场的满意度对其加入供应链意愿强弱具有非常显著的影响。证实了良好的市场条件对于构建农产品供应链的重要影响。实地调查结果也显示，当农户对附近集镇或市场"不太满意"时，选择"不愿意（加入农产品供应链）"的概率为 32.56%，而农户"比较满意"时，该比例降为 18.87%，下降 13.69 个百分点，随着满意度提高，农户"很满意"时，"不愿意"的概率仅为 13.21%。

"预期风险大小"变量对农户融入农产品供应链意愿强弱产生了重要的负向影响，偏回归系数为 -0.202，通过了 5% 的显著性水平检验。表明风险是农户在决策是否加入农产品供应链时考虑的重要因素，风险越大，农户面临的不确定性越大，小农求稳、规避风险的心理使其更倾向于维持现状，加入农产品供应链的意愿就会越弱；反之，风险越小，农户加入农产品供应链的意愿就会越强烈。这与前文的理论假说一致。

"供应链作用认知"是表征供应链认知的另一指标，其偏回归系数达到 0.173，在 5% 的置信水平上通过了显著性检验，表明其对农户农产品供应链融入意愿带来了显著且强大的正向效应，很好地支持了前文假设。对广大农户而言，减贫增收是其面临的首要问题，这对连片特困地区农户尤甚。理论与实践已经证明，融入农产品供应链很大程度上能够克服"小农户"与"大市场"对接的矛盾，是解决连片特困地区农户减贫增收问题的有效方法之一。如果农户能够充分认识到加入供应链对于解决目前困境的重要作用，其融入意愿自然变得强烈，反之，若农户尚未认识到其作用，则融入意愿会较弱。

五、农户融入农产品供应链发展的意愿有待加强

本书运用有序 Logistic 模型，选取广西、陕西两地连片特困地区的 419 户农户为样本，对样本农户融入农产品供应链的意愿及其影响因素进行了实证分析，得出如下结论。

（一）农户选择融入农产品供应链发展的意愿整体偏低

调查表明，只有 19.81% 的农户选择愿意融入，22.43% 的农户选择不愿意融入，而有 57.76% 的农户选择了不确定。可见，样本农户目前对于新的农业产业运行模式接受程度较低，连片特困地区农产品供应链的发展并不理想。但是从另一方面看，约六成农户对是否加入供应链持观望态度，这显示出连片特困地区农产品供应链发展的巨大潜力。

（二）农户选择融入农产品供应链发展受多种因素影响

实证分析发现，影响连片特困地区农户融入农产品供应链意愿的因素主要有：第一，性别对农户融入农产品供应链的意愿具有正向影响，并且男性比女性更倾向于融入农产品供应链；第二，农户文化程度越高，获取新知识和接受新事物能力越强，融入农产品供应链的意愿就越强烈；第三，良好的市场条件对于带动农户融入农产品供应链具有正向引导作用；第四，与龙头企业合作面临的风险越大，农户越倾向于维持现有生产经营

状况，反之，农户融入农产品供应链的意愿就越强烈；第五，供应链作用认知对农户融入农产品供应链的意愿产生显著而强大的正向效应，认识到农产品供应链对于农户减贫增收的作用，会极大地吸纳农户融入供应链谋求协同发展。

第七章　连片特困地区农户融入农产品
供应链发展的风险及其评估

一、供应链风险及评估的研究缘起

农户融入农产品供应链来实现一体化协同发展是一把双刃剑，农产品供应链在带来可观利润的同时也会带来风险的损失，农户融入供应链发展在实现的过程中仍会遇到一些问题。农户，尤其是小农户由于在整个供应链中处于相对弱势地位，更难应对融入农产品供应链可能带来的风险。同时，相对于经济发达的地区，我国连片特困地区受市场发育程度和小农户要素禀赋等条件的约束和限制，农户与农产品供应链的融合与对接相对滞后，制约着当地农业的可持续发展和农民脱贫致富的步伐。因此，从连片特困地区的农户角度出发，对农户融入农产品供应链发展可能面临的风险进行实证分析，对这些风险进行有效识别并对识别出的各风险因素的严重程度作出评估，根据所得的结论提出相应的应对机制，使小农户与大市场对接的过程中能够有效识别风险并对风险加以防范，从而为寻求小农户与大市场对接的有效路径提供可行镜鉴。

通过本书前文文献分析可以发现，以下三方面研究尚需进一步强化：第一，大多研究侧重于构建一般供应链风险管理框架，针对农产品供应链风险管理的研究不多，同时缺乏从农户角度出发的农产品供应链风险研究，特别是针对连片特困地区农户的研究鲜见；第二，受数据可获性等因素影响，针对农产品供应链风险的研究多为定性或描述分析，利用计量工具进行定量分析的研究稍显薄弱，结果使得研究结论缺乏严谨的数据支撑，提出的政策建议缺乏针对性；第三，多数研究的范围局限在供应链发育相对成熟的地区，对贫困地区农产品供应链问题的研究关注还不够，针对我国连片特困地区农户融入供应链风险问题的研究更是少见。鉴于此，本书将从连片特困地区农户角度出发，结合现有文献的研究成果和农户调研所获得的数据，对农户稳定融入农产品供应链的风险进行实证分析。

二、供应链风险概念的界定及其理论基础

(一) 概念界定

供应链风险是本书的核心概念之一。风险源自于不确定性，由事件发生的可能性、事件发生的条件以及事件发生造成的结果三个部分构成。包括风险收益和风险损失两种情况，本书所研究的风险主要是指风险损失。

关于供应链风险，彭国樑、姚俭（2010）认为它的发生是因供应链内部和外部不确定性导致供应链企业在经营过程中整体机能不能实现或不能完全实现，使得实际收入与预期收入产生出入。[①] 在此基础上可以认为农产品供应链风险是在农业生产过程中由于不确定因素造成损失的可能性。杨维霞（2011）在研究中把农户风险界定为农户在农业生产过程中，由于不可预测的不确定因素造成的消极影响，使得农户实际收入与预期收入之间产生差值，从而遭受损失可能性。[②] 在此本书将沿用此定义，将融入农产品供应链的农户风险定义为：农户在融入农产品供应链发展的过程中，由于不可预测的因素带来消极影响，使农户实际收入与预期收入不符，从而使利益遭受风险损失的可能性。而对于融入的理解，则是农户在加入农产品供应链发展后与上下游组织合作的一个动态过程。

---

① 彭国樑、姚俭：《不确定性供应链风险的模糊综合评判》，《上海理工大学学报》2010 年第 4 期。

② 杨维霞：《农产品供应链内部农户风险防范策略探讨》，《改革与战略》2011 年第 7 期。

（二）　理论基础

学者们对供应链风险的研究主要集中在构建企业的供应链风险管理研究上，主要包括供应链风险的定义、风险识别、评估和控制，专门锁定农产品供应链风险的研究较为少见。唐（Tang，2006）的研究表明，供应链的风险管理就是对供应链主体之间进行协调，促进相互间的合作，从而为供应链各主体提供持续的利益保障。[①] 冷志杰（2007）认为农产品供应链管理是在保证最低成本的情况下实现对农产品质量改进的有效途径，并能保障食品安全。[②] 陈小霖、冯俊文（2007）的研究分析认为，农产品供应链风险管理研究应包括对农产品供应链风险的识别，对风险作出评价以及提出防范机制等几个部分。[③] 徐娟等（2012）的研究从生鲜农产品供应链的角度出发，在其特有的特征的基础上，将突发事件风险识别为农户的生产风险、中间商的运营风险以及需求突变风险三大类，并提出了相应的应对措施。[④] 郑小京等（2013）认为供应链风险管理的一个关键环节就是对风险的评估，在现有研究方法中，运用层次分析法、灰色评价法、模糊评价法等方法来对风险进行评价得较多。[⑤]

根据国内外相关文献和研究成果可知，学者们对供应链风险管理的研究框架基本达成了一致，主要包括对风险进行识别、对风险的程度作出评价以及对风险采取控制防范措施三个方面，据此，本书将从这三方面来分析农户融入农产品供应链的风险。根据我国农业生产的实际情况、农产品供应链的特征以及农户的特点，本书在专家讨论和实地调研的基础上将农

---

①　Tang C., "Perspectives in Supply Chain Risk Management", *International Journal of Production Economics*, No. 2, 2006.

②　冷志杰:《基于农产品供应链集成机制的大豆供应链集成对策研究》,《复旦学报》(自然科学版) 2007 年第 4 期。

③　陈小霖、冯俊文:《农产品供应链风险管理》,《生产力研究》2007 年第 5 期。

④　徐娟、章德宾、黄慧:《生鲜农产品供应链突发事件风险分析与应对策略研究》,《农村经济》2012 年第 5 期。

⑤　郑小京、郑湛、徐绪松:《供应链风险管理研究综述——风险控制》,《技术经济》2013 年第 8 期。

户融入农产品供应链的风险识别为供应风险、经营风险、需求风险和环境风险四大类 15 个风险因素，根据所识别出的风险因素建立风险指标评价体系，对风险进行评估。

三、农户融入农产品供应链发展的风险分析框架

（一）研究区域概况

2011 年年底颁布的扶贫开发纲要中确定了包括滇桂黔石漠化区与秦巴山区等在内的 14 个连片特困地区，强调把这些地区作为未来扶贫的主攻战场。本书研究的地点均属于连片特困地区的范围，这些区多为"老少边穷"地区，贫困人口众多且贫困的程度深，同时面临返贫率高的问题，普遍存在自然条件恶劣、资源不足、生态环境脆弱、基础设施薄弱、社会公共事业落后、产业发展不足等特点，且多为 20 世纪 80 年代首批确立的扶贫地区。对于这些地区农户的脱贫致富，加入农产品供应链已经被证明为一种可行的模式。但由于连片特困地区自身资源禀赋和社会历史条件等约束限制，这些地区的农户融入农产品供应链比一般地区农户所面临的风险更大。同时，相对于普通农户，连片特困地区的农户经济基础差、受教育水平相对较低，相对于一般贫困农户来说，连片特困地区农户贫困程度更深，受外在的影响，想要脱贫难度更大。因而，连片特困地区农户更难承受融入农产品供应链发展带来的风险。连片特困地区农户究竟会面临怎样的风险，这些风险的程度如何，应该怎样对风险进行控制？本书将针对这些问题展开研究。

（二）数据来源说明

为了分析农户对融入农产品供应链的风险感知情况，获取农户对相关问题的认知信息是展开研究工作的基本前提。为此，本书主要采取农户问卷调查的方法来建成研究所需的数据库。在正式实施农户问卷调研之前，进行了问卷预调研，对农户风险有了初步了解与认识，结合文献阅读法以及预调研

所了解的情况，确定了正式的调研问卷。调研问卷的主要内容包括当地基础设施与环境、被调查者家庭基本情况、家庭经营规模及收支情况、农户市场参与情况、农户合作经营情况和农户风险识别情况等，将农户所面临的风险因素梳理归纳为四大类共 15 项，为进一步的风险评估建立好评价体系。

　　本书资料来源于课题组于 2013 年 9 月在广西河池市环江县、大化县、都安县，2014 年 7 月在陕西省安康市旬阳县、汉中市南郑县进行的农户调查。本调查涉及 419 户家庭，1780 余人。在调研地点的选择上充分考虑了当地经济发展水平、农业龙头企业、农产品行业协会和农民专业合作社发展状况、农产品供应链发育水平以及随机调研的合理性，最终选择广西叠岭村、古感村、亮山村、流水村、上龙村等 14 个村，陕西周家阳坡村、桂花村、李家山村、刘台村等 4 个村为调研地点，各村具体分布情况见表 7.1。为了保证调研数据的全面、准确、可信，课题组成员全部由华中农业大学经济管理学院教师和研究生组成，采取随机抽样、入户调查的方式，进行 "一对一" "面对面" 的访谈与交流。将全部问题都选择同一答案或关键数据遗漏的问卷视为无效问卷剔除，最终获得有效问卷 393 份，有效率为 93.79%。

表 7.1　样本点区域分布情况

省份	县（市）	样本镇村	样本户数
陕西	安康市旬阳县	甘溪镇桂花村	59
		吕河镇周家阳坡村	61
	汉中市南郑县	汉山镇李家山村	38
		阳春镇刘台村	55
广西	崇左市龙州县	上龙乡上龙村；龙州镇岭南村	31
	河池市大化县	大化镇亮山村、流水村、古感村、双排村	107
	河池市环江县	思恩镇叠岭村、清潭村、东兰移民场；水源镇上南村；大安乡大安村；洛阳镇地蒙村；下南乡中南村	41
	河池市都安县	龙湾乡内岗村	1
合计	6 县（市）	13 镇 18 村	393

（三）研究方法选择

在众多的风险评估方法中，模糊评价法和层次分析法被运用的较多（王侃，2006；彭国樑，2010；李明等，2012）。[①] 本书在充分考虑研究的内容和特点的基础上，采用模糊层次综合评价法对连片特困地区农产品供应链农户风险进行评估。模糊层次综合评价法具有将模糊综合评价法与层次分析法相结合的特点，层次分析法用于确定农户可能面临的各项风险指标的权重，多层次的模糊综合评价法用于对农户风险进行综合评价，很好地将定性分析的优势与定量分析的优点相结合。其中利用层次法确定各风险因素指标的权重是关键步骤，本书将在专家评分法的基础上用方根法求解。

1. 层次分析法

层次分析法（AHP）首先由美国的运筹学家萨蒂教授提出，目前在经济管理研究中运用越来越广泛，它能够将目标准则体系层次非次列关系有效地排列出来，有机地把决策过程中的定量分析部分同定性分析部分相结合。其基本思路简单讲就是：首先，把拟分析的问题解构成不同的因素，根据隶属关系和相关性将各因素分层、分类，确定好指标体系；其次，通过两两对比同一类别同一层次上指标因素的相对重要性，得到判断矩阵，通过数学方法确定各个指标的权重值；最后，根据所得权重值来判断各因素的重要程度排序，作为决策依据。层次分析法具有系统性、科学性和条理性等特点，能够避免决策各因素之间的互相影响。

2. 模糊综合评价法

模糊集合理论最初由美国扎德教授提出，用来表示事物的不确定性。而模糊综合评价法（FCE）是一种理论基础为模糊数学的评价方法，这种

---

① 王侃：《基于模糊层次分析法的农产品加工企业风险评价研究》，《中国农机化》2006年第5期。彭国樑、姚俭：《不确定性供应链风险的模糊综合评判》，《上海理工大学学报》2010年第4期。李明、邓旭东、肖伦亚：《基于ANP——模糊评价法的供应链管理风险评价研究》，《科技创业月刊》2012年第5期。

评价方法能够根据隶属度理论，将描述性的评价标准量化，能够使受到多个评价因素影响的对象得出一个总体评价，得到一个总括的结论。用此方法能较好地将生活中模糊的、难以确定的评价语言量化，在用于解决各种非确定性问题方面具有较大的优势。

3. 模糊层次综合评价法

模糊层次综合（FAHP）评价法将层次分析法同模糊综合评价法相结合，用层次分析法确定各农户风险因素的权重大小，用模糊综合评价法确定评判效果，属于将定性与定量相结合的评价模型，两者相互融合，结合了各自的优点，因此能够系统、客观地对目标进行评价，具有科学性、客观性和可靠性。

四、农户融入农产品供应链的风险识别指标体系构建

（一）指标体系构建

根据我国农业生产现状和农产品供应链的特点，本书在专家讨论法和实地调研的基础上，按照农业生产经营的过程将农户融入农产品供应链的风险确立为供应风险、经营风险、需求风险和环境风险四大类风险共 15 个风险因素。其中，供应风险、经营风险和需求风险属于农产品供应链内部风险，环境风险属于外部风险。

供应风险为农户在购买生产资料和供应商提供生产资料过程中的潜在风险，如生产资料的质量存在问题或价格波动带来的风险、农户生产资料的投入决策失误带来的风险和供应商的不能完全履行订单带来的风险；经营风险为农户在农业生产和管理过程中存在的风险，如农户日常生产过程管理不规范造成的风险、农产品质量安全问题、农户信息获取和分析能力有限带来的风险以及来自同行的竞争压力等；需求风险为农户在提供农产品和与下游组织合作过程中存在的风险，包括与下游组织的合作过程中可能面临的风险、市场需求变化带来的风险和由于农产品市场价格波动造成的风险损失等；环境风险为整体外部环境带来的风险，包括来自于自然环

境、经济环境、技术环境和政策法规变化等方面的风险。据此，本书将所识别出的风险因素建立如下风险因素指标体系，如表7.2所示。

表7.2　农户风险识别指标体系

一级风险	二级风险	一级风险	二级风险
供应风险 U_1	生产资料的质量问题 U_{11} 生产资料的价格波动程度 U_{12}	需求风险 U_3	下游组织的合作风险 U_{31} 市场需求变化 U_{32}
	生产资料的投入决策失误 U_{13}		农产品市场价格波动 U_{33}
	供应商的订单履约率 U_{14}		
经营风险 U_2	日常生产过程管理不规范 U_{21}	环境风险 U_4	自然环境风险 U_{41}
	农产品质量安全问题 U_{22}		经济环境风险 U_{42}
	农户的信息获取能力有限 U_{23}		技术环境风险 U_{43}
	同行的竞争风险 U_{24}		政策法规风险 U_{44}

（二）指标体系说明

1. 供应风险

供应风险是农户在融入农产品供应链中面临的内在风险。从农业生产过程来看，供应层面属于农产品供应链的上游。农户作为农产品的生产者，也是农业物资的需求方。上游的农业物资供应商的供应情况直接影响农户的生产状况，如供应商供应的农业物资（种子、化肥、农药、农膜等）的质量是否合格、生产资料的价格是否合理稳定等。

（1）生产资料质量问题。农户作为农业生产资料的需求方、购买者，能否顺利地进行农业生产很大程度上受到农业生产资料质量的制约。质量过关的、优质的农业生产资料在一定程度上能够保证农产品的数量和质量，从而为农户带来较多较丰厚的收益，如若农户在购买过程中买到劣质的生产资料，尤其是种子、化肥和农药，则会很大程度上对农产品的产量和质量带来消极影响，甚至会影响土地的质量。然而在现实生活中，一些农业生产资料供应商为了牟取利益，时常会以假乱真、以次充好，而农业生产资料经销商也会为了牟取利益，明知质量不合格却贪图便宜买进或无意买进之后卖出，加之现有质量监督措施不充分、力度不够，这些质量不合格的农业生产资料经常会流入市场，进入农户手中用于农业生产。因此，农户在购买农业生产资料时面临着一定的风险。

（2）生产资料价格波动。同上，农户作为农业生产资料的消费者，农产品的生产者，农业生产资料无疑是一项生产物资投入。如果农业生产资料价格波动（主要是指价格上涨），会不同程度地增加农户的生产成本。尤其是在本书研究的连片特困地区的农户，农户大多处于贫困状态，用于农业投入的资金原本不多，如果突遇价格上涨，会给农户带来很大的资金压力，很有可能打乱农户原本的农业生产计划。因而，农业生产资料价格的波动会给农户带来成本的压力，构成了一定的风险。

（3）生产资料投入决策失误。农户的生产资料投入决策是农业生产的关键步骤。一旦决策失误，很有可能带来投入成本的损失。除了以粮食作物为代表的刚性需求外，其他农产品的需求存在变动和不确定性，如果投入决策失误，很有可能造成供过于求、卖不出去的局面。与此同时，之前投入的化肥、农药等生产物资也将遭受损失成为沉没成本。因此，农业生产资料投入的决策失误，很有可能带来风险损失，构成一项风险因素。

（4）供应商订单履约率。在农产品供应链中，农户很有可能与固定的供应商有密切供给关系，农户与供应商之间的长期固定的相互协作可以减少一定的交易成本。这其中，供应商是否能按时履行供应生产物资的约定直接关系到农业生产是否能顺利进行。农业生产活动是一项实时性很强的活动，错过了适当的时期会耽误一年的农业生产。然而，在现实中，供应商由于主观或者客观的原因，存在不能及时履行订单的情况。因此，一个信誉不佳的供应商很有可能给农户带来风险损失，但供应商的信誉好坏农户很难进行分辨，因而构成一项风险因素。

2. 经营风险

经营风险是农户在农业生产和管理过程中存在的风险，是由于农户在日常生产和管理过程中，由于自身管理不善或者外界竞争压力造成的损失，好的生产管理方式能够提高效率、节约成本、提高收益。不恰当的管理方式则会带来相反的效果。

（1）日常生产过程管理不规范。农业生产是相对专业的，需要一定的经验技巧和管理规范。农户在日常的生产管理过程中，需要对生产的各个环节十分熟悉，能够对播种、育苗、栽培、施肥、除虫等环节进行规范管理，做到适时合理，保障农业生产的顺利进行。有的农户由于缺乏经验或者疏于管理，不能够对日常的生产过程进行规范管理，从而影响农产品的数量和质量，造成损失，因此，将日常生产过程管理不规范列为风险因素。

（2）农产品质量安全问题。随着人民生活水平的提高，人们对生活品质的追求也不断提高，不仅只是要求温饱，对农产品质量的关注程度也逐渐加深。而近年来农产品质量安全状况令人担忧，农产品质量安全问题频发。农药残留、镉大米、病死猪肉流入市场等案例不仅给消费者带来了损失，还反过来影响了农户利益。在农业生产经营过程中，注意保证农产品质量安全尤为重要，例如保证种子的质量安全、正确合理的使用化肥和农药、注意保持耕地质量等。如果在生产过程中没有注意到这些问题，更容易造成农产品质量问题的发生，影响消费者的健康和农户的收益。因此，农产品质量安全问题是经营过程中需要注意防范的一项风险因素。

（3）农户信息获取能力有限。在市场交易过程中，由于信息不对称，农户作为消费者和生产者都处于劣势状态，特别是连片特困地区的农户，当地信息化建设落后，加之自身文化水平低，不能够对所获得的信息进行有效分析，严重影响农户对农业生产的管理。由于农户信息获取能力有限，所以对市场信息接收滞后或者对所得信息不能进行有效利用，很容易造成生产过程中的投入失误，或者对市场需求和价格了解失误，造成供大于求、价高买进、价低卖出等情况，严重影响着农户的收益情况。因此，农户信息获取能力的有限是农户融入农产品供应链面临的另一项重要风险因素。

（4）同行的竞争风险。农户在农业生产经营过程中，除了面临内部风险以外，还会面临来自同行的竞争风险。如果在市场上已经存在较多的竞争对手、潜在的竞争对手进入市场较容易，或者现有的竞争对手采取了新的技术，提供了更优质的产品或服务，或者提供了更低的价格，那么农户则面临着来自竞争对手的较大威胁。从而农户会失去一定数量的客户，产生损失。因此，同行的竞争是农户所面临的一项风险因素。

3. 需求风险

需求风险为农户在提供农产品和与下游组织合作过程中存在的风险，经过了购买生产物资、进行农业生产，农户所产出的农产品只有通过下游组织的需要，通过交易才能实现其价值。只有卖出去、有需求，农户的成本投入才能得到回收。然而在现实中，由于需求的不确定性，很有可能给农户带来损失，形成风险。

（1）与下游组织的合作风险。在农产品供应链中，农户会与农业企业等下游组织进行合作，农户将农产品卖给下游组织，再由下游组织直接或者加工之后投入市场。通常农户会与下游组织签订好协议。但在现实情况下，由于下游组织的违约，会导致农户难以按计划销售农产品。同时，由于农产品市场上价格的不确定性，很容易造成约定价格高于市场价格的现象，此时，下游组织会倾向于以各种理由拒绝收购农户的农产品，或者采取延期、限量、压低价格等手段，不按约定履行合同，给农户带来损失。由于农户在其中处于弱势地位，很难有效维护自身利益，只能默默承受。因而，农户在农产品供应链中，面临着与下游组织合作的风险。

（2）市场需求变化。市场需求的变化无疑是农户面临的一项重要的风险因素。通常，市场需求是多变的，随着人们消费水平的提高，人们的消费需求也出现了变化。同时现在市场上的农产品种类日益丰富，国外农产品的不断流入，加之如今农产品"更新换代"加快，消费者的选择越来越多，增加了消费者需求的不确定性。市场需求的变化不仅体现在产品需求的种类上，还体现在农产品需求的数量上，市场的规模变化也具有不确定性。因此，农户很难判断自己生产的农产品是否符合消费者的需要，难以确定生产品种和规模，增加了决策难度。由于市场需求变化，很容易造成农户生产出来的农产品不符合市场需要而没有销路的情况，给农户融入农产品供应链带来了显而易见的风险。

（3）农产品市场价格波动。由于供需变化、人为操控或者政治原因等影响，农产品的价格不是一成不变的，尤其是在市场经济条件下，农产品的价格往往会出现波动。由于信息不对称或者经验不足，经营管理不善，农户很难对农产品的价格进行预测，这样会造成实际价格与农户期望价格产生偏差的情况出现。一旦出现农产品价格大幅度下降，会给农户带来较大的亏损，损害农户利益。因此，农产品市场价格波动是农户融入农产品供应链面临的较为直接的一项风险因素。

4. 环境风险

相对于内部风险，环境风险是农户融入农产品供应链所面临的外部风险，任何事物的发展都不能避免来自所处的外部环境的影响，尤其是在社会化大生产的情况下，农业生产也越来越体现出一体化的趋势，外界因素的影响不可忽视。

（1）自然环境风险。农业是以土地为生产对象的生产部门，在生产过程中充分利用动物植物等生物的生长发育规律来获得产品。因此可以认为，农业生产以自然资源为基础，对自然环境的依赖性很强，俗语说农业"靠天吃饭"就是这个意思。虽然随着时代的发展和科技的进步，现代的农业对自然环境的适应能力和改造能力逐步增强，在发达地区，农业生产对自然环境的依赖逐步降低，但是在连片特困地区，由于农业的现代化程度低，农业生产仍然在很大程度上受到自然环境的限制和影响。比如土地的质量会影响农产品的产量和质量，台风、洪涝灾害、冰灾冻灾等自然灾害会对农业生产造成致命的打击。同时，现有的环境也正遭受着环境污染的影响，尤其是重金属对土地的污染，如湖南的镉大米事件，对湖南的大米产业产生了极其消极的影响。因此，虽然自然环境风险对农业生产的影响程度正在降低，但其仍是农户面临的一个重要外部风险因素。

（2）经济环境风险。经济环境风险是从宏观上来说的。众所周知，市场经济具有周期性，会经历繁荣、衰退、萧条、复苏四个阶段，当经济发展进入萧条阶段时，会出现需求严重不足、生产严重过剩、销售量下降、价格低落、赢利水平极低的现象，会对农业生产造成不利影响，降低农户收入。虽然经济周期性有一定规律，但对于连片特困地区的农户来说这仍是一种不确定性，因此，经济环境风险为农户所面临的一项风险因素。

（3）技术环境风险。科学技术是把双刃剑，使用科技生产一定程度上能够降低成本、提高产量、增加收益，但也会带来一定的副作用。比如新品种对周围环境的威胁、新技术的适应性、技术推广的周期性都会给农户带来风险。随着现代技术的生命周期缩短，农业技术推广的广度和深度加深，也使农户面临的技术环境风险更为严峻。

（4）政策法规风险。政策法规风险主要是指政策变化或者法规变化给农户融入农产品供应链带来的不确定性。2004 年以来，我国每年的中央一号文件都是围绕农业为主题，农业属于弱质性产业，很大程度上依赖政策的支持，特别是农产品供应链的发展，需要国家对各个主体予以资金支持、政策支持和法律保护，同时需要政策和法律予以规范。如果政策法规发生变化，会对整个供应链产生较大的影响。同时，经济环境也受到政策的影响，政府会对经济状况进行调整，实行宽松或紧缩的货币政策，从而影响经济环境，对农产品供应链的发展产生不确定性。因此，政策法规风险也是农户融入农产品供应链所面临的一项风险因素。

五、农户融入农产品供应链发展的风险认知分析

（一）样本农户的描述性统计分析

根据 393 户样本农户调查问卷结果，样本农户的基本特征统计如表 7.3 所示。

表 7.3　样本农户的基本特征统计

变量	具体类型	数量	比重
性别	男	339	86.26%
	女	54	13.74%

续表

变量	具体类型	数量	比重
年龄	21—30 岁	23	5.85%
	31—40 岁	81	20.61%
	41—50 岁	108	27.48%
	51—65 岁	146	37.15%
	66 岁及以上	35	8.91%
文化程度	不识字或识字少	41	10.43%
	小学	109	27.74%
	初中	184	46.82%
	高中或中专	55	13.99%
	大专及以上	4	1.02%
农产品类型	粮食类	241	61.32%
	果蔬类	35	8.91%
	畜禽类	24	6.11%
	水产类	2	0.51%
	其他类	91	23.16%
家庭年农业收入	0.3 万元及以下	86	21.88%
	0.3 万元—0.6 万元	93	23.66%
	0.7 万元—1.0 万元	82	20.87%
	1.1 万元—3.0 万元	69	17.56%
	3.1 万元以上	61	15.52%
农产品收入占年收入比重	10%及以下	100	25.45%
	11%—30%	105	26.72%
	31%—50%	58	14.76%
	51%—70%	27	6.87%
	71%及以上	103	26.21%
人均耕地面积	1.75 亩		

注：家庭年农业收入区间值中，最小值不包含在内，最大值包含在内。

资料来源：课题组实地调查所得。

　　从农户家庭特征和受访者信息来看：性别方面，户主以男性为主，占被调查者的 86.26%，女性户主仅占 13.74%，这与中国家庭决策权大部分掌握在男性手中情况相一致。从年龄分布来看，64.63%的被调查者年龄在41—65 岁之间，40 岁及以下被调查者比例为 26.46%，样本年龄结构较为合理。文化程度方面，绝大部分被调查者仅拥有初中及以下学历，不识字或识字很少的占 10.43%，小学文化程度占 27.74%，初中文化程度占46.82%，具有高中及以上学历的被调查者仅占全样本量的 15.01%，这与连片特困地区农民受教育程度普遍较低的现实情况相符。从农产品主要类型来看，大多数被调查者种植的农产品类型附加值不高，以粮食作物为主，61.32%的农户种植粮食类作物，23.16%的农户种植甘蔗作为工业原料。果蔬、畜禽、水产等养殖类农产品类型较少，仅占 15.52%。从家庭年收入和农产品收入占年收入比重来看，66.41%的农户家庭年收入在 1 万元以下，贫困程度较深。52.16%的农户农产品收入占全年收入的 30%以下，从一定程度上反映了连片特困地区农民兼业化现象较为普遍。从生产规模来看，人均耕地面积（包括水田和旱地）为 1.75 亩，说明样本地的农业生产仍以小规模农业为主。

　　从当地基础设施与环境基础情况来看：在信息网络建设上，移动电话、有线电视、电脑网络的普及率分别为 93.64%、67.18%和 23.16%，可知，移动电话和有线电视的普及率较高，但电脑网络的普及率仅为23.16%，在网络时代，连片特困地区的信息化程度低，在一定程度上不利于现代农业的发展。从交通状况来看，71.50%的村庄拥有"村村通"公路，交通设施条件较好，但从调查中了解到拥有省道国道等高级交通运输条件的不多，公路质量还有待提高。从农业新型主体来看，拥有农产品加工基地、农业龙头企业和农民合作社的比例分别为 35.37%、39.95%和57.51%，新型农业主体发展水平较低，且农户对其满意程度仅为基本满意，满意程度不高，若要加强农产品供应链的发展必须对新型主体加大扶持力度，充分发挥其作用。具体见表 7.4。

表 7.4　样本农户所在地区基础设施配备情况

项目	频数	频率
移动电话	368	93.64%
电脑网络	91	23.16%
有线电视	264	67.18%
"村村通"公路	281	71.50%
农产品加工基地	139	35.37%
农业龙头企业	157	39.95%
农民合作社	226	57.51%

资料来源：课题组实地调查所得。

（二）农户融入农产品供应链发展的风险认知

从农户融入农产品供应链风险的认知来看，16.79%的农户不清楚农户融入农产品供应链是否有风险，说明存在一定的农户对农产品供应链及其风险的认知程度较低，24.94%的农户认为纳入供应链风险很小或没有风险，58.27%的农户认为纳入农产品供应链风险较大。从整体来看，连片特困地区农户认为纳入农产品供应链风险程度较大。从风险对农业收入的影响程度认知来看 61.32%的农户认为风险对农业收入的影响较大或很大，仅有 15.52%的农户认为风险对农业收入影响很小甚至没有影响，可以认为连片特困地区农户感知风险对农业收入影响较大，一般地，农户认为供应链风险会对农业收入产生消极影响。从农户对供应链风险的关注度来看，40.20%的农户对农产品供应链的风险从不关注或关注很少，20.36%的农户对供应链风险关注程度一般，仅 39.44%的农户对供应链风险经常关注，由此可知，连片特困地区农户对农产品供应链风险关注较少。从对目前供应链风险管理的满意程度来看，29.01%的农户对目前供应链风险管理的满意程度较高，47.84%的农户对供应链风险的满意程度仅为一般，仅有 23.15%的农户对供应链风险管理持比较满意或满意的态度，整体满意度不高。在受访的农户中，有 101 位农户加入了农民专业合作社或与龙头企业合作，占调查样本量的 24.11%，说明农户参与农产品供应链的程度低，其中，76.24% 的农户认为加入农民专业合作社或与龙头企业合作后抵御农产品供应链风险能力增强，73.68% 的受访农户认为好的销售渠道能够有效降低销售风险。从农户对风险控制的态度来看，仅 38.58% 的农户对农业生产风险持乐观态度，认为风险可控，同时，74.85% 的农户认为政府应该在发生风险时帮助农户减少损失，说明连片特困地区农户独自抵御风险能力普遍较低，政府应该在抵御和控制农户风险上发挥积极作用。具体见表 7.5。

表 7.5　农户风险认知情况表

抵御风险能力变化	认知情况	明显减弱	有一定减弱	没有变化	有一定增强	明显增强
	频数	1	6	17	48	29
	频率（%）	0.99	5.94	16.83	47.52	28.71
供应链风险对农业收入的影响	认知情况	影响很小	影响较小	影响一般	影响较大	影响很大
	频数	23	38	84	160	81
	频率（%）	5.85	9.67	21.37	40.71	20.61
对供应链风险的关注度	认知情况	从不关注	较少关注	一般关注	比较关注	经常关注
	频数	60	98	80	68	87
	频率（%）	15.27	24.94	20.36	17.30	22.14
对供应链风险管理的满意度	认知情况	很不满意	不太满意	一般	比较满意	很满意
	频数	25	89	188	74	17
	频率（%）	6.36	22.65	47.84	18.83	4.33
融入供应链是否有风险	认知情况	不清楚	没有风险	风险很小	有一定风险	风险很大
	频数	66	47	51	206	23
	频率（%）	16.79	11.96	12.98	52.42	5.85

资料来源：课题组实地调查所得。

六、农户融入农产品供应链发展的风险评估

（一）运用层次分析法确定各风险因素的权重

由上文可知，本书已经建立了农户风险的评价体系，现将采用层次风险法

来确定各风险因素的权重，在实现过程中，运用德尔菲法与预调研相结合的方法，确定最终的风险因素和权重，参考了15位专家的意见。具体步骤如下：

首先，确立目标体系层次结构。层次分析的结构自上而下一般包括：目标层、准则层、方案层。根据所建立的风险指标体系可将农户风险的准则层分为两层：第一层为一级风险，表示为：$U = \{ U_1, U_2, U_3, U_4 \}$，其中，$U_1$ 表示供应风险，U_2 为经营风险，U_3 为需求风险，U_4 为环境风险；同理，第二层为二级风险：$U_1 = \{ U_{11}, U_{12}, U_{13}, U_{14} \}$，$U_2 = \{ U_{21}, U_{22}, U_{23}, U_{24} \}$，$U_3 = \{ U_{31}, U_{32}, U_{33} \}$，$U_4 = \{ U_{41}, U_{42}, U_{43}, U_{44} \}$，这两层风险集合构成了风险模糊因素集。

其次，构造两两对比矩阵。根据第一步分层结果自上而下建立五个两两对比矩阵。采取专家评分法，请专家在矩阵中将各风险因素的重要程度进行两两对比并赋值，所得结果构成专家评分矩阵 $U = (u_{ij})_{nn}$。赋分规则采用萨蒂（Saaty）提出的9分标度法，赋分值1、3、5、7、9分别表示 U_i 与 U_j 相比，U_i 比 U_j 同等重要、稍微重要、明显重要、强烈重要、极度重要。具体见表7.6。

表7.6　矩阵评分表

标度	含义
$U_i/U_j = U_j/U_i = 1$	U_i 与 U_j 相比，同等重要
$U_i/U_j = 3$，或 $U_j/U_i = 1/3$	U_i 与 U_j 相比，U_i 比 U_j 稍微重要
$U_i/U_j = 5$，或 $U_j/U_i = 1/5$	U_i 与 U_j 相比，U_i 比 U_j 明显重要
$U_i/U_j = 7$，或 $U_j/U_i = 1/7$	U_i 与 U_j 相比，U_i 比 U_j 强烈重要
$U_i/U_j = 9$，或 $U_j/U_i = 1/9$	U_i 与 U_j 相比，U_i 比 U_j 极度重要
$U_i/U_j = 2$, 4, 6, 8 或 $U_j/U_i = $ 倒数	上述两相邻判断矩阵的中间值

再次，计算各风险因素的权重。根据专家评分法所得的赋值矩阵，运用方根法求解每一矩阵的特征向量，即各指标的权重。方法如下：

（1）计算出矩阵中每行各元素 m_i 的乘积 M_i：$M_i = \prod_{j=1}^{n} x_{ij}$。

（2）计算出 M_i 的 n 次方根值：$W_i = \sqrt[n]{M_i}$，n 为该行因素的个数。

（3）进行归一化处理：$W_i = W_i / \prod_{i=1}^{n} W_i$。

最后，计算出向量 $W = [W_1, W_2, \cdots, W_n]$ 即为所求的特征向量，即各风险因素所对应的权重。

以上求出的特征向量是否合理仍需进行一致性检验，方法如下：

（1）计算一致性指标 CI，$CI = \dfrac{\lambda_{max} - n}{n-1}$，其中 $\lambda_{max} = \dfrac{1}{n} \sum_{i=1}^{n} \dfrac{\sum_{j=1}^{n} x_{ij} W_j}{W_j}$ 为矩阵最大特征根，一般地，CI 值越小越满足一致性。

（2）计算随机一致性比率 CR，$CR = \dfrac{CI}{RI}$。其中 RI 为平均随即一致性指标，已给出，见表7.7。若 $CR<0.10$，则评分矩阵满足一致性，否则需要调整矩阵。

表7.7　判断矩阵一致性表

RI：平均随机一致性指标									
阶数	1	2	3	4	5	6	7	8	9	10
RI	0.00	0.00	0.52	0.89	1.12	1.26	1.36	1.41	1.46	1.49

至此，若通过了一致性检验，就可以得到各风险因素的权重 W_{ij}。

由于整个过程涉及大量矩阵运算，运算过程繁琐，本书采用 YAAHP 软件对评分矩阵进行运算，得出矩阵的特征向量（各风险因素的权重），并将所有专家评价出的权重结果用算术平均法求平均值，得出各风险因素的最终权重，见表7.8。

表7.8　风险权重表

一级风险	权重	二级风险	权重	综合权重
供应风险	0.1674	生产资料的质量问题	0.2661	0.0446
		生产资料的价格波动程度	0.2202	0.0369
		生产资料的投入决策失误	0.2443	0.0409
		供应商的订单履约率	0.2694	0.0451

续表

一级风险	权重	二级风险	权重	综合权重
经营风险	0.1638	日常生产过程管理不规范	0.1463	0.0240
		农产品质量安全问题	0.3522	0.0577
		农户的信息获取能力有限	0.2833	0.0464
		同行的竞争风险	0.2184	0.0358
需求风险	0.4899	下游组织的合作风险	0.2734	0.1339
		市场需求变化	0.4123	0.2020
		农产品市场价格波动	0.3245	0.1590
环境风险	0.1472	自然环境风险	0.2592	0.0381
		经济环境风险	0.2931	0.0431
		技术环境风险	0.2008	0.0295
		政策法规风险	0.2701	0.0397

在运算过程中进行一致性检验，结果显示，所有评分矩阵一致性比率 CR 值均小于 0.10，均值为 0.058，均通过了一致性检验。最终计算出一级风险因素对应的权重 $W = (0.1647, 0.1638, 0.4899, 0.1472)$。风险大小依次为：需求风险>供应风险>经营风险>环境风险，其中需求风险为主要风险，风险程度较其他几类风险明显偏大。

二级风险因素中，供应风险上各项二级风险权重为 $W_1 = (0.2661, 0.2202, 0.2443, 0.2964)$，各风险权重较均衡，风险大小排序依次为：供应商订单履约风险>生产资料质量风险>生产资料投入决策失误风险>生产资料价格波动风险。经营风险上各项二级风险权重为 $W_2 = (0.1463, 0.3522, 0.2833, 0.2184)$，风险大小排序依次为：农产品质量安全问题>农户的信息获取能力有限>同行的竞争风险>日常生产过程管理不规范，其中农产品质量安全为经营风险上的主要二级风险因素。需求风险上各项二级风险权重为 $W_3 = (0.2734, 0.4123, 0.3245)$，风险大小排序依次为：市场需求变化风险>农产品价格波动风险>与下游合作风险，其中市场需求变化为主要风险。环境风险上各项二级风险权重为 $W_4 = (0.2592, 0.2931,$

0.2008，0.2701），各风险因素权重较平均，风险大小排序依次为：经济风险>政治风险>自然风险>技术风险。

根据综合权重来看，市场需求变化风险、农产品市场价格波动风险、与下游组织合作风险、农产品质量安全问题、农户获取信息能力有限和供应商订单履约率是农户融入农产品供应链面临的主要风险，因此，农户在融入农产品供应链发展过程中需要对这些风险进行重点防范。

（二）模糊综合评价

1. 建立风险模糊评价集

风险模糊评价集即受访者对风险因素评价结果的集合，本书用大写字母 V 来表示，根据农产品供应链和农业的生产特点将农户风险因素程度划分为"低""较低""一般""较高""高"五个层次，依次表示为 $V = \{V_1, V_2, V_3, V_4, V_5\}$。

2. 计算模糊隶属矩阵

对问卷调查数据进行统计分析，通过计算得出每一风险指标对应风险等级 Vt 的隶属度 r_{ijt}，$r_{ijt} = N_{ijt}/N$，其中 N 为评价的总人数，N_{ijt} 为认为风险指标 u_{ij} 处于 Vt 等级的人数。于是可得模糊综合评价的隶属矩阵 R_i 为：$R_i = \{r_{ij1}, r_{ij2}, r_{ij3}, r_{ij4}, r_{ij5}\}$（$i = l, 2, \cdots, n; j = 1, 2, \cdots, m$）。据此，对调研所得数据进行汇总，将结果整理在表7.9中。

表7.9　模糊评价结果

因素/人数	低	较低	一般	较高	高
U_{11}	32	80	126	106	49
U_{12}	13	48	131	144	57
U_{13}	28	78	162	72	53
U_{14}	40	71	198	58	26
U_{21}	33	94	175	71	20
U_{22}	45	62	153	97	36
U_{23}	37	61	148	99	48

因素/人数	低	较低	一般	较高	高
U_{24}	50	71	151	73	48
U_{31}	24	31	106	144	88
U_{32}	21	32	86	149	105
U_{33}	47	72	147	76	51
U_{41}	30	44	116	125	78
U_{42}	34	50	142	116	51
U_{43}	35	71	156	92	39
U_{44}	31	58	194	87	23

经统计计算得出供应风险、经营风险、需求风险和环境风险的隶属矩阵 R_1、R_2、R_3、R_4分别为：

$$R_1 = \begin{bmatrix} 0.08 & 0.20 & 0.32 & 0.27 & 0.12 \\ 0.03 & 0.12 & 0.33 & 0.37 & 0.15 \\ 0.07 & 0.20 & 0.41 & 0.18 & 0.13 \\ 0.10 & 0.18 & 0.50 & 0.15 & 0.07 \end{bmatrix}$$

$$R_2 = \begin{bmatrix} 0.08 & 0.24 & 0.45 & 0.18 & 0.05 \\ 0.11 & 0.16 & 0.39 & 0.25 & 0.09 \\ 0.09 & 0.16 & 0.38 & 0.25 & 0.12 \\ 0.12 & 0.18 & 0.37 & 0.19 & 0.13 \end{bmatrix}$$

$$R_3 = \begin{bmatrix} 0.13 & 0.18 & 0.38 & 0.19 & 0.12 \\ 0.06 & 0.08 & 0.27 & 0.37 & 0.22 \\ 0.05 & 0.08 & 0.22 & 0.38 & 0.27 \end{bmatrix}$$

$$R_4 = \begin{bmatrix} 0.08 & 0.11 & 0.30 & 0.32 & 0.20 \\ 0.09 & 0.13 & 0.36 & 0.30 & 0.13 \\ 0.09 & 0.18 & 0.40 & 0.23 & 0.10 \\ 0.08 & 0.15 & 0.49 & 0.22 & 0.06 \end{bmatrix}$$

(三) 模糊层次综合评价

根据所得的风险因素权重 W_i 和隶属矩阵 R_i,对农户融入农产品供应链可能面临的风险进行模糊层次综合评价。

$$V_i = W_i R_i = (w_{i1},\ w_{i2},\ \cdots,\ w_{in}) \begin{bmatrix} r_{i11} & r_{i12} & r_{i13} & r_{i14} & r_{i15} \\ r_{i21} & r_{i22} & r_{i23} & r_{i24} & r_{i25} \\ \cdots & \cdots & \cdots & \cdots & \cdots \\ r_{in1} & r_{in2} & r_{in3} & r_{in4} & r_{in5} \end{bmatrix}$$

$$= (v_{i1},\ v_{i2},\ \cdots,\ v_{in})$$

1. 二级风险综合评价

对供应风险来说,已知各风险因子权重 $W_1 = (0.2661,\ 0.2202,$

$0.2443,\ 0.2964)$,隶属矩阵 $R_1 = \begin{bmatrix} 0.08 & 0.20 & 0.32 & 0.27 & 0.12 \\ 0.03 & 0.12 & 0.33 & 0.37 & 0.15 \\ 0.07 & 0.20 & 0.41 & 0.18 & 0.13 \\ 0.10 & 0.18 & 0.50 & 0.15 & 0.07 \end{bmatrix}$,从

而可以得出供应风险的综合评价结果 $V_1 = W_1 R_1 = (0.2661,\ 0.2202,$
$0.2443,\ 0.2964) R_1 = (0.0738,\ 0.1782,\ 0.3951,\ 0.2370,\ 0.1159)$。

对经营风险来说,各风险因子权重为 $W_2 = (0.1463,\ 0.3522,\ 0.2833,$

$0.2184)$,隶属矩阵 $R_2 = \begin{bmatrix} 0.08 & 0.24 & 0.45 & 0.18 & 0.05 \\ 0.11 & 0.16 & 0.39 & 0.25 & 0.09 \\ 0.09 & 0.16 & 0.38 & 0.25 & 0.12 \\ 0.12 & 0.18 & 0.37 & 0.19 & 0.13 \end{bmatrix}$,从而可以得

出,经营风险的综合评价结果 $V_2 = W_2 R_2 = (0.1463,\ 0.3522,\ 0.2833,$
$0.2184) R_2 = (0.1054,\ 0.1745,\ 0.3906,\ 0.2269,\ 0.1026)$。

对需求风险来说,各风险因子权重为 $W_3 = (0.2734,\ 0.4123,$

$0.3245)$,隶属矩阵为 $R_3 = \begin{bmatrix} 0.13 & 0.18 & 0.38 & 0.19 & 0.12 \\ 0.06 & 0.08 & 0.27 & 0.37 & 0.22 \\ 0.05 & 0.08 & 0.22 & 0.38 & 0.27 \end{bmatrix}$,因而可以

得出需求风险的综合评价结果 $V_3 = W_3 R_3 = (0.2734,\ 0.4123,\ 0.3245) R_3 =$ $(0.0773,\ 0.1083,\ 0.2873,\ 0.3249,\ 0.2124)$。

对环境风险来说，各风险因素权重为 $W_4 = (0.2592,\ 0.2931,\ 0.2008,$

$0.2701)$，隶属矩阵为 $R_4 = \begin{bmatrix} 0.08 & 0.11 & 0.30 & 0.32 & 0.20 \\ 0.09 & 0.13 & 0.36 & 0.30 & 0.13 \\ 0.09 & 0.18 & 0.40 & 0.23 & 0.10 \\ 0.08 & 0.15 & 0.49 & 0.22 & 0.06 \end{bmatrix}$，因此，可

以得出环境风险的综合评价结果 $V_4 = W_4 R_4 = (0.2592,\ 0.2931,\ 0.2008,$ $0.2701) R_4 = (0.0843,\ 0.1424,\ 0.3954,\ 0.2757,\ 0.1252)$。

根据计算结果可知，供应风险程度一般，经营风险程度一般，需求风险程度明显偏高，环境风险程度一般。

2. 一级风险综合评价

由二级模糊风险综合评价结果可得出一级模糊风险的隶属矩阵 R：

$$R = \begin{bmatrix} 0.0738 & 0.1782 & 0.3951 & 0.2370 & 0.1159 \\ 0.1054 & 0.1754 & 0.3906 & 0.2268 & 0.1026 \\ 0.0773 & 0.1083 & 0.2873 & 0.3249 & 0.2124 \\ 0.0843 & 0.1424 & 0.3954 & 0.2757 & 0.1252 \end{bmatrix}$$

由一级风险的权重 $W = (0.1647,\ 0.1638,\ 0.4899,\ 0.1472)$，进而可得出一级风险的模糊综合评价结果 V 为：

$V = WR = (0.1647,\ 0.1638,\ 0.4899,\ 0.1472)$

$$R = \begin{bmatrix} 0.0738 & 0.1782 & 0.3951 & 0.2370 & 0.1159 \\ 0.1054 & 0.1754 & 0.3906 & 0.2268 & 0.1026 \\ 0.0773 & 0.1083 & 0.2873 & 0.3249 & 0.2124 \\ 0.0843 & 0.1424 & 0.3954 & 0.2757 & 0.1252 \end{bmatrix}$$

$= (0.0799,\ 0.1325,\ 0.3291,\ 0.2766,\ 0.1587)$。

从模糊层次综合评价结果来看，在 393 位农户中，21.24% 的农户认为风险 "低" 或 "较低"，32.91% 的农户认为风险 "一般"，43.53% 的农户认为风险 "较高" 或 "高"，由此可认为农户融入农产品供应链风险偏高。

可知，农户融入供应链风险，风险程度中等偏高，稳定性较差，存在一定风险。需要说明的是，由于本书在保留小数点时采取了四舍五入法给予取舍，因此可能造成评价结果之和不为1的现象产生。

（四）连片特困地区农户融入农产品供应链风险偏高的原因分析

从分析结果来看，连片特困地区农户融入农产品供应链的风险偏高，其中可能的原因分析如下。

1. 相比较于其他风险，农户面临的需求风险更大，农产品"卖难"问题突出

由层次分析法所得结论可以得知，农户融入农产品供应链各风险因素的权重，风险程度的排序为：需求风险>供应风险>经营风险>环境风险，其中需求风险的严重程度相对于其他风险类型较深。首先，在整个农产品供应链的整个生产过程中，农户最可能遇到也最难以避免的会造成较大损失的风险因素就是需求风险，一旦农户的生产成果不能与下游的相关主体完成交易，成本就无法收回，更不可能赢利。然而连片特困地区的农户，由于当地信息化建设基础薄弱，并且因为自身文化素质的限制，难以对所获得的信息进行有效分析，很难根据市场需求来调节生产，难以承受市场需求变化带来的风险损失。其次，在与下游组织合作过程中会发生信任风险，产生合作矛盾时，由于当地农民专业合作组织发育程度低，农户势单力薄，同时由于我国相关法规不健全，连片特困地区农户的维权意识薄弱、维权手段单一且程序繁琐，农户的利益很难得到保障和支持。因而，需求风险是连片特困地区农户所面临的相对较大的风险，同时，这些原因也决定着农户作为消费者在与供应商的交易过程中处于弱势，农户同时面临供应风险，但相对于需求风险，供应风险的程度稍弱，因为在这个阶段，农户投入的各种成本相对较低，造成的各项损失也相对较低。再次，连片特困地区的农业生产仍主要采用传统方式，大多数农户具备一定的农业生产技巧，经营管理方式也较成熟，相对来说构成的风险较小，因而排

在需求风险和供应风险之后。最后，虽然环境风险中自然风险有时对农户造成的损失几乎是毁灭性的，但发生概率微乎其微，而现代人对自然风险的应对能力加强，各地会有相应的农田水利建设和应急措施，自然风险在相当程度上被降低；连片特困地区的基础设施投入逐步增加，随着科技水平的提高，以往的客观限制性因素正在淡化；同时，目前政策、经济、技术环境相对稳定；环境风险属于外因，而对事物的影响主要是内因，因此，环境风险相对较小。

2. 相比较发达地区，连片特困地区农户风险承受能力差，自身发展能力弱

从模糊层次综合评价的结果来看，连片特困地区农户融入农产品供应链风险偏高。罗艳（2012）的研究认为农户融入农产品供应链的风险较小，① 与本书的研究结论有差异，主要原因在于研究区域和对象的不同，其调研样本来自于浙江，属于经济发达地区，现代农业发展水平较高，农户信息化程度、可支配收入和风险承受能力较高，农产品供应链发育程度也较成熟，而本书的研究区域和对象是连片特困地区的小农户，相比浙江等发达地区的农户，无论是信息化程度、收入水平，还是市场化意识、风险承受力等，都有相当差距，加上区域农产品供应链发育程度低，连片特困地区农户融入农产品供应链所受的限制和承受的风险自然更大。

（1）从连片特困地区特征来看，这些地区普遍受到地理条件、经济发展水平、社会历史环境等因素的影响，尤其是在经济发展水平低的限制下，连片特困地区农产品供应链发育程度低，无论从农产品供应链模式的多元化、农户的参与度还是供应链发展程度来看，都弱于一般地区。在一个发育程度较低的农产品供应链中，农户所面临的风险相对较大。①在供应链发育程度低的情况下，分配机制相对不完善，农户所获得的利益微薄，农户除了获得出售初始农产品外的利润，很难获得农产品加工后所获得的额外利润，获得的收益较低时，面临的损失相应就会增加，会增加农户风险。②连片特困地区信息化建设较落后，当地的行政主管部门重视程

---

① 罗艳：《基于农户视角的农产品供应链风险管理研究》，硕士学位论文，浙江大学，2012 年。

度低，信息传递和利用效率低下。同时由于连片特困地区农产品供应链发育程度低，农业中介组织所发挥的信息收集和传播作用小，其在供应链中发挥的协调作用小，农户更容易遭受信息不对称的风险。③连片特困地区农产品供应链模式多元化程度低，农户的选择范围小。一方面，农业中介组织发展不够完善，缺乏协调沟通能力；另一方面，缺少农业龙头企业，农业龙头企业的带动作用效果不明显。信誉好的龙头企业能够很好地降低农户所面临的供应风险或需求风险，农业中介组织健全的地区农户的权益所得到的保障会更完善。但这都是连片特困地区所缺乏的。连片特困地区的农户和企业由于契约精神意识薄弱，相互之间缺乏信任，加之维权渠道不畅等原因，农户所面临的交易风险更大。

（2）从连片特困地区农户自身水平来看，由于自身素质的限制，农户所面临的风险也会偏大。①从农户文化程度来看，绝大部分被调查者仅拥有初中及以下学历，受教育程度普遍较低。这会影响农户对信息的接受和判断能力，增加了外界供需变化带来的风险的影响程度，同时，由于缺乏现代化农业知识，过于迷信经验，会增加农业资产投入决策失误和日常生产管理的风险。②从家庭收入来看，66.41%的农户家庭年收入在1万元以下，贫困程度较深。由于资金的缺乏，连片特困地区农户对风险损失的承受能力明显偏低，因此，在同等条件下，连片特困地区农户会感知到风险程度偏高。③从生产规模来看，被调查农户人均耕地面积（包括水田和旱地）仅为1.75亩，说明样本地农业生产仍以小规模农业为主，在这样的情况下，连片特困地区农户在农产品供应链中话语权较之大规模生产的经营主体小之又小，处于非常弱势的地位，很难对供应商或者下游组织的欺压行为有议价影响和谈判能力，只能默默承受，面临着较高的道德风险。

七、农户融入农产品供应链发展的风险值得警惕

本书从连片特困地区农户角度出发，结合现有文献的研究成果和连片特困地区农户调研所获得的数据，对农户稳定融入农产品供应链发展的风

险进行实证研究，对风险进行识别，运用模糊层次综合评价法对风险进行评估，得出以下结论。

（一）　连片特困地区农户的风险意识和风险认知均有待提高

从农户基本特征统计情况来看，农户对农产品供应链风险认知呈现四个特点：①连片特困地区农户仍以小农生产方式为主，所生产农产品大多为粮食作物，产品附加值不高，农户贫困程度较深，新型农业主体发展概率较小，且农户对其满意程度仅为基本满意，满意程度不高。②58.27%的农户认为融入农产品供应链风险较大，61.32%的农户认为风险对农业收入的影响较大或很大，仅39.44%的农户对供应链风险经常关注，仅有23.15%的农户对供应链风险持比较满意或满意的态度，整体满意度不高。③在受访的农户中，有101位农户加入了农民专业合作社或与龙头企业合作，占调查样本量的24.11%，说明农户参与农产品供应链的程度低，其中76.24%的农户认为加入农民专业合作社或与龙头企业合作后抵御农产品供应链风险能力增强，73.68%的受访农户认为好的销售渠道能够有效降低销售风险。④仅38.58%的农户对农业生产风险持乐观态度，认为风险可控，同时，74.85%的农户认为政府应该在发生风险时帮助农户减少损失。

（二）　农户融入农产品供应链发展的风险主要涉及四大类

从农户风险识别情况来看，农户融入农产品供应链的风险可识别为供应风险、经营风险、需求风险和环境风险四大类15个风险因素，包括生产资料的价格波动带来的风险、农产品质量安全问题、市场需求变化带来的损失、农户的信息获取和分析能力有限带来的风险、农产品市场价格波动造成的风险、自然环境风险和政策法规风险等。

（三）　连片特困地区农户融入农产品供应链发展的风险偏高

从农户风险评估情况来看，根据模糊综合评价结果，连片特困地区农户融入农产品供应链整体风险偏高，整体风险偏高的主要原因在于，连片特困地区普遍受到地理条件、经济发展水平、社会历史环境等因素和农户自身素质的限制，农产品供应链发育程度低，农户对风险的识别和控制能力弱，风险承担能力较弱。需求风险程度明显偏高，供应风险和经营风险程度一般，环境风险程度一般。其中需求风险程度明显偏高的主要原因在于，由于当地信息化建设基础薄弱，并且因为自身文化素质的限制，难以对所获得的信息进行有效分析，很难根据市场需求来调节生产，难以承受市场需求变化带来的风险损失。同时，在与下游组织合作过程中会发生信任风险、产生合作矛盾时，由于当地农民专业合作组织发育程度低，农户势单力薄，其利益很难得到保障和支持。从层次分析法的结果来看，连片特困地区农户融入农产品供应链风险大小排序依次为：需求风险>供应风险>经营风险>环境风险。根据综合权重来看，市场需求变化风险、农产品市场价格波动风险、与下游组织合作风险、农产品质量安全问题、农户获取信息能力有限和供应商订单履约率是农户融入农产品供应链面临的主要风险。

第八章　农户稳定融入农产品供应链发展的国内外先进经验与启示

一、国外先进经验

本书通过查阅相关资料和文献等，发现国外农产品供应链对农户减贫增收的带动与促进，基本以美国、日本等国家为主要代表。

（一）美国

美国作为一个移民的发达国家，不仅工业体系十分发达，其农业更是居于世界前列，富有竞争力，一直被当作国家经济的主要来源之一。美国凭借优越的农业自然资源和先进的农业高新科技等，逐渐形成了具有国际竞争力的区域化农业生产格局、组织结构与生产方式。

1. 美国农产品供应链组织结构形式

作为美国农业最重要的组织形式，农场是美国现代农业合作生产经营体系的主体。早在 19 世纪 20 年代的《宅地法》中就已明确了其基础性的地位。美国的农场按照销售额大小，分为小型农场和大型农场。具体而言，小型农场主要是年销售额或交易额在 25 万美元以下的农场，主要包括居住生活型农场、高销售额和低销售额耕种型农场、休闲型农场和资源有限型农场等五种类型；大农场则分为大型和超大型农场及非家庭农场三种类型。需要注意的是，农户一般都是农场主或农业企业家，尽管小型农场的销售额较小，但其在数量上却具有绝对性优势，约占农场总数量的 90%

左右，其资产也占到美国农业总资产的 70% 左右。与此同时，随着市场经济的不断深入，农产品商品化程度的不断加深，以公司为组织形式或载体的农场在数量上不断攀升，展示出强劲的生命力，2010 年就已超过 7 万多个，尽管数量上仍不能与家庭农场相提并论，但其所经营的土地面积和农产品交易额在美国农场的所有份额中却占据较大比重，不容忽视。

在家庭农场不断发展中，为了解决农产品价格低、代理商缺乏信誉、代理商获利多农户获利少（差价大）、运费高及抵御市场能力弱等诸多问题，合作社应运而生，而且大量代理商、加工商和流通企业的进入，使各参与主体间建立了较为稳定的合作关系，有助于更加高效的农产品供应链体系的形成。

据美国农业部的相关资料显示，2012 年美国农业合作社数量为 2238 个，成员数量达 210 万人，农产品总营业额达 2348 亿美元，平均每个合作社内部成员约为 938 名，营业额平均高达 1.05 亿美元。美国的合作社根据功能大致可以分为供应型合作社、销售型合作社和服务型合作社三种，根据美国农业部 2012 年的相关统计数据显示，这三种合作社的数量分别为 911 个、1206 个和 121 个，成员数量依次为 142.07 万人、65.54 万人和 3.65 万人。当然，需要注意的是一个合作社可能不仅发挥着为农户提供生产资料的功能，还帮助成员销售其农产品并向其提供金融服务，但分类通常是按照合作社的主要功能来划分的。

以美国著名的柑橘新奇士合作社为例，其于 1893 年创立，作为历史悠久、规模最大的柑橘营销机构，其成立的初衷，是 60 多户柑橘生产者为了解决代理商获利过多而农户获利过少及代理商缺乏信誉等问题而筹建，后来随着合作社经营规模的不断扩大，为了提升柑橘在消费者心中的地位和价值，1952 年该合作社用"新奇士"来命名质量最好的柑橘。作为十大非营利性合作社之一，2006 年"新奇士"实现销售额 3.75 亿美元，社员获利 210 万美元。

尽管美国各州均有各类农业合作社，但逐渐形成了各类产品相对集中或集群的区域，如鱼类合作社主要有 39 个，其中 15 个分布在缅因州；棉花合作社全国共有 12 个，4 个分布于德克萨斯州；坚果合作社 19 个，加利福尼亚州就有 11 个，其营业额达 10.18 亿美元，占全国总营业额（11.05 亿美元）的 92.13%。

合作社除了给农户带来较大程度的增收外，还能够有效带动就业。据美国农业部相关资料显示，2012 年美国农业合作社共聘用全职雇员 12.9 万人、季节性和兼职人员 5.6 万人，相比 2011 年，全职人员有所下降（减少了 1600 人），而季节性和兼职雇员却有所上升（增加了 3000 人）。总体而言，美国的农业合作社数量和成员数量在逐渐下降，但其营业规模在不断扩大，并形成行业性、区域性巨型合作社，合作社间相互投资和国际化经营趋势明显。

2. 美国农业产业体系形成与发展

一国农业产业体系的构建与形成，难以脱离政治、经济、社会和文化等方面的共同作用，美国的产业体系亦是如此。其农业产业体系在形成，又进一步促进其农业的发展，并作用于其农业的方方面面。随着市场化程度的不断加深，美国农业产业的优势进一步深化，并形成了产业与宏微观经济主体之间的良性互动。

美国的农业产业体系的市场竞争力和商品化程度是很高的，当然这离不开其高度发达的市场经济的发展与支撑。追根溯源，早在 19 世纪 20 年代美国农业便已开始跨入农产品"商品化"时期。为了促进农产品产业链的良性发展，农业生产已不仅仅需要农业生产和供应链的支撑，更需要加工环节和销售环节的支撑，而 19 世纪 60 年代的农产品供给"过剩"局面无疑为农产品产业体系的进一步发展与完善提供了"绝无仅有"的良机。

为了解决农产品生产"过剩"难题，美国联邦政府通过对外低价倾销、扩展国际市场份额和对内发放食品券及休耕等诸多手段刺激农产品消费与需求，保障农业的健康发展。当然，这次危机使美国联邦政府也清楚地认识到，只有通过形成具有强大竞争力的农业产业体系，形成融合农产品生产、加工、销售各环节的产业链条，并通过与其他国民经济部门合作，才能不断分享产业结构优化升级所带来的巨大利润，在国际市场中占据更大的份额，在竞争中立于不败之地。

从这里不难发现，美国的农业产业体系是由各产业链条中的各个企业所组成的，而作为农产品供应链条的农场主也是以企业的形式参与农业产业链条的运转与经营。美国作为发达资本主义国家，其市场经济的发展程度较高且较为成熟，在市场起资源基础性配置作用和优胜劣汰法则下，市场通过竞争格局的变化使得农业产业体系和各链条中的企业被自动分类，优势企业得到生存与发展，而后其通过不断的产品和技术创新以及组织结构与管理变革，使自身更加适应市场的发展。与此同时，由于美国各地区的自然资源状况（如土地、河流等）、社会经济发展水平的差异，不同区域对区域内优质资源及生产要素进行优化与整合，由此在农产品生产、加工和销售不同链条上各具优势的区域逐渐分化，并形成了以优势企业为主导的具有区域特色和差异化的专业化产业集群，这样使得美国农业的自然区域划分与经济区域划分紧密地联系在一起。以美国的果蔬为例，其生产或供应链主要集中于西部的加利福尼亚州（水果和灌溉农业区），而销售则集中分布于东部或西部城市人口较为密集的州。

美国根据每个区域自然资源条件的差异和优势，划分不同的农业生产专业区域，并逐渐形成以优势企业为核心和主导的区域集群效应，农村趋于城市化、农民阶层分化，这都是在这种农业产业体系和市场经济的作用下资源要素禀赋集聚的物质体现。当然，农产品的区域集聚与农业产业体系是互不分离的，企业集群的形成亦会作用于农业产业体系，进而影响"三农"（农业、农村和农民），逐渐促进城乡关系的调整与协调，形成现代社会的"工农关系"和"从农田到餐桌"的农产品"生产—加工—销售"一体化服务体系。可以说，"农—工—商"一体化经营以及完善的社会化服务体系，使得每个农场的生产活动与农业前、后部门之间紧密结合，不仅降低了市场风险，增加了农户的收益，更有利于农产品专业化生产的适应性与稳定性。

（二）日本

与美国不同，虽然均为世界发达国家，但日本由于其特殊的地理环境使其不仅成为人口最为稠密的国家之一，农地较为分散，且"人多地少"的矛盾十分突出。在此国情的基础上，其没有广袤的土地和丰富的自然资源，为了获得较高的土地产出，日本依然沿袭着"精耕细作"的生产方式，并由此形成了切合日本本国实情的以农协为主体的农业合作经营发展模式。

1. 日本农产品供应链的组织结构形式

日本是以农协为主体的农业合作经营生产模式。早在 1850 年以前（19 世纪前半叶），日本部分地区为了改变其在农产品出口贸易中处于不利地位的格局，便自发形成了旨在统一农产品（特别是茶叶和丝绸等）生产标准，提升农产品质量的合作社，尽管这些合作社在当时只销售当地单一的农产品，但它们是日本农业合作协会的雏形。在第二次世界大战后，随着日本土地改革的实施及《农业协同组织法》的制定与颁布，由国家主导的全国性农业组织——"农协"成立。随着农协的不断发展，其功能和各项机制逐渐完善，目前已经成为保障日本农业健康发展、维护日本农民正当权益，集生产、流通、销售等诸多环节于一体的从国家到农村的纵向组织体系。

随着现代化进程的不断推进，日本的农户和农业劳动力数量不断减少，土地的流转进而导致土地集中现象愈加明显，诸多农户为了实现规模化生产，纷纷成立农业公司。与美国有所不同的是，尽管都是农户的"联盟"与合作，但是日本农协是分层级的，自上而下依次为全国性农协、地方农协（县联）和市町村农协。其中，市町村农协最基层，当然也是与农户接触最多的，不管是关于插秧卖粮等小事，还是有关农民生老病死之大事，均由其包揽。日本农协内部有各自的分工，并设置"营农指导机构"，聘任相关人员给予农户在品种、技术和信息等方面全面的生产指导，一般而言，其主要业务分为生产指导、组织流通、信用服务和互助共济四种。

伴随着城市化的推进，日本农村大量青年劳动力向城市转移，老年人逐渐成为日本农业的主要劳动力，由此在农协的帮助下竟无形的演变为"集约"经营的局面，通过日本农协的帮扶，农户（特别是以老年人为主的农户）也不断接受着先进的耕作方式、优良的品种和新型的农机具等，为提高农业的保障功能作出巨大贡献。

2. 农业经营一体化趋势

要提高农民收入，一是从生产环节降低其生产成本入手，二是从销售环节提高其农产品售价入手，日本农协正是从这两方面入手带动农民增收致富。首先，为了有效降低农民的生产成本，三级农协协作开展农业生产资料的订购服务。在由市町村农协或基层农协将农户农资订单进行上报后，由日本国家农协对相关农资供应商进行筛选，并设置专门机构对农资质量进行检验和查收，以大批量的采购降低农户的投入成本，保证农户获得"物美价廉"的农资物品。其次，日本农协建设农产品批发市场，并建立农产品冷藏室、加工厂、运输中心等，按照"集中—挑选—包装—冷藏"的程序组织当地农产品有序上市，切实解决单一农户力量薄弱、销售困难、无力抵抗市场风险等问题。

当然，除了以上手段外，日本农协还通过"竞拍"等方式挑选"信誉好""出价高"的批发商，并根据不同产品的类型、品质等属性，进行分级包装、标签，并组建全国运输联合会确保农产品的及时运输和统一销售或高价销售。可以说，在日本农协的帮助和指导下，日本不仅实现了农业的现代化和农产品生产与销售的一体化，更保障了农户在农业产业链条中（特别是作为供应链的顶端）的基础性地位，"轻劳作、高收入"等特征日益成为现代日本农业的真实写照。

日本农产品供应链的不断发展，使其逐步构建起"供—产—销"一条龙产业体系，更实现了农用物资供应、农产品生产和流通与销售一体化的产业链条。一般来说，日本的"食品关联产业"是指食品产业和农水产业两部分，其中食品产业主要包括食品工业与流通、餐饮业等，其产值占食品关联产业总产值的80%以上，从业人员和上市值分别占制造业的11%和

10%，故又被称为"一成产业"，这个比例与西方发达国家类似；而农水产业主要包括食用林产品等，其相比食品产业而言相对较小。从数量上看，日本农产品加工类农协的数量不断增加，约占全国农协总数的35%；年销售额或交易额在1亿日元以上的农协数量占到15%，甚至2001年日本食品工业在北美和亚洲所投资的农业企业数量超过总数的一半，销售额或交易额更是高达总销售额的85%。在日本农产品加工业快速发展的同时，农业的发展带动了当地社会经济的发展，不仅有效地带动了当地的就业，更打造出了具有当地特色和比较优势的区域品牌，"一县一品"和"一村一品"的特色农业发展道路影响甚大，如长野县的"信州黄酱"、秋田县的"田园火腿"等，这一农业发展道路更是后来为我国诸多学者与多地学习与借鉴。

从相关资料和相关学者的研究中不难发现，日本农协在推动日本现代化与城市化过程中发挥了巨大作用，尽管不同时期城市和农村居民收入有所差异，但总体来看，日本农村的发展并未滞后于城市，城市居民和农村居民的收入大致相当，并未出现过大差距，这与我国的现实情况是截然相反的。日本农产品供应链的不断发展与完善，使其农业增长率在20世纪80年代与美国一致，并成为"高效农业"国家的成员之一。

二、国内案例解析

（一）广东温氏集团带动农户增收致富的案例解析

1. 集团基本情况

创立于1983年的广东温氏食品集团有限公司，简称"温氏集团"，由七户农民集资8000元起步，现已发展成一家以畜禽养殖为主的现代大型畜牧企业集团，其多元化业务和170家分公司遍布全国23个省（区、市）。温氏集团现发展合作家庭农场5.28万户，拥有员工约4万人，其中，硕士290多人，博士40多人。2014年，温氏集团上市肉猪1218万头、肉鸡6.97亿只、肉鸭1699万只，销售收入达到380亿元。

温氏集团经过 1983 年至 1993 年的探索发展期，1994 年至 2004 年的扩张成熟期，2005 年至今的跨越发展期后，现已成长为农业产业化国家重点龙头企业、国家级创新型企业、中国 500 强企业、广东大型企业竞争力 50 强企业。集团拥有 7 个国家级畜禽品种，5 个省级农业类名牌产品，100 多项专利和计算机版权登记，"温氏"品牌成为中国畜牧业领域最具影响力品牌。

2. 温氏集团依靠经典的"公司+农户"产业化模式获得前期快速成长

温氏集团在中国农业产业领域取得的傲人成绩，除了集团内部形成较好的治理机制外，更与其在公司创办之初就不断探索并日趋成熟的"公司+农户"这一农产品供应链经典模式密不可分。温氏集团虽不是最早提出"公司+农户"这一产业化模式的企业，但绝对是国内对这一模式的理解和运用最为成功的企业之一。通过力推"公司+农户"模式，温氏将农户支配的土地、劳力与公司拥有的生产资金、养殖技术、管理经验、产品市场等各种要素实现有机结合和优化组合，在禽畜养殖业（养鸡、养鸭、养猪等）的生产和经营过程中，二者各负其责，互有分工。公司主要负责畜禽养殖的产前、产后事宜，包括畜禽饲料的生产和采购，兽药及种苗的研制和生产，各项技术的研发和推广，畜禽产品的检验和销售等工作；农户重点做好畜禽养殖的产中环节，将其全部人力和精力投入畜禽日常饲养的全过程中。[1]

"公司+农户"模式体现出的社会经济效应之所以能被温氏集团不断放大和扩散，一个重要原因在于，温氏集团与合作养殖户长期以来建立并形成了一种"一荣俱荣，一损俱损"的利益联结机制。这种紧密的利益联结机制的核心表现是采取"企业创龙头，农户争专业"的发展理念。温氏集团力争行业发展龙头，把发展目标定位为产权明晰、管理先进的现代畜牧企业；在温氏引导下，合作农户力争实现专业化生产，摒弃传统的分散养殖模式，紧跟温氏先进养殖和管理模式。通过契约关系构建、全员股权占

---

[1]　张乐柱、金剑峰、胡浩民：《"公司+家庭农场"的现代农业生产经营模式：基于温氏集团案例研究》，《学术研究》2012 年第 10 期。

有等合作形式，温氏很好地带动农户生产纳入现代农业产业链的链条中来，使公司与农户结成休戚相关的利益共生体，实现畜禽养殖产前、产中和产后各环节的全产业链一体化经营。[①]

概括来讲，温氏集团打造的"公司＋农户"紧密型利益联结机制，其有效运行主要依赖以下两点。一是在公司内部实现全员持股。温氏集团创办之初的农户合作形式，就显示了全员股份合作制的雏形。随着公司治理不断走向完善，新进员工也可以入股，持有的股票可以在集团内自由转让。这种全员持股的模式，对员工来说，既能通过自身劳动获得相应的报酬，又能借助股份持有获得企业经营收益，员工更加具有企业主人翁意识。对企业来说，通过员工持有股份的形式而实现资本的前期积累，很大程度上减轻了企业经营的资金成本以及融资压力。因而这种举措有效实现了员工个体利益与企业整体发展的完美结合。二是在公司外部带动农民共同创业。温氏集团借鉴工业企业生产管理的标准化流程，根据产业链流程各环节的技术特点与不同要求，在产业内部进行合理分工与工序合作，把公司与农户各自占有的资源与要素进行重新组合和优化配置，以此获得"1+1>2"的产业整体竞争力。尤其是诸如风险防范与分担等事关合作农户切身利益等问题的处理上，温氏集团充分体现了"先农户之忧而忧，为农户利益而急"的人文关怀精神，通过一系列严格的产品生产流程和质量管理来有效控制疫病风险。即使出现难以规避的意外风险，温氏集团也尽量在不影响农户利益的前提下，将风险通过市场渠道和企业转化等予以消解。这种企业与农户间稳固的利益协调机制的建立，保证了不确定性条件下农户对企业的忠诚与履约，反过来让企业经营风险得到较大程度地释放。农户在增收致富的同时，公司经营业绩也能够不断攀升。

3. 温氏集团通过升级的"公司＋家庭农场"供应链模式获得后期新生

进入 21 世纪尤其是 21 世纪的第二个十年以来，随着社会经济条件的不断变化，"公司＋农户"这一模式在实践中遇到了不少困难与挑战。首

---

① 程云：《温氏模式让养殖户分享产业链利润》，2008 年 8 月 28 日，见 http://www.ap88.com/info/detail.jsp?id=54146。

先，合作农户收入增长速度出现下降之势。受畜禽养殖行业整体形势及农户养殖中的资金、技术、设备等条件制约，合作农户的生产经营绩效难以持续提高。尽管多数合作农户的绝对收入在增加，但增加幅度却有限甚至出现下降。在市场经济条件下，从劳动择业规律和产业比较效益等方面考虑，合作农户有放弃原有合作甚至从事其他行业的可能，这必将影响"公司+农户"这一模式运行的基础。其次，畜禽养殖从业人员后续乏人。由于畜禽养殖的时间投入久，劳动强度大，工作环境差，加之养殖收益年度间、阶段性波动大，受过较多教育的农村青年劳动力大多不愿意从事畜禽养殖，使得畜禽养殖业从业人员素质徘徊不前。最后，畜禽养殖业的环境污染问题未能得到有效解决。随着畜禽养殖业的专业化、规模化和集中程度的日益提高，在种养分离不可改变的背景下，规模养殖带来的畜禽粪尿污染问题成为制约产业发展的重要瓶颈。一些地方居民联名要求养殖场所远离或搬迁的情况不断上演，一定程度上凸显了传统养殖模式的弊端及其转型发展的紧迫性。上述困难与挑战同样困扰着温氏集团，迫使集团不得不在新形势下谋求新的经营模式和创新发展之路。其中，实现合作主体由小规模经营的农户向较大规模家庭农场的转型升级，变"公司+农户"模式为"公司+家庭农场"模式，是温氏集团在新阶段变革农业经营体制机制，探索现代农业组织建设的又一创新之举。

为保证"公司+家庭农场"模式重续"公司+农户"模式的辉煌，重构公司与家庭农场主紧密而稳固的利益联结机制依然是关键之选。这里涉及一个简单的逻辑，即无论是普通农户还是家庭农场，其之所以选择与企业进行生产合作，一个重要的诱因就是其可以通过企业这个载体而更容易实现与大市场的有效对接，从而能够获得比自己单干更高的收益。如果没有收益水平的切实保障，一切合作都必将难以稳定而持续。为此，温氏集团于2010年10月推出了"养殖户效率效益倍增计划"，旨在强化并固化家庭农场主与公司的合作基础和利益关系。温氏集团"倍增计划"的主要措施有：一是通过提高喂养机械化水平来降低养殖环节的劳动强度，靠装备改良提高合作农户的劳动效率；二是通过扩建养殖场馆提高养殖规模，靠规模扩展增加合作农户的养殖效益；三是运用物联网技术提升养殖户的信息化水平，靠信息传输提升合作农户的应变能力；四是通过注册登记为家庭农场以升级传统家庭经营模式，靠组织创新确保合作农户的经营绩效。这些新举措为新时代背景下保证公司与农户间稳定的合作与双方的利益打下了牢固的根基。为确保"倍增计划"的各项措施的有效实施，温氏集团设立了合作农户倍增计划专项基金来予以推动。公司每年拿出资金无偿支持合作农户进行自身改造和生产投入，使得合作农户的收益水平在近年来得到了大幅提升。

（二）山东寿光蔬菜基地带动农户增收致富的案例分析

1. 基本情况介绍

"中国蔬菜之乡"寿光，是我国最大的蔬菜生产基地与批发市场。寿光蔬菜发展历程，大致可划分为三个阶段，即 1989 年以前的大田菜"粗放式"生产阶段、1989—1995 年大棚盆栽"冬暖式"大发展阶段和 1995 年之后的"由量到质"的提升阶段；其中第三阶段是寿光蔬菜产业积极适应市场、推动产业结构优化和升级的关键时期，并掀起了发展无公害蔬菜和绿色蔬菜为核心内容的蔬菜产业的"二次革命"，建成文家、洛城和蔬菜高科技示范园等五大无公害蔬菜基地，100 多个品种通过绿色认证并获得证书。

2. 寿光蔬菜产业链条的发展

随着山东寿光蔬菜基地的不断发展与壮大，其蔬菜以由简单的生产扩展到蔬菜生菜的规划布局、加工、储存、流通和销售各个环节，已实现整个蔬菜产业链条的全覆盖。

（1）拓展蔬菜销售渠道，实现流通与销售的便捷化。1983 年，由于 5000 万公斤大白菜的滞销，为解决蔬菜"销售难、流通成本高"等诸多问题，1984 年当地政府于九巷村建设寿光蔬菜批发市场，随后于 8 个乡镇设置了蔬菜、瓜果、畜禽等 10 多个农产品品种的专业批发市场，并逐步形成了囊括市区蔬菜市场、乡镇专业批发市场和镇村集贸市场的多层蔬菜市场体系。与此同时，为进一步拓展蔬菜流通渠道，寿光市还组建了山东寿光蔬菜产业集团、蔬菜电子拍卖中心、蔬菜配送中心等，并配套建设大型农资市场，以保证化肥、种子、农药、农膜的及时、按质供应。此外，当地政府还出台相应政策鼓励产业资本参与蔬菜流通领域，这在很大程度上推动了蔬菜销售服务组织的建立并带动了就业，大大提高了农民进入市场的组织化程度。可以说，这些做法均为寿光成为我国蔬菜集散中心、价格形成中心和信息交流中心奠定了坚实的基础，更为其产品远销我国其他地区乃至其他国家铺平了道路。

（2）加快土地流转进程，推动蔬菜多样化生产经营。现代农业是"集约化"的农业。山东作为我国人口大省，其人均耕地面积较少，而寿光市的人均耕地面积也不过为1.5亩。土地的分散经营，也必然导致规模不经济及生产成本的"居高不下"，为了改善及避免这种状况，寿光在依托当地龙头企业、农业部门和相关专业技术人才等创建农业园区，通过"招标承包""反租倒包"和"拍卖"等形式，鼓励与支持农民以土地、资金、技术等生产要素入股，这不仅为资本流入蔬菜生产环节和经营大户提供了诸多可能，推动蔬菜的集约经营，更为农民专业合作社的创建创造了诸多有利条件。

随着寿光蔬菜产业的不断发展，其原有的生产经营模式已难以适应发展的需要，迫使其经营模式从简单的"公司+农户"的松散模式转化为"公司+基地+农户"的农场化模式，"农业农场化""农民职业化""生产基地化"和"产品标准化"已是其成为现代农场的真实写照。在将土地出让后，农民不仅可以收取较为稳定的地租，还可以进入农场打工，这样可以使当地村民的人均收入增加5000元左右，增收效果十分明显。

（3）培育特色品牌，提升农产品附加值。与日本农业实现"完美的"现代化转变的诸多做法一样，寿光蔬菜由原来的量高向质优转变过程中，更加重视农产品品牌的效应，以增强企业竞争力并获得高附加值。当然，尽管在2000年以前寿光就早已具有名声响亮的农产品品牌，但毕竟数量过少，且并未真正发挥其区域比较优势和品牌效应。之后随着寿光各蔬菜生产地区的竞争，他们也意识到"自相残杀"所带来的坏处，并认识到"品牌"能够带来的价值与好处。在当地企业和政府相关部门的带动和引导下，寿光蔬菜品牌体系的构建已卓有成效，并逐步形成融合"技术标准、质量认证和商标管理"等诸多方面的品牌发展路径。

2010 年，寿光已有诸多国家名牌农产品（如"乐义"牌黄瓜等）、国家地理标志产品（如"桂河"芹菜等）等名优农产品，并涌现出一大批以洛城彩椒、桂河芹菜、文家韭菜和古城番茄等诸多名优产品为代表的蔬菜生产专业镇或村（如"中国韭菜第一乡"和"豆瓣生产专业村"等），蔬菜专业村的数量高达 587 个，约占全市村（庄）数量的六成，"一村一品，一镇一业"的蔬菜生产格局逐渐形成。

（4）完善农技推广体系，加强农民培训，促进先进科学技术的推广与应用。农地利用方式由"粗放型"转为"集约型"后，农产品产量提高将会面临发展的"瓶颈"，现代先进的农业科学技术为提高农产品单产及附加值提供了诸多可能。寿光市在构建较为完善的农技推广体系后，还构建了较为完善的市、镇（街道）和村三级的培训网络体系，农村基层干部与95%以上的农民均掌握了两门及以上新技术，具有农业"绿色证书"和"农民技术员"资格的农民均高达数万人，更有少数农民成为"农民科技专家"，致力于向全国农民传授农业知识。

2009 年，寿光已拥有省级以上农业示范基地 5 个，示范区 500 多个，先后引进国内外 200 多项先进技术和 1000 多个新品种，实现无土栽培和立体栽培新模式 30 余个，全市先进农业技术应用率及良种覆盖率分别高达95%和98%，科技进步贡献率高达 67%。此外，寿光还充分利用国际蔬菜科技博览会的契机，开拓国际市场，并吸引诸多外国公司及科研机构纷纷到寿光建立基地（如荷兰的瑞克斯旺种子公司等），这不仅推进当地蔬菜品种的改良与换代，更推动了寿光蔬菜种植方式（如工厂化育苗等）和种植理念的更新与升级，奠定了跨越式发展的基础。

3. 寿光市农民收入变动状况

自改革开放以来，寿光市农民在当地蔬菜产业快速发展的带动下，人均纯收入实现巨大飞跃，由 1980 年的 135 元增至 2013 年的 14408 元，30 多年间保持年均 10%以上的增长率，农民生活更是从"维持生计"的状况到实现了"小康水平"（见图 8.1）。2013 年寿光市农民人均纯收入达 14408 元，较 2012 年的 12805 元增加了 1603 元，涨幅约为 12.52%；与全国相比，其远远超过全国人均水平（8896 元）的 61.96%，蔬菜产业对寿光农民收入的带动作用不言而喻。但随着农民收入的不断增加，由于农产品出口受阻等原因的限制，寿光农民收入增长逐渐趋缓，再加上缺乏财产性收入、工资性收入较不稳定及我国固有的城乡二元结构等原因，其农民收入增长速度逐渐落后于 GDP，并远远落后于城镇居民收入，城乡居民收入差距呈加大之势，2013 年达到 4∶1。

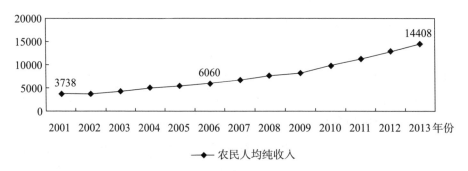

图 8.1　寿光市农民人均纯收入变动情况（2001—2013 年）

资料来源：寿光历年统计年鉴。

三、国内外经验借鉴与启示

（一）优化农业产业化组织，促进小农户与大市场的有效对接

从发达国家农业现代化进程及我国农产品优势区域发展路径来看，合作社、龙头企业等产业化经营组织在我国现代农业发展进程中是不可缺少的一部分，更是实现我国农业产业结构战略性调整、提高农产品市场竞争力的重要切入点。不管发达国家是资源条件优良的美国，还是资源条件不佳的日本，不管合作社和农协存在哪些差异，他们共同的特征就是将千万

农户联系在一起，带领农户统一进入市场，进而实现"小农户"与"大市场"的有效衔接以及"单一经营"向"合作经营"的转变。

对于地处连片特困地区的广西、陕西、云南等省份来说，尽管当地的农民专业合作社和龙头企业可能处于初步发展阶段，但从目前对当地农户的调查结果中就已经显示出其对增收的巨大带动潜力。农业产业化组织与农户的合作与连接，既可以与农户合作进入市场，提升改变农户力量薄弱的现状，提高其抵御市场风险的能力，更能实现农户生产成本的减少，保证农产品的质量安全，使农民共享产业链条利益，真正实现收入的增加与农户的脱贫。

（二）整合农产品供应链节点，实现农业生产经营的一体化

农产品供应链主要囊括加工企业、批发市场、零售企业和物流中心等众多环节。要实现农产品农业经营的一体化，必须进行整合与分工，使各产业链条环节有效衔接与合作，构建起完善的农产品供应链及产业体系。

从美国农业现代化的"华丽转身"中不难发现，尽管美国的农民专业合作社数量很多，但是农业内部各行业的分工和专业化程度是极高的，这从前面的相关数据中可以得到佐证。各类合作社之间的衔接与分工，使得美国的农业产业体系内部链条大大延伸，不仅实现了农业整体经营的一体化，而且有效地推动了就业、农民收入的增加及社会经济的发展。由此发现，农产品供应链的不断发展及农业产业体系的不断完善，能够有效促进农民就业并实现收入的增加。

（三）营造良好的政策环境，推动农业产业链的健康有序发展

农业具有较强的正向外部性，但同时在国民经济中又处于劣势地位，需要政府给予一定的支持与庇护。首先，从法律制度上给予保障。不管是美国还是日本，都十分注重农业相关法律法规建设，如美国的《农业调整法》（1933 年）、《联邦农业改进和改革法》（1996 年）和《农场安全及农村投资法》（2002 年），日本的《农业基本法》（1961 年）等，这些法律为

保证农业的基础性地位和农民增收发挥了不可替代的作用。相比之下，我国相关法律的包容性和执行力却不容乐观。

其次，要积极构建和完善农业信息网络平台及物流体系。农产品作为一种商品，其交易具有一定的时效性，再加上诸多鲜活农产品具有保质期短、不宜存放等不利条件，及时运送显得尤为重要。与美国相比，我国农村地区交通网络不合理、农产品信息平台缺失、物流通道受阻等情况较为严重，这在很大程度上阻碍了我国农业的发展与农民增收的实现。

此外，食品安全事件频频发生，在我国食品安全问题依然较为严峻的现实情况下，亟须我国对农产品质量标准体系及生产工艺予以完善。美国的"新奇士"品牌橘子之所以能够畅销世界各地，在于它们对生产过程的统一化要求及标准化管理，这不仅保障了产品的质量安全，更使其在市场赢得了良好的信誉，在市场上立于不败之地。目前，我国急需配套与完善包括种子、生产操作规程、检验检测等诸多方面在内的标准体系，有效解决因信息不对称而产生的市场失灵问题，改善我国农产品供应链发展环境，保障我国农产品质量安全。

第九章　连片特困地区农户稳定融入农产品供应链发展的实现机制

一、连片特困地区农户稳定融入农产品供应链发展的战略构想

（一）战略目标

1. 提升现代农业经营水平

农产品供应链的有效运行，依赖于农业主导产业的支撑与推动。而农业主导产业的培育与发展，往往伴随现代农业建设进程的不断提速。现代农业生产和经营所表现出来的农业标准化、专业化、组织化、规模化等特征，将随着农业主导产业的深入发展而不断强化，由此将会大大促进现代农业经营水平的进一步提升。

2. 实现农户减贫增收致富

理论与实践已经证明，农产品供应链具有明显的农户减贫增收效应。农户通过与农业龙头企业、农民专业合作社等供应链主体实现稳定合作，在不断增加其经营规模和绩效的同时，将有助于其凭借农产品供应链的优势，提高其与大市场对话和议价的能力，从而在农业市场化进程中实现贫困的缓解乃至收益的增加。

3. 促进农村贫困地区发展

连片特困地区农户通过稳定融入农产品供应链，实现了自身贫困的缓解和收益的增加，进一步带动相关农业产业的持续发展，保证供应链其他

主体的利益份额。微观经济主体实力的不断增强，反过来通过投资、消费等促进宏观区域基础设施的完善和经济社会的发展，进而加快推动农村贫困地区落后面貌的根本改观。

（二）战略思路

在明确战略目标的基础上，本书从模式选择、实现路径和推进机制三个方面，来阐明农户稳定融入农产品供应链发展的实现机制，具体如图9.1所示。

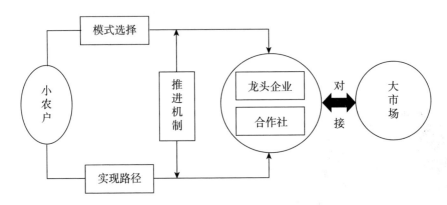

图9.1　农户稳定融入农产品供应链的实现机制图示

模式是渠道，即小农户这叶方舟通过什么渠道登上大市场这艘舰船；路径是航向，即登上大市场舰船的小农户方舟，如何在市场经济潮流中破浪前进；机制是保障，即确保小农户坐稳大舰船的尚方宝剑是什么。

二、连片特困地区农户稳定融入农产品
供应链发展的模式选择

根据现有文献和调研所见，连片特困地区农户融入农产品供应链实现稳定脱贫和发展的渠道多样，模式多种。概括来讲，可大致分为常规模式和新型模式两大类。

（一）常规运行模式

主要包括"公司+农户"模式、"合作社+农户"模式、"公司+合作社+农户"模式。

1. "龙头企业+农户"模式

理论与实践均已证明，龙头企业在带动小农户融入农产品供应链从而实现与大市场有效对接过程中起着举足轻重的作用。"龙头企业+农户"模式通过商品契约形式实现龙头企业与农户之间的有效连接（周立群、曹利群，2002），[①] 是提升中国农民组织化程度、推进中国农业产业化进程的首选之举。龙头企业通过与农户采取有效的合作形式，把众多分散的小农户适度集中，在生产和经营过程中，企业主要负责原料供应、技术指导、产后加工、市场销售等一家一户的小农户难以取得规模效益的产业链环节，农户摆脱诸多管理决策、市场开拓等并不擅长的事项干扰，充分发挥中国农民"吃苦耐劳、勤劳致富"的优良传统和实干精神，专心投入日常生产和田间劳作中，双方各司其职，互有分工。这种组织形式在维护农户生产的同时，既保证了农户生产经营的收益和企业生产原料的稳定供应，又适应市场网络和农副产品加工销售的规模性要求，给双方带来了利益（黄志坚等，2006）。[②]

根据李克、周静（2011）的研究，龙头企业与农户间的合作通常可分为买断式、合同式、合作式、企业化、股份制或股份合作制等五种形式，[③]具体如表9.1所示。也有学者根据龙头企业与农户的利益分配方式，将其总结为市场联结方式、合同契约方式、合作型联结方式和租赁型联结方式等四种形式（郝朝晖，2004）。[④] 不同的利益分配方式、不同的合作形式，

---

① 周立群、曹利群：《商品契约优于要素契约——以农业产业化经营中的契约选择为例》，《经济研究》2002年第1期。

② 黄志坚、吴健辉、贾仁安：《公司与农户契约行为的演化博弈稳定性分析》，《农村经济》2006年第9期。

③ 李克、周静：《农业产业化龙头企业带动农户形式比较》，《中国市场》2011年第22期。

④ 郝朝晖：《农业产业化龙头企业与农户的利益机制问题探析》，《农村经济》2004年第7期。

龙头企业与农户间的利益联结关系、龙头企业对农户的带动能力各不相同，但都在一定时期、一定区域内为推动农业产业化经营发挥了各自的作用。总体而言，以企业化、股份制形式来实现龙头企业与农户间的紧密联结和有效合作是"龙头企业+农户"这一模式的主要发展方向。

表 9.1　龙头企业与农户联结方式及其比较

联结方式	利益联结程度	联结纽带	风险承担主体	带动能力
买断式	松散	市场	企业、农户	很弱
合同式	半紧密	契约	企业	较弱
合作式	半紧密	契约	联合体	较强
企业化	紧密	产权	联合体	较强
股份制或股份合作制	紧密	产权	联合体	很强

资料来源：李克、周静：《农业产业化龙头企业带动农户形式比较》，《中国市场》2011年第22期。

2. "农民专业合作社+农户"模式

作为农民在自愿、互利、平等、互惠基础上自发成立的经济合作组织，农民专业合作社在实现农产品生产、加工和销售有机结合的同时，保持了农业家庭经营的独立性（陈晖涛，2009）。[1] 被认为是当前农业产业化经营的理想模式之一。"合作社+农户"模式不仅降低了供应链主体从事市场交易的成本费用，而且把供应链合作带来的经济利润留在农业产业内部，大大增强了农业自身的物质积累（黄祖辉、梁巧，2009）。[2] 农户依托"合作社+农户"模式，既有助于获得农产品生产和市场开发所需要的信贷、技术、原料和信息等先进要素，又能够有效克服农产品"卖难"问题（蔡荣、韩洪云，2011）。[3] 截至2013年年底，我国农民专业合作社数量达

---

[1]　陈晖涛：《"合作社+农户"：当前农业产业化经营的理想模式》，《理论观察》2009年第3期。

[2]　黄祖辉、梁巧：《梨果供应链中不同组织的效率及其对农户的影响——基于浙江省的实证调研数据》，《西北农林科技大学学报》（社会科学版）2009年第1期。

[3]　蔡荣、韩洪云：《农户参与合作社的行为决策及其影响因素分析——以山东省苹果种植户为例》，《中国农村观察》2012年第5期。

到 98 万家，入社农户 7400 万户，约占中国总农户的 1/4。

"合作社+农户"农产品供应链运行模式，按不同的分类标准有不同的表现形式。最为常见的是农户与合作社的产销合作，即农民在一定范围内（通常是一个专业村或乡镇范围）自发、自愿组织成立专业合作社，比如小麦、水稻等粮食专业合作社，马铃薯、西兰花等蔬菜专业合作社，肉鸡、生猪等畜禽养殖合作社等。按照合作社成立的牵头人或单位来划分，大致有六种不同模式，即社区集体组织型、农产品加工营销企业型、政府主导型、农村专业大户型、供销社型和说不清楚型等（吴晨，2013）。[①]这里面，以农产品加工营销企业型的合作社运行效率最高，其次为供销社型的合作社，而效率最低的为说不清楚的合作社。因而，为切实提高合作社的农户带动作用和增收效应，政府应优先支持主体关系明确的合作社成长，特别在财政、金融、土地流转等方面重点扶持农产品加工营销型合作社发展。此外，近年来农民专业合作社的发展还出现了一些新的类型，例如土地股份合作社、资金互助合作社、社会化服务合作社等。

3. "龙头企业+合作社+农户"模式

面对千家万户的分散农户，龙头企业如果与之单独谈判并签订订单，通常会面临签约成本高、生产难监督、订单难履行等困难与风险。如果企业与农民专业合作社签订订单，不仅能节约签约成本，而且还能利用合作社内部成员之间的互相监督和自我约束，来保证产品的质量和订单的履行（郭红东、蒋文华，2007）。[②]由此，"龙头企业+合作社+农户"这一农产品供应链运行模式应运而生。这一模式的最大特点是把龙头企业与农民专业合作社的各自特长进行了充分整合并放大实施。农民专业合作社的最大特点是本土根植性强，同农户之间的利益联结关系更为紧密，加之合作社"民办、民管、民受益"的本质属性，使得其对本地农民具有更大的亲和

---

① 吴晨：《不同模式的农民合作社效率比较分析——基于 2012 年粤皖两省 440 个样本农户的调查》，《农业经济问题》2013 年第 3 期。

② 郭红东、蒋文华：《"行业协会+公司+合作社+专业农户"订单模式的实践与启示》，《中国农村经济》2007 年第 4 期。

力和带动力；与农民专业合作社相比，农业龙头企业也有其自身的固有优势，比如其规模往往更大，涉及的农业产业链条往往更长，且覆盖的产业层次多半更高，更容易实现同消费终端尤其是大中城市中高端消费需求的产销对接。"龙头企业+合作社+农户"这一模式汲龙头企业和合作社的双方精髓于一体，近年来无论是在发达地区，还是欠发达地区，均显示出良好的发展苗头和旺盛的生命力。

（二）新型运行模式

近几年常见的农产品供应链运行新型模式主要有"龙头企业（合作社）+家庭农场"模式、"超市（高校）+农户"模式等。

1. "龙头企业（合作社）+家庭农场"模式

以农户家庭为基本经营单位的中国农业经营制度，既因为其灵活、机动而带来了中国农业发展的巨大活力，也因为其规模狭小、生产分散而给中国农业发展造成了一定程度的效率损失。因此，把一部分具备条件的传统农户升级改造成为专业大户、家庭农场等新型农业经营主体，成为现代农业建设与发展的当务之急。相比较一般农户，家庭农场无论在经营规模、资金实力、技术能力，还是在劳动素质、管理水平等方面，都具有明显的优势，而这些传统资源和现代要素及对这些资源和要素的组织与整合正是现代农业发展的必要前提。

受政府政策和现实需求等因素刺激，近几年家庭农场如雨后春笋般在全国各地生根发芽、迅速成长。鉴于家庭农场在经营规模、劳动素质等方面的先天优势，在农产品供应链运行中，无论是龙头企业还是农民专业合作社，都倾向于优先与其进行生产和经营等环节的合作，使得"龙头企业（合作社）+家庭农场"供应链运行模式得到了快速推广和迅猛发展，成为当前农产品供应链创新发展的新兴方向和主导力量。

2. "超市（高校）+农户"模式

"超市（高校）+农户"模式在实践中最常见的是"农超对接"。长期以来，产销不通畅、供需不对接既制约着农民收入水平的增加，又阻碍着居民消费水平的提高。为从根本上解决农产品产销困境问题，商务部、农业部等部门在 2008 年年底联合发文《关于开展农超对接试点工作的通知》，标志着"农超对接"模式在我国正式启动。① 该模式是指农户绕开中间商等供应链环节，与商家直接签订意向性合作协议书，由农户向大中型超市、农贸市场和便利店直供新鲜上市的农产品。其本质是将新型农产品流通方式引入广大农村市场，通过千家万户的小生产与千变万化的大市场之间的有机衔接和有效对接，构建市场经济条件下的农产品产供销一体化链条和一条龙服务，促进农户、商家和消费者三方共赢。

为了进一步扩大农超对接模式的成功效应，除了向超市这一农产品流通主体直供农产品外，近年来，政府部门也有意识地引导高校、企业、社区组织、政府机关等采用这一直供模式，以此推动农业产业的快速发展。尽管这一模式在实践中发展势头较好，但由于存在组织效率低下等问题而不得不进行组织创新与变革。一些研究提出这一模式应该引入农民专业合作社，以此来提高组织运行的规模与效率。赵佳佳等（2014）指出，通过提升"农超对接"参与主体的合作能力与合作意向，将有效提高这一模式的组织效率。特别是超市作为整个供应链的核心节点，在日常发展中应注重维护与合作社和农户等供应链主体间的伙伴关系，通过建立合作伙伴间的信任机制，来提高合作能力以及"农超对接"模式的组织效率。②

三、连片特困地区农户稳定融入农产品
供应链发展的实现路径

（一）路径选择

1. 龙头企业带动融入，是实现农户稳定融入农产品供应链的优选之策

尽管实践中，小农户由于自身素质、契约意识和短视行为等时常发生

① 商务部、农业部：《商务部农业部关于开展农超对接试点工作的通知》，2008 年 12 月 20 日。

② 赵佳佳、刘天军、田祥宇：《合作意向、能力、程度与"农超对接"组织效率——以"农户+合作社+超市"为例》，《农业技术经济》2014 年第 7 期。

不守信之举而损害供应链双方合作的基础，但在农业市场化和现代化进程中，农业龙头企业尤其是国家级重点农业龙头企业在维护这一农产品供应链模式有序运行中发挥着更为重要的主导作用。龙头企业在不断加强自身建设的同时，要充分发挥其应有的企业社会责任和诚信经营理念，本着"风险共担、利益共享、互惠共生"的原则，与农户结成利益共同体，从组织形式和实际效果上真正带动农户通过稳定融入农产品供应链来实现增收致富。

尽管集中连片特困地区分布集中的西部地区，拥有农业产业化国家重点龙头企业的比重不足四分之一（熊友云等，2009），[①]并且这些地区国家级龙头企业的竞争力不足，竞争力排名在全国后十位的除海南外，其余全是西部省份（王爱群、郭庆海，2008），[②]但实践中连片特困地区也不乏靠农业龙头企业的大力带动从而实现农户减贫增收的成功案例。2013 年 9月，在课题组赴广西河池和崇左等石漠化集中连片特困地区的实地调研中，近距离观察了农业龙头企业在带动地方经济发展中的重要作用和突出贡献。其中，最典型的例子是崇左市龙州县甘蔗产业发展中糖业龙头企业对广大农户的带动。

龙州县位于广西西南部，是一个历史悠久的边关县城，西北与越南接壤，总面积 2317.8 平方公里，总人口 27 万人，辖 12 个乡镇、123 个村（居）委会，有壮、汉、瑶、苗、回、侗等民族，壮族人口占总人口的95%。水稻、玉米、甘蔗、花生、木薯、香蕉、八角等是龙州县农业的主导。经过多年培育和开发，龙州县现已成为国家重点扶持的蔗糖优势区域县之一，蔗糖产业已成为该县的支柱产业，发展蔗糖业是该地区农民脱贫致富奔小康、增加县财政收入的主要手段，全县甘蔗种植面积达 50 万亩。课题组调研的岭南村和上龙村的农业生产几乎完全依赖甘蔗种植，课题组

---

① 熊友云、张明军、刘园园等：《中国农业产业化龙头企业空间分布特征——以国家级重点龙头企业为例》，《地理科学进展》2009 年第 6 期。

② 王爱群、郭庆海：《中国各地区农业产业化龙头企业竞争力比较分析》，《中国农村经济》2008 年第 4 期。

成员所到之处，整齐划一、一望无际的甘蔗田尽收眼底，分别作为原料蔗糖的甘蔗和直接销售食用的黑皮甘蔗集中连片，长势喜人。

　　甘蔗产业之所以能够成为龙州县支柱产业，主要在于当地政府多年来对甘蔗产业的大力扶持与升级改造。主要表现在当地政府对以甘蔗为原料从事蔗糖生产与加工的农业龙头企业进行重点扶持，并全力培植"龙头企业+农户"这一农产品供应链运行模式。为推动甘蔗的产业化经营规模，该县通过引导农户"互换并地、跨屯并地、联户经营"等实现甘蔗田的集中连片，并地后的蔗田交由龙头企业经营管理，企业投入用地租金和生产资料，农户通过土地租赁或入股获得租金收入。为推动传统甘蔗向双高（产量高、含糖量高）甘蔗转型升级，全县有 4 家糖料加工龙头企业以水田每亩 2.5 吨、旱地每亩 2 吨折算费用，从农民手中租赁农田从事甘蔗种植。另有制糖企业对实施"双高"的农户，给予每亩补贴 3 包化肥、100 元农药、1.5 公斤地膜和 600 元水利化项目建设资金的补助。

　　作为该县重点扶持的农业产业化龙头企业——龙州南华糖业公司，近年来探索出的通过小额信贷模式带动农户融入农产品供应链实现减贫增收的做法值得推广和借鉴。龙州南华糖业有限责任公司是一家大型民营企业，公司所在产区有 4.2 万户农民，其中接近 2.5 万户属于贫困农户，多数贫困户只种植产量低且被淘汰的甘蔗品种。贫困农户甘蔗生产的最大困难是更新品种的生产资金缺乏。面对这种情况，南华糖业公司在龙州县扶贫办和县农行的支持下，通过小额信贷模式为贫困农户甘蔗生产解决燃眉之急。南华糖业公司先后投放小额信用贷款几千万元，帮助 2 万户贫困农户改种"双高"甘蔗优良品种，在极大增加贫困农户收益水平的同时，使得南华公司的生产成本也得以大幅度降低，从而明显提高了南华公司产品的市场竞争力。[1] 南华糖业公司借助"龙头企业+农户"这一供应链模式开展信贷扶贫到户扶持蔗农生产，有利于推动"龙头企业+农户"这对联合体共担风险、齐闯市场，为贫困农户的减贫增收和龙头企业的节本增效摸

---

[1] 广西扶贫办:《小额信贷惠蔗农——龙州南华糖业有限责任公司扶贫开发纪实》，2009 年 1 月 19 日。

索出一种可资借鉴的农业产业化经营新模式，真正实现了龙头企业与合作农户的互利共赢。

2. 合作社拉动融入，是实现农户稳定融入农产品供应链的不二选择

农民专业合作社对入社农户的增收带动作用已经得到理论界的一致认可。如孙艳华等（2007）的研究表明，与独立养殖相比，加入合作社的农户能获得更多的养殖收入；[①] 蔡荣（2011）基于苹果种植户的研究指出，同市场交易模式相比，加入合作社将使农户市场交易费用明显降低，纯收入水平大幅增加；[②] 张晋华等（2012）分析认为，加入合作社对农户的纯收入有显著的正向作用，这种正向效应不仅体现在纯农户的农业收入上，而且体现在兼业农户的农业收入和工资性收入上。[③] 帕蒂逊（Pattison，2000）指出，作为农业产业链中极为重要的组织和制度安排，农业合作社主宰全世界大约 1/3 的农产品生产和供应。[④]

当前，合作社对农户增收的带动作用不明显，以及农户根深蒂固的"恋土"情怀（由此使得合作社流转农户土地变得非常困难，合作社自身发展受到很大限制），使得农民专业合作社拉动农户融入农产品供应链变得困难重重。加之在实践中合作社生产服务难以满足农户真正需求，一些合作社缺乏风险防范意识等，进一步制约了农户加入合作社的积极性和主动性。针对这些问题，除了合作社自身要加强内部治理外，制定有效措施和激励手段来吸引更多农户加入合作社，方能保证农民专业合作社的长久生存和持续发展。

这里重点介绍课题组于 2014 年 7 月在陕西安康市调研期间对当地农民专业合作社带动农户从事现代农业生产的案例。据统计数据显示，截至

---

① 孙艳华、周力、应瑞瑶:《农民专业合作社增收绩效研究——基于江苏省养鸡农户调查数据的分析》,《南京农业大学学报》(社会科学版) 2007 年第 2 期。

② 蔡荣:《"合作社+农户"模式:交易费用节约与农户增收效应——基于山东省苹果种植农户问卷调查的实证分析》,《中国农村经济》2011 年第 1 期。

③ 张晋华、冯开文、黄英伟:《农民专业合作社对农户增收绩效的实证研究》,《中国农村经济》2012 年第 9 期。

④ Pattison D., *Agricultural Cooperatives in Selected Transitional Countries*, International Cooperative Agricultural Organization Discussion Paper, 2000.

2014 年年底，安康市共培育农民专业合作社 1117 家，直接入社农户达 8.8 万户，带动农户达 18.9 万户，先后培育国家级示范社 15 家，省级示范社 41 家，市级示范社 64 家。开展农超对接、产品营销的农民专业合作社 60 余家，建立直销点的合作社 50 余家，年成交额达 3 亿元。课题组调研地安康市旬阳县，2015 年共有 3 家合作社被评定为国家级农民合作社示范社，这里重点介绍旬阳县仕翔生态农业专业合作社。龙翔洲出生于旬阳县甘溪镇，1996 年从陕西卫校毕业后，先后在西安、宝鸡等地创业发展。2007 年注册成立了一家商贸有限公司，公司员工达到百余人，年净收入达 200 万元。积攒了创业发展的第一桶金后，乡土出身的龙翔洲经过深思熟虑，决定继续扎根家乡，把发展现代农业作为二次创业的起点，带领群众发家致富。2010 年 3 月，旬阳县仕翔生态农业专业合作社挂牌成立，注册资金 500 万元，吸纳社员 60 户。农户把自家承包地全部流转给合作社，自己作为合作社社员在养殖场就业，专门从事生猪养殖日常饲养和管理工作。作为农村致富能手，社员对合作社理事长充分信任，把生态种养业发展当成自己的主业全身心投入，这种合作社与社员间稳定的合作关系，使得双方的权利和收益都得到了相应的保障。经过几年发展，仕翔生态农业专业合作社带动周边 300 余农户从事蔬菜产业种植和加工，解决了 400 余人的就业问题。

为了扩大合作社对周边农户的示范带动作用，依托仕翔生态农业专业合作社的仕翔现代农业园区顺势成立。仕翔现代农业园区以生态种养业为功能定位，海拔 300 米以上的中高山作为生态养殖区，周边 500 亩中山丘陵开发为特色林果业，场下 1500 亩基本农田是粮食生产基地，已平整好的 200 亩土地用于设施蔬菜生产，养殖粪便通过沼气处理后可以被林果、农作物和蔬菜消化利用，形成完整的"猪—沼—菜（粮、果）"循环农业生态系统。园区建成两年来，累计投入 911 万元，建成 10 栋 3000 余平方米标准化生猪养殖圈舍，调入 300 头法系纯种种猪，200 头二元母猪，力争通过自繁自育实现年出栏万头生猪的生产目标；在圈舍一侧已建成两个 50 立方米的中型沼气设施，6000 立方米的大型沼气项目正在筹建，项目建成后生猪粪便零排放，沼气发电量园区自供有余；园区的有机肥生产项目县发改局已评审立项，项目完工后年生产有机肥能力 10000 吨。以合作社为基础，园区计划 3 年内解决 87 位合作社社员的就业问题，5 年后年销售收入力争达到 3800 万元，辐射带动周边镇村农民投身农业产业建设，引领大家共同富裕。

3. 政府推动融入，是实现农户稳定融入农产品供应链的尚方宝剑

市场经济条件下，农业龙头企业、农民专业合作社、农产品行业协会及中介组织等农产品供应链主体，按照市场机制进行独立的生产和经营决策，已被证明是行之有效的行为选择。但在保障农产品供应链的有序运行和稳定发展方面，政府的角色和地位同样不可或缺。在农产品供应链运行和管理中，政府最为重要的职责，就是要提供相应的制度安排和政策法规等外部环境条件，以此保证市场交易主体的行为规范和合法权益。在农产品供应链运行中，没有各级政府的介入和推动，农产品供应链的主体关系将难以理顺，并不可避免地陷入各种机会主义行为、搭便车等集体行动的悖论当中。为此，政府需重点采取以下政策措施以保障农产品供应链的有序运行：一是加强供应链主体市场交易的规范性，通过有效监督契约执行等市场交易行为，切实保障契约双方的履约水平；二是强化交易主体的信用约束，通过信息平台及时发布交易各方的经营状况、诚信记录等，督促交易主体诚信守法；三是健全农业产业化经营所需的土地流转机制，利用承包地确权登记颁证的契机，切实提高本区域土地、资金、人才等现代农业生产要素的科学配置。

有了政府的引导与扶持，农产品供应链的运行必然更加顺畅，农户在融入农产品供应链后的收益会有更大保障。在这里，重点介绍并探讨课题组在 2015 年 7 月对全国农业产业化经营的发源地——山东省诸城市在培育农业产业链中的具体做法和先进经验的调查发现。位于山东省中东部的诸城市，国土面积 2183 平方公里，2013 年人口数量 109.1 万人，城镇化率 56.5%，农民人均纯收入 14408 元，高出全国平均水平 61.97%，在第十三届全国县域经济与县域基本竞争力百强县市排名中，排名第 32 位。在培植农产品供应链发育、推进现代农业产业化经营方面，诸城市积累了非常丰

富的经验，政府在其中扮演了助推器和催化剂的角色。一是注重发挥农业龙头企业在供应链培植中的核心作用。以建设全国首批农产品产业化示范基地为抓手，借助实施省级"五十百千万工程"这一载体，着力扶持农业龙头企业建设与发展。目前，全市规模以上农业龙头企业发展到 280 家，潍坊市级以上农业龙头企业 107 家。二是加快培育农民专业合作社和家庭农场等新型经营主体。重在推进各类农民专业合作社的提质增效，同时积极引导并扶持家庭农场发展，不断提高农业生产的组织化程度。目前，全市依法登记农民专业合作社 1478 家，带动入社农户达到 40.7%，认定家庭农场 512 家。三是有序推进土地流转为新型主体规模经营奠定基础。利用承包地确权登记颁证契机，建立并完善县市、镇街、社区三级土地流转网络，推进承包地经营权向种田大户、家庭农场、合作社和龙头企业流转。目前，全市承包地流转率累计达到四分之一。四是积极探索产业化经营新模式为现代农业发展注入新活力。鼓励龙头企业与社区合作建设农业产业新项目，形成并推广"龙头企业+合作社+农户""龙头企业+家庭农场+社区"等新模式。目前，全市龙头企业建成 110 多处自有标准化养殖场、开拓 12 万多亩自有种植基地，90% 以上的农户纳入农产品供应链环节，90% 以上的农产品实现就地加工转化，75% 以上的农民收入来源于农业产业化经营。

4. 农户主动融入，是实现农户稳定融入农产品供应链的重中之重

农户是农产品供应链有序运行和维持其他主体利益的基础和源头。没有农户对农产品供应链各环节的积极参与和自觉奉献，农产品供应链其他主体的生存和发展必然会受到牵制甚至中断。理论与实践已经证明，农户不重视或不积极参与的农业产业链，其结果大多以失败而告终。如塞斯顿、伊斯科（Sexton and Iskow, 1998）的研究表明，一些农业合作社的发展以失败告终，一个重要原因是忽视了对参与合作社的农户采取激励措施，农户激励不足时会选择契约外交易，使得合作社难有稳定的货源供应而被淘汰。[①] 因而，弄清影响农户参与农产品供应链的主要因素，激励农

---

① Sexton R. J., Iskow J., "Factors Critical to the Success or Failure of Emerging Agricultural Cooperatives", *Giannini Foundation Information*, No. 88, 1998.

户主动融入农产品供应链，是确保农产品供应链有序并稳定运行的关键。蔡荣、韩洪云（2012）针对山东苹果种植户的实证分析发现，57.76%的农户已参与合作社，社员农户普遍存在未将所生产苹果全部售给合作社的现象。[①]

在广大连片特困地区，作为农业生产经营者的农户存在一个共同的特征就是主体性贫困。张立群（2012）认为，主体性贫困主要是指农业劳动者知识文化素养不高，发展能力不强，体力和智力水平低下，劳动者在健康、知识、能力等方面的投资和积累不足，造成劳动者自身能力难以适应生产实践发展的需要。[②] 主要体现在三个方面：一是青壮年劳动力大量外流造成的主体缺位；二是人口老龄化、素质低及家庭空巢化造成的主体贫困；三是农民代际转移造成的主体失衡。这种多因叠加的主体性贫困，使得连片特困地区农户的市场意识和发展观念更加缺乏，并进一步造成农产品供应链对农户的增收效应难以发挥。面对这种情况，政府制定有效措施努力提升农户的综合素质是现实之选。包括加强政府在技术推广、人员培训方面的服务力度，使农户掌握增收致富的专门技术和实用技能，以此提高农户的技术水平及经营能力，增强农户增收的综合能力。

（二）路径开拓

上文述及的龙头企业带动融入、合作社拉动融入、政府推动融入和农户主动融入四种路径选择，并不是孤立和单一进行的，更可能的情况是，四种路径会在一定空间、某种时间内相互交织、联合运转，共同推进连片特困地区农户稳定融入农产品供应链，通过共享农业产业链的价值增值和后续利益，促进农户稳定脱贫进而实现增收致富。

为开拓连片特困地区农户稳定融入农产品供应链的实现路径，一个基

---

① 蔡荣、韩洪云：《农户参与合作社的行为决策及其影响因素分析——以山东省苹果种植户为例》，《中国农村观察》2012年第5期。
② 张立群：《连片特困地区贫困的类型及对策》，《红旗文稿》2012年第22期。

本的思路是，单方聚力，双方发力，多方联动，共同谋利。对于农业龙头企业、农民专业合作社、政府这三大农产品供应链主体，要在维护和推进农产品供应链的稳定运行中明确各自的职责定位，在生产实践中凝心聚力谋发展。在满足各自利益诉求和价值主张的前提下，从产业发展和人文关怀的视角，在风险分担和价值共享过程中注重关照势单力薄的小农户的切身利益，想农户之所想，急农户之所急，通过主打感情牌、提振事业心，把小农户留在、稳在农产品供应链条中，农户与其他主体共同发力，多方联动，以实现产业协同发展，主体互利共赢。

四、连片特困地区农户稳定融入农产品供应链发展的推进机制

根据契约经济学与博弈相关理论，主体间合作博弈的实现（或双重违约行为的规避），必须建立合作博弈的保障机制，才可能会得以实现（库柏，2001）。[①] 鉴于连片特困地区农产品供应链主体间关系松散的事实，本书认为，要实现农产品供应链主体间的共生成长与协同发展，在明确农产品供应链融入渠道和路径选择的基础上，构建包容小农户稳定融入的农产品供应链发展推进机制势在必行。主要包括以下五个方面。

（一）产业培育机制

众所周知，农产品供应链的有序运行都是依托在某一农业产业长期成长和发展的基础上实现的。农业产业越有特色，产业成熟度越高，农产品供应链的运行就越顺畅，供应链主体间的关系就越融洽。农业产业成长和产业链条发育如同一对孪生兄弟，二者在一定时空范围内相互促进、共同发展。对于千家万户的小农户，农业产业是其进行生产和发展的基础与载体。要推进小农户稳定融入农产品供应链以实现增收致富，一个先决条件

[①]　库柏:《协调博弈》，中国人民大学出版社 2001 年版。

是构建农业产业培育机制。广西龙州的甘蔗产业、陕西旬阳的生态种养业、山东寿光的蔬菜产业、广东温氏的畜禽产业，无一不是靠当地优势和特色产业的大力培育，来推动农业产业化经营和农产品供应链运转，进而带动众多农户通过融入农产品供应链来实现增收致富。优势和特色农业产业的培育，既要考虑区域农业资源与要素禀赋条件，又要兼顾市场销路和发展潜力；既要尊重市场经济规律，又要发挥政府引导作用。对连片特困地区而言，其最大的资源与要素禀赋优势就是特色与生态，因而特色农业、生态旅游等产业宜进行重点培育。

（二）利益重构机制

农产品供应链主体间的利益联结关系，多数情况下是通过契约、订单等书面形式来维系的。这在信誉机制良好的环境中可以实现有序运行。但在我国农村当前的市场环境条件下，这种利益联结关系往往表现出其缺乏稳定的一面。受利益驱使加上拥有信息优势，在农产品供应链中占据主导地位的龙头企业等供应链主体，在供应链价值增值及其转化分配中，往往把更多份额据为己有，农户多半是象征性地分得有限杯羹。长此以往，农户发现在供应链合作中很难占得先机和便宜，其结果必然是要么私下违背契约或采取其他机会主义行为，要么放弃合作而选择退出农产品供应链。无论何种结果的发生，对农产品供应链整体及其参与主体均不是最优的选择。因此，要使农户通过稳定融入农产品供应链实现增收致富，必然要求对供应链主体间的利益分配机制进行重构。利益分配机制的重构，一方面，要督促农户信守契约并按契约规定交易；另一方面，要鼓励龙头企业等供应链主体通过股份合作、保底收购等方式，与农户结成紧密型利益联结关系。此外，在对龙头企业、合作社等供应链主体进行绩效评价从而决定对其的扶持力度时，可考虑把这些主体带动农户的方式、效果及其可持续性，甚至其对区域主导产业开发、农业产业链成长的带动情况，作为对其绩效评价和政策支持的重要标准，以此来敦促其他供应链主体切实与农户结成互利共赢的合作伙伴关系。

（三）信息共享机制

实践中，导致小农户与其他供应链主体间合作关系不稳定的另外一个重要原因是农产品供应链主体间的信息交换不畅通，尤其是小农户因为居于信息劣势地位而在供应链合作中难以获得相应的收益保障。实际上，供应链主体间实现信息互通和共享是确保农产品供应链稳定运行的关键环节。研究表明，信息共享能够显著增加供应链主体间的信任与合作，并最终提高供应链整体运行绩效和消费者福利。同时，信息隐藏或故意扭曲，会大大降低供应链整体运行水平和竞争能力。钟哲辉、张殿业（2009）研究认为，供应链主体如果故意采取信息不共享手段，则各主体间在经营决策时就缺乏科学依据和协同行动，从而使得供应链处于一种"内耗"状态，而加剧各主体间的利益流失。[1] 张爽（2007）分析指出，供应链主体间是一种联盟关系，相互间共享信息是联盟得以维系的首要前提。因而，要提高联盟的整体竞争优势，就要求各主体对其掌握的供应链信息彼此传达、相互分享。[2] 对连片特困地区而言，加强农业信息化基础设施建设，提升农户信息化交易水平是当务之急。农产品信息化水平建设可以有效促进供应链资源共享，有助于农户凭借及时可靠的市场供需信息安排农业生产，进行经营决策，降低甚至避免因市场信息不充分而盲目决策带来的损失，从而保证农产品按需并适时生产和交易。利用供应链间充分共享和内外互通的农产品市场信息，农户既提高了对市场变化的响应速度，又进一步扩大了农产品交易的市场边界，进而能够最大限度地保障其供应链成员的话语权和供应链合作的预期性。

（四）信用塑造机制

信任危机是制约农产品供应链主体间建立紧密合作关系的主要缘由。实践中，小农户与其他供应链主体相互间违背订单契约、互损对方利益的

---

[1]　钟哲辉、张殿业：《基于博弈机制的物流信息共享研究》，《经济问题》2009 年第 6 期。

[2]　张爽：《供应链企业间合作机制的研究》，硕士学位论文，东北林业大学，2007 年。

现象屡见不鲜。造成农产品供应链主体间的合作关系松散且欠稳定的一个重要原因，是因为农产品供应链主体间的相互信任与彼此依赖严重缺失，所以使得小农户很难融入农产品供应链来实现价值增值。研究表明，在农产品供应链运行过程中，信用塑造和关系承诺非常重要。它既是供应链主体合作伙伴关系形成的基础，更是相互间取得良好合作绩效的必要条件。供应链主体间的相互信任不仅可以降低彼此间的交易对象搜寻成本，而且能够极大提高交易成功的概率。农产品供应链主体间的信任关系一旦建立，将会给供应链主体带来难以估量的正向效应。各主体将会把时间和精力放在如何想方设法提高合作绩效上，而不是相互间揣摩、猜疑而徒生内耗。因而，采取有效措施重塑农户与供应链其他主体间的信任机制非常必要。一方面，要强化龙头企业、农民专业合作社等供应链主体的社会责任意识，逐步建立供应链主体社会责任报告制度。龙头企业、农民专业合作社等供应链主体在依法经营和诚实守信的前提下，可通过增加资产专用性投资等承诺行为并实施"冷酷"式博弈战略，以增强商品契约的稳定性。另一方面，利用阳光工程、职业农民培训等契机，通过教育引导，敦促农户在供应链合作中不首先"损人利己"，确保农户在生产经营中秉承"诚实守信、与人为善"的优良品质，注重培养农户大局意识和长远眼光，严格按照合作伙伴的契约要求来安排生产，完成交易。

（五）契约激励机制

现代管理学理论认为，任何组织或系统的有效运行，都离不开赏罚严明的制度体系保障。在农产品供应链整体系统中，既包含农业龙头企业、农民专业合作社、农户等核心主体，又涉及农产品行业协会、中介组织等辅助主体。要确保供应链整体系统的稳定运行，需要系统各组成单元间的密切配合，各组成单元间能否密切配合则依赖于系统是否具有相应的激励手段和惩治措施。在一个缺乏协调的供应链系统中，个体理性与集体非理性恶性共生的现象并不少见。由此，促成农产品供应链各参与主体间达成激励性的契约十分关键。通过契约的法律约束功能和自我履行机制来协调各主体间的利益关系被认为是行之有效的治理方略。鉴于供应链参与主体自行达成契约激励的可能性不高的事实，可由政府制定一种各方认可并共同遵守的激励机制。在农产品供应链系统运行过程中，要重点通过引入外部力量（如法律、法规等）来敦促供应链参与主体合作博弈的实现。法律、法规等外部力量，既可以保护"好的"主体的合法权益，也可以惩治"坏的"主体的败德行为。通过外部力量的干预，来重新调节和划分"好坏"主体间的利益边界，从而使得各方合作博弈容易达成。此外，要注重发挥隐性激励手段在保障契约履行过程中的重要作用。隐性激励的价值实质，是"自我实施的契约"理论的真实反映。这种隐性激励的效应发挥，是"声誉机制"作用产生的结果。在很多场合，即使没有显性的激励契约，声誉亦可起到激励契约执行的作用（Eugene，1980）。①

---

　　① Eugene F. F., "Agency Problems and the Theory of the Firm", *The Journal of Political Economy*, No. 2，1980.

第十章　研究结论与政策建议

一、研究结论

（一）连片特困地区农户多维贫困特征明显且市场化贫困问题突出

　　要解决连片特困地区这一普遍而又突出的问题，因地制宜构建优势农产品供应链并引导和吸引农户稳定融入产业链条中，方能实现农户减贫增收和贫困区域发展的双赢目标。本书研究发现：①在引入市场参与维度的条件下，多维贫困问题在调研地区广泛存在，且多维贫困发生率和多维贫困指数较高，可见虽然国家一些反贫困举措，如本书提到的农村饮水安全、"村村通"等工程收到一定实效，但在全面建成小康社会的目标要求趋紧的背景下，当前我国面临的反贫困任务依旧十分艰巨。②市场参与维度的贫困尤为严重，具体表现在农户缺乏有效的农业风险应对措施、农资使用不科学、未能融入现代农产品供应链条、市场信息获取能力较弱等。这说明市场化反贫困的思路是符合实际情况的，应将改善农户市场参与情况、提高农户市场化程度、促进农户稳定融入农产品供应链作为今后反贫困的重点。③收入和教育维度的贫困也不容忽视。依然有很多贫困地区农户没有摆脱收入过低带来的贫困，相当比例的农户收入低于我国的贫困线；改善贫困地区农村教育条件，提高农民科学文化水平的常规工作仍不能松懈。

（二）农产品供应链对农户减贫增收具有明显的关联效应和带动作用

欠发达地区农产品供应链对农户的带动作用优于发达地区。连片特困地区农户减贫增收受较多因素影响，其中供应链融入状况影响更为显著。本书研究发现：①加入农产品供应链对农户减贫增收和致富具有正向作用。实证分析结果显示，无论是发达地区还是欠发达地区，农户融入农产品供应链可以显著提高其收入水平。②总体来看，欠发达地区农户对于农产品供应链的带动作用评价较为肯定及强烈，而发达地区略微偏低，这既与发达地区受访者自身情况有关，也与两类区域经济发展状况、农民收入水平等密切相关。欠发达地区尽管在长期的发展过程中积贫积弱，但在当前市场化改革进程日渐推进的背景下，该类区域更需要发展农产品供应链来带动经济的快速发展，这也说明农产品供应链对欠发达地区农户减贫增收的带动作用要优于发达地区。③在影响农户收入变动的六个关键因素中，有四个因素属于供应链融入状况，具体包括是否加入农产品供应链、有无加工销售、农产品出售渠道、对供应链管理认可程度。可见，增强区域市场发育程度、提升农户对供应链认知水平、加强政府对供应链的扶持力度等，通过不断改善农户供应链融入状况，将在很大程度上提高农户的收入水平。

（三）连片特困地区农产品供应链主体关系亟待优化与整合

连片特困地区农产品供应链的主体发育迟滞，主体关系基本处于松散状态，主体间缺乏紧密的联合与稳定的合作，制约了农户与农产品供应链各主体间长期而稳定的协同发展。本书研究发现：①要稳定融入农产品供应链，连片特困地区农户在个人及家庭禀赋特征方面的水平有待提高。农户整体文化水平较低，而平均年龄偏高，户均土地经营规模偏小，收入水平较低，更为重要的是农户思想观念有待更新，一些农户在与农产品供应链的其他主体的合作中只顾局部利益、眼前利益，而忽视了建立与保持长期而稳定合作关系的重要性。②连片特困地区农村以农业龙头企业和农民专业合作社为代表的农产品供应链核心主体发展水平不高。农业龙头企业和农民专业合作社数量偏少，现有企业与合作社的辐射带动作用不强，由于各种原因，与企业合作或加入合作社的农户比例偏小，严重阻碍了农户稳定地融入农产品供应链。③当前农户与其他农产品供应链主体的关系存在很多问题。农户与企业的合作关系缺乏必要的信任基础，企业违约行为时有发生，农户的违约行为则更为普遍，农产品供应链信用机制的建立完善迫在眉睫；农民专业合作社的运行与管理存在一些问题，不能满足农户需要，而农户对于农民专业合作社的认识尚不全面，农户与合作社协同发展面临着诸多问题。

（四）连片特困地区不同农户对农产品供应链的价值认知均有待提高

农产品供应链的价值可分为直接经济价值、心理预期价值和风险规避价值。农户对农产品供应链的价值认知会影响其供应链融入意愿和行为选择。本书研究发现：①连片特困地区大多数农户对农产品供应链的价值并不否认，其中非贫困农户的价值认知水平高于贫困农户，但二者对农产品供应链的价值认知仍有待提高；同时两类农户对农产品供应链三种价值的认知程度排序上也存在差异，在两类农户群体中认同度最高的均为农产品供应链的风险规避价值，但贫困农户群体中认同度最低的是农产品供应链的直接经济价值，非贫困农户群体中认同度最低的则是心理预期价值。②农户对农产品供应链的价值认知受个人禀赋、家庭经营、外部环境和主观评价等多因素的综合影响，但贫困农户对农产品供应链价值的认知多受到个人禀赋特征或者家庭经营特征的影响，而非贫困农户则更易受到外部环境特征或主观评价因素的影响。③虽然各因素对于两类农户农产品供应链的认知影响程度、作用方向以及显著性均存在差异，如务农年限对贫困农户农产品供应链价值认知有显著的正向效应，而对非贫困农户则是显著的负向效应，但对农产品供应链运行情况的熟悉度对于两类农户农产品供应链的价值认知影响基本一致，具有显著的正向影响。

（五）连片特困地区农户选择稳定融入农产品供应链发展的意愿较低

通常情况下，文化程度高、市场条件好、合作风险低并且对供应链作用认知大的男性农户，其在选择融入供应链发展时的热情更高。本书研究发现：①连片特困地区农户融入农产品供应链实现减贫增收的积极性不高，整体形势不乐观。只有 19.81% 的农户选择愿意融入，22.43% 的农户选择不愿意融入，而有 57.76% 的农户选择了不确定。可见，样本农户目前对于新的农业产业运行模式接受程度较低，连片特困地区农产品供应链的发展并不理想。但是从另一方面看，约六成农户对是否融入供应链持观望态度，这显示出连片特困地区农产品供应链发展的巨大潜力。②影响连片特困地区农户融入农产品供应链发展意愿的因素主要有：第一，农户性别对其融入农产品供应链的意愿具有正向影响，并且男性比女性更倾向于融入农产品供应链；第二，农户文化程度越高，获取新知识和接受新事物能力越强，融入农产品供应链的意愿就越强烈；第三，良好的市场条件对带动农户融入农产品供应链具有正向引导作用；第四，与龙头企业合作面临的风险越小，农户融入农产品供应链的意愿就越强烈；第五，供应链作用认知对农户融入意愿具有显著而强大的正向效应，认识到农产品供应链对于农户减贫增收的作用，会极大地吸纳农户融入供应链谋求协同发展。

（六）连片特困地区农户融入农产品供应链发展的风险可控但偏高

市场需求变化风险、农产品市场价格波动风险、与下游组织合作风险、农产品质量安全问题、农户获取信息能力有限和供应商订单履约率是农户融入农产品供应链发展面临的主要风险。本书研究发现：①有 58.27% 的农户认为融入农产品供应链风险较大，76.24% 的农户认为加入农民专业合作社或农产品行业协会后抵御风险能力增强。②农户融入农产品供应链的风险可识别为供应风险、经营过程中的风险、需求变化带来的风险和外部环境风险造成的风险四大类共 15 个风险因素。③连片特困地区农户融入农产品供应链整体风险偏高，风险程度的排序为：需求风险>供应风险>经营风险>环境风险。需求风险程度明显偏高的主要原因在于当地信息化建设基础薄弱和农户难以对所获取的信息进行有效利用，以及在供应链合作中农户利益缺乏组织保障。提高连片特困地区农户融入农产品供应链风险抵御能力需要政府、农业龙头企业、农产品行业协会、农民专业合作社和农户的共同努力。

（七）连片特困地区农户稳定融入农产品供应链发展的路径选择多种多样

综合国内外经验，连片特困地区农户稳定融入农产品供应链发展的渠道多样，模式多种，既有常规模式带动，又有新型模式选择。要促进农户稳定融入农产品供应链实现协同发展，需要供应链核心主体间秉承"单方聚力，双方发力，多方联动，共同谋利"的基本原则。本书研究提出：①连片特困地区农户稳定融入供应链发展的常规模式主要包括"公司+农户"模式、"合作社+农户"模式、"公司+合作社+农户"模式；新型模式主要有"龙头企业（合作社）+家庭农场"模式、"超市（高校）+农户"模式等。②连片特困地区农户稳定融入供应链发展的实现路径主要是龙头企业带动融入、农民专业合作社拉动融入、政府推动融入，但最为关键的还是农户主动融入。③要实现农产品供应链主体间的共生成长与协同发展，在明确农产品供应链融入渠道和路径选择的基础上，构建包容小农户稳定融入的农产品供应链发展推进机制势在必行。主要包括产业培育机制、利益重构机制、信息共享机制、信用塑造机制和赏罚并行机制。

二、政策建议

（一）优先推进市场化减贫战略，巩固加强反贫困常规手段

通过加快特困地区市场化进程，促进特困地区农户稳定融入现代农产

品供应链来开展"造血式"扶贫工作，防止脱贫后再"返贫"。首先要构建农业生产防灾减灾应急机制，建立完善农业保险体系和农业市场信息流通机制，使农民得以有效应对自然和市场的双重风险。二是完善农业科技推广和农资供销体系，通过专人负责、定期定点开展农业科技推广宣传，引导农民科学种田、科学经营；构建覆盖面广、供应种类齐全的农资经营服务体系，保障农民获得可靠及时的农资供应和科学合理的施用方法。三是鼓励和扶持农业龙头企业、农民专业合作社等农产品供应链核心主体发展壮大，发挥其在农业产业发展、农民增收致富、农村市场化改革中的带动引领作用。在明确实施市场化减贫基本战略取向的前提下，继续巩固并加强收入、教育等常规反贫困手段在带动农户减贫增收方面的作用和贡献。一方面通过落实种粮补贴、农机购置等直接补贴手段和发展农村二三产业吸收农村劳动力就业等各项惠农利农政策，千方百计促进农民增产增收；另一方面通过加大贫困地区农村教育的资金投入和义务教育普及的工作力度，推动优质教育资源向贫困农村地区倾斜，改善当地教育条件，解决其子女教育问题，提高当地整体科学文化素质。

（二）加快农村基础设施建设步伐，深入推进农业市场化改革进程

对连片特困地区来说，加快农村基础设施建设步伐，改善农业与农村发展环境是首要任务。一是加大投资改善当地的交通状况，提供良好的农产品物流配送条件。二是加大对农业建设投资，加强农田水利建设，提高农户抵御风险能力。三是根据区域优势农产品类型，加强农产品生产加工基地建设力度，延长农业产业链。与此同时，聚合政府与民间多方力量，深入推进农业市场化改革。首先，以土地承包经营权改革为重点，通过承包地确权登记颁证，明确农户对土地要素的财产边界，鼓励探索有助于推动农业适度规模经营的土地流转新形式，加快农地市场化进程。其次，加强农业市场化条件建设。在统筹规划的基础上，扩大农村专业市场规模，着力改善交通、通信、物流等方面的软硬件设施，强化市场管理的制度

化、规范化，培育区域性专业农产品批发市场和集散中心。最后，完善农业市场信息体系，通过建立权威性的农产品供求信息网络，由专人负责对信息进行收集、整理和加工，并做到持续定期发布，提供长期的市场预测信息。地方政府以有线电视网络和移动通信网络为基础，开发并推广高效快捷的农村信息网络服务体系，鼓励农户通过广泛使用互联网信息资源，获取农业生产、经营、管理等方面的市场资讯，为农户决策的科学性与合理性提供有效支撑。

（三）加快构建优势农产品供应链，理顺农产品供应链主体关系

在对区域内优质资源及生产要素进行优化与整合的基础上，结合"一村一品、一县一业"产业结构调整战略，积极构建并培育具有比较优势的区域特色农产品供应链，形成以优势企业为主导的具有区域特色化和差异化的产业集群，实现自然区域划分与区域经济发展的有机联系。通过科学合理的利益联结机制来吸引并带动小农户融入其中，在促进小农户减贫增收致富的同时，实现农业产业链整体的价值增值和主体共赢。农产品供应链本身是一个整体系统，包括小农户在内的任何供应链主体利益受损，都将影响整体系统的稳定运行及其绩效水平。因而，密切供应链主体关系，变松散型、互斥型供应链主体关系为紧密型、共生型，实现农产品供应链主体协同发展是现实之选。基于当前小农户不可替代的农业生产主力军的事实，加强对合作社、龙头企业的规范治理与政策扶持，在保证公平性的前提下，收益分配适当向小农户倾斜，注重对小农户的人文关怀和利益维护。

（四）加强农产品供应链宣传推介，坚持有的放矢并分类施策

针对公众对农产品供应链所知甚少的事实，迫切需要面向社会公众大力宣传农产品供应链的基础知识和运营体系，特别是面向农村能人、专业大户中务农年限较长的男性户主，进行农产品供应链运营方面的重点推介

和教育培训，使其充分认识到加入农产品供应链能够给个人和家庭可能带来的收益与好处，增强农户对农产品供应链这一新型农业产业经营模式的认可度与参与度。通过农村能人、专业大户等供应链先行者的示范带动效应，进一步扩大农产品供应链在广大农户中的影响力和认知度，从而带动更多农户稳定融入农产品供应链并与其他参与主体一道实现价值增值和协同发展。对于贫困农户，尤其是针对年龄较大、文化程度低而造成其对农产品供应链认知模糊的女性农民，要侧重通过培训教育、家政管理等提高其科学文化素质，同时采取措施增加其就业机会，提高其收入水平；对于非贫困农户则加强宣传，通过发挥有效融入农产品供应链实现增收致富成功案例的示范引领作用，以点带面，进一步提高其对农产品供应链的价值认知，引导其更稳定地融入农产品供应链。

（五）加快供应链核心主体培育，提升供应链整体运行水平

农产品供应链自身的发育与完善是吸引农户稳定融入并实现减贫增收的先决条件。政府相关部门除了注重农产品供应链的宏观引导和政策扶持外，要重点培育并壮大农产品供应链条上的核心参与主体，主要包括农业龙头企业、农民专业合作社、专业协会组织等。一方面，促进其数量上的突破，保证每个贫困县域都有供应链核心主体；另一方面，更需要注重质量的改进，扩大其辐射范围，增强其带动作用。同时要完善其与农户的合作制度建设，理顺利益分配关系，确保其切实起到促进农户实现脱贫致富的作用。这些核心主体在健全和完善农产品供应链的运行机制、提升供应链整体绩效等方面起着不可替代的推动作用。关键是加快农业企业化进程，通过产业化经营壮大核心主体实力，通过建立完善的治理结构，保障企业运行的质量，形成农业产业链发展的拉动力。同时，引导并规范核心主体与农户建立稳定且有效的合作关系，促进整个农产品供应链的组织发育和功能发挥。

（六）加强农产品供应链信息管理，健全供应链风险防范机制

在信息化时代，建立农产品供应链公共信息平台可以减少交易成本、

提高信息传递效率、帮助各主体特别是农户及时了解市场动态。在农产品供应链风险中，由需求变化（如市场需求变化和农产品价格波动）带来的风险是农户面临的主要风险。连片特困地区农户由于自身条件限制，及时获得全面准确的市场信息能力弱，不能识别和控制由市场信息变化带来的风险。因此，加强连片特困地区信息化建设、提高农产品供应链信息化水平，在良好的信息化平台基础上，建立以政府、龙头企业、行业协会、合作社为主体的多元预警机制是农户获得风险预警信息、减少风险损失的有效途径。在此基础上，供应链风险防范机制亟待健全。首先，必须通过科学的生产手段再辅之以农业保险才能将农业生产的自然风险降到最低；其次，政府完善农产品的目标价格制度，同时通过事先签订合同的方式，尽量减少损失的发生；此外，通过提高违约的成本来约束合作双方，并逐步建立供应链条上下游的信任机制，从而促进农户与其他供应链主体实现利益共享和协同发展。

附录 1　国务院扶贫办关于公布全国连片特困地区分县名单的说明①

　　根据《中国农村扶贫开发纲要（2011—2020 年）》精神，按照"集中连片、突出重点、全国统筹、区划完整"的原则，以 2007—2009 年 3 年的人均县域国内生产总值、人均县域财政一般预算收入、县域农民人均纯收入等与贫困程度高度相关的指标为基本依据，考虑对革命老区、民族地区、边疆地区加大扶持力度的要求，国家在全国共划分了 11 个集中连片特殊困难地区，加上已明确实施特殊扶持政策的西藏、四省藏区、新疆南疆三地州，共 14 个片区，680 个县，作为新阶段扶贫攻坚的主战场。现将 14 个片区的分县名单予以公布。

　　附件：1. 六盘山区等 11 个集中连片特殊困难地区分县名单

　　　　　2. 已明确实施特殊扶持政策的西藏、四省藏区、新疆南疆三地州分县名单

国务院扶贫办

二〇一二年六月十四日

---

① 国务院扶贫办：《扶贫办关于公布全国连片特困地区分县名单的说明》，2012 年 6 月 14 日。

附件1　六盘山区等11个集中连片
特殊困难地区分县名单

分区	省名	地市名	县名
六盘山区 （61）	陕西 （7）	宝鸡市	扶风县、陇县、千阳县、麟游县
		咸阳市	永寿县、长武县、淳化县
	甘肃 （40）	兰州市	永登县、皋兰县、榆中县
		白银市	靖远县、会宁县、景泰县
		天水市	清水县、秦安县、甘谷县、武山县、张家川回族自治县、麦积区
		武威市	古浪县
		平凉市	崆峒区、泾川县、灵台县、庄浪县、静宁县
		庆阳市	庆城县、环县、华池县、合水县、正宁县、宁县、镇原县
		定西市	安定区、通渭县、陇西县、渭源县、临洮县、漳县、岷县
		临夏回族自治州	临夏市、临夏县、康乐县、永靖县、广河县、和政县、东乡族自治县、积石山自治县
	青海 （7）	西宁市	湟中县、湟源县
		海东地区	民和回族土族自治县、乐都县、互助土族自治县、化隆回族自治县、循化撒拉族自治县
	宁夏 （7）	吴忠市	同心县
		固原市	原州区、西吉县、隆德县、泾源县、彭阳县
		中卫市	海原县

续表

分区	省名	地市名	县名
秦巴山区 （75）	河南 （10）	洛阳市	嵩县、汝阳县、洛宁县、栾川县
		平顶山市	鲁山县
		三门峡市	卢氏县
		南阳市	南召县、内乡县、镇平县、淅川县
	湖北 （7）	十堰市	郧县、郧西县、竹山县、竹溪县、房县、丹江口市
		襄樊市	保康县
	重庆 （5）	重庆市	城口县、云阳县、奉节县、巫山县、巫溪县
	四川 （15）	绵阳市	北川羌族自治县、平武县
		广元市	元坝区、朝天区、旺苍县、青川县、剑阁县、苍溪县
		南充市	仪陇县
		达州市	宣汉县、万源市
		巴中市	巴州区、通江县、南江县、平昌县
	陕西 （29）	西安市	周至县
		宝鸡市	太白县
		汉中市	南郑县、城固县、洋县、西乡县、勉县、宁强县、略阳县、镇巴县、留坝县、佛坪县
		安康市	汉滨区、汉阴县、石泉县、宁陕县、紫阳县、岚皋县、平利县、镇坪县、旬阳县、白河县
		商洛市	商州区、洛南县、丹凤县、商南县、山阳县、镇安县、柞水县
	甘肃 （9）	陇南市	武都区、成县、文县、宕昌县、康县、西和县、礼县、徽县、两当县

续表

分区	省名	地市名	县名
武陵山区 (64)	湖北 (11)	宜昌市	秭归县、长阳土家族自治县、五峰土家族自治县
		恩施土家族苗族自治州	恩施市、利川市、建始县、巴东县、宣恩县、咸丰县、来凤县、鹤峰县
	湖南 (31)	邵阳市	新邵县、邵阳县、隆回县、洞口县、绥宁县、新宁县、城步苗族自治县、武冈市
		常德市	石门县
		张家界市	慈利县、桑植县
		益阳市	安化县
		怀化市	中方县、沅陵县、辰溪县、溆浦县、会同县、麻阳苗族自治县、新晃侗族自治县、芷江侗族自治县、靖州苗族侗族自治县、通道侗族自治县
		娄底市	新化县、涟源市
		湘西土家族苗族自治州	泸溪县、凤凰县、保靖县、古丈县、永顺县、龙山县、花垣县
	重庆 (7)	重庆市	丰都县、石柱土家族自治县、秀山土家族苗族自治县、酉阳土家族苗族自治县、彭水苗族土家族自治县、黔江区、武隆县
	贵州 (15)	遵义市	正安县、道真仡佬族苗族自治县、务川仡佬族苗族自治县、凤冈县、湄潭县
		铜仁地区	铜仁市、江口县、玉屏侗族自治县、石阡县、思南县、印江土家族苗族自治县、德江县、沿河土家族自治县、松桃苗族自治县、万山特区
乌蒙山区 (38)	四川 (13)	泸州市	叙永县、古蔺县
		乐山市	沐川县、马边彝族自治县
		宜宾市	屏山县
		凉山彝族自治州	普格县、布拖县、金阳县、昭觉县、喜德县、越西县、美姑县、雷波县

续表

分区	省名	地市名	县名
	贵州 （10）	遵义市	桐梓县、习水县、赤水市
		毕节地区	毕节市、大方县、黔西县、织金县、纳雍县、威宁彝族回族苗族自治县、赫章县
	云南 （15）	昆明市	禄劝彝族苗族自治县、寻甸回族彝族自治县
		曲靖市	会泽县、宣威市
		昭通市	昭阳区、鲁甸县、巧家县、盐津县、大关县、永善县、绥江县、镇雄县、彝良县、威信县
		楚雄彝族自治州	武定县
滇桂黔石漠化区 （80）	广西 （29）	柳州市	融安县、融水苗族自治县、三江侗族自治县
		桂林市	龙胜各族自治县、资源县
		南宁市	隆安县、马山县、上林县
		百色市	田阳县、德保县、靖西县、那坡县、凌云县、乐业县、田林县、西林县、隆林各族自治县
		河池市	凤山县、东兰县、罗城仫佬族自治县、环江毛南族自治县、巴马瑶族自治县、都安瑶族自治县、大化瑶族自治县
		来宾市	忻城县
		崇左市	宁明县、龙州县、大新县、天等县
	贵州 （40）	六盘水市	六枝特区、水城县
		安顺市	西秀区、平坝县、普定县、镇宁布依族苗族自治县、关岭布依族苗族自治县、紫云苗族布依族自治县
		黔西南布依族苗族自治州	兴仁县、普安县、晴隆县、贞丰县、望谟县、册亨县、安龙县
		黔东南苗族侗族自治州	黄平县、施秉县、三穗县、镇远县、岑巩县、天柱县、锦屏县、剑河县、台江县、黎平县、榕江县、从江县、雷山县、麻江县、丹寨县

续表

分区	省名	地市名	县名
		黔南布依族苗族自治州	荔波县、贵定县、独山县、平塘县、罗甸县、长顺县、龙里县、惠水县、三都水族自治县、瓮安县
	云南(11)	曲靖市	师宗县、罗平县
		红河哈尼族彝族自治州	屏边苗族自治县、泸西县
		文山壮族苗族自治州	砚山县、西畴县、麻栗坡县、马关县、丘北县、广南县、富宁县
滇西边境山区(56)	云南(56)	保山市	隆阳区、施甸县、龙陵县、昌宁县
		丽江市	玉龙纳西族自治县、永胜县、宁蒗彝族自治县
		普洱市	宁洱哈尼族彝族自治县、墨江哈尼族自治县、景东彝族自治县、景谷傣族彝族自治县、镇沅彝族哈尼族拉祜族自治县、江城哈尼族彝族自治县、孟连傣族拉祜族佤族自治县、澜沧拉祜族自治县、西盟佤族自治县
		临沧市	临翔区、凤庆县、云县、永德县、镇康县、双江拉祜族佤族布朗族傣族自治县、耿马傣族佤族自治县、沧源佤族自治县
		楚雄彝族自治州	双柏县、牟定县、南华县、姚安县、大姚县、永仁县
		红河哈尼族彝族自治州	石屏县、元阳县、红河县、金平苗族瑶族傣族自治县、绿春县
		西双版纳傣族自治州	勐海县、勐腊县
		大理白族自治州	漾濞彝族自治县、祥云县、宾川县、弥渡县、南涧彝族自治县、巍山彝族回族自治县、永平县、云龙县、洱源县、剑川县、鹤庆县
		德宏傣族景颇族自治州	潞西市、梁河县、盈江县、陇川县
		怒江傈僳族自治州	泸水县、福贡县、贡山独龙族怒族自治县、兰坪白族普米族自治县

续表

分区	省名	地市名	县名
大兴安岭南麓山区（19）	内蒙古（5）	兴安盟	阿尔山市、科尔沁右翼前旗、科尔沁右翼中旗、扎赉特旗、突泉县
	吉林（3）	白城市	镇赉县、通榆县、大安市
	黑龙江（11）	齐齐哈尔市	龙江县、泰来县、甘南县、富裕县、林甸县、克东县、拜泉县
		绥化市	明水县、青冈县、望奎县、兰西县
燕山—太行山区（33）	河北（22）	保定市	涞水县、阜平县、唐县、涞源县、望都县、易县、曲阳县、顺平县
		张家口市	宣化县、张北县、康保县、沽源县、尚义县、蔚县、阳原县、怀安县、万全县
		承德市	承德县、平泉县、隆化县、丰宁满族自治县、围场满族蒙古族自治县
	山西（8）	大同市	阳高县、天镇县、广灵县、灵丘县、浑源县、大同县
		忻州市	五台县、繁峙县
	内蒙古（3）	乌兰察布市	化德县、商都县、兴和县
吕梁山区（20）	山西（13）	忻州市	静乐县、神池县、五寨县、岢岚县
		临汾市	吉县、大宁县、隰县、永和县、汾西县
		吕梁市	兴县、临县、石楼县、岚县
	陕西（7）	榆林市	横山县、绥德县、米脂县、佳县、吴堡县、清涧县、子洲县
大别山区（36）	安徽（12）	安庆市	潜山县、太湖县、宿松县、望江县、岳西县
		阜阳市	临泉县、阜南县、颍上县
		六安市	寿县、霍邱县、金寨县
		亳州市	利辛县

续表

分区	省名	地市名	县名
	河南 (16)	信阳市	光山县、新县、固始县、淮滨县、商城县、潢川县
		驻马店市	新蔡县
		开封市	兰考县
		商丘市	民权县、宁陵县、柘城县
		周口市	商水县、沈丘县、郸城县、淮阳县、太康县
	湖北 (8)	孝感市	孝昌县、大悟县
		黄冈市	团风县、红安县、罗田县、英山县、蕲春县、麻城市
罗霄山区 (23)	江西 (17)	萍乡市	莲花县
		赣州市	赣县、上犹县、安远县、宁都县、于都县、兴国县、会昌县、寻乌县、石城县、瑞金市、南康市
		吉安市	遂川县、万安县、永新县、井冈山市
		抚州市	乐安县
	湖南 (6)	株洲市	茶陵县、炎陵县
		郴州市	宜章县、汝城县、桂东县、安仁县

附件2　已明确实施特殊扶持政策的西藏、四省藏区、新疆南疆三地州分县名单

分区	省名	地市名	县名
西藏区 (74)	西藏 自治区 (74)	拉萨市	城关区、林周县、当雄县、尼木县、曲水县、堆龙德庆县、达孜县、墨竹工卡县
		昌都地区	昌都县、江达县、贡觉县 类乌齐县 丁青县、察雅县、八宿县、左贡县、芒康县、洛隆县、边坝县

续表

分区	省名	地市名	县名
		山南地区	乃东县、扎囊县、贡嘎县、桑日县、琼结县、曲松县、措美县、洛扎县、加查县、隆子县、错那县、浪卡子县
		日喀则地区	日喀则市、南木林县、江孜县、定日县、萨迦县、拉孜县、昂仁县、谢通门县、白朗县、仁布县、康马县、定结县、仲巴县、亚东县、吉隆县、聂拉木县、萨嘎县、岗巴县
		那曲地区	那曲县、嘉黎县、比如县、聂荣县、安多县、申扎县、索县、班戈县、巴青县、尼玛县、双湖办事处
		阿里地区	普兰县、札达县、噶尔县、日土县、革吉县、改则县、措勤县
		林芝地区	林芝县、工布江达县、米林县、墨脱县、波密县、察隅县、朗县
四省藏区（77）	云南省（3）	迪庆藏族自治州	香格里拉县、德钦县、维西傈僳族自治县
	四川（32）	阿坝藏族羌族自治州	汶川县、理县、茂县、松潘县、九寨沟县、金川县、小金县、黑水县、马尔康县、壤塘县、阿坝县、若尔盖县、红原县
		甘孜藏族自治州	康定县、泸定县、丹巴县、九龙县、雅江县、道孚县、炉霍县、甘孜县、新龙县、德格县、白玉县、石渠县、色达县、理塘县、巴塘县、乡城县、稻城县、得荣县
		凉山彝族自治州	木里藏族自治县
	甘肃省（9）	武威市	天祝藏族自治县
		甘南藏族自治州	合作市、临潭县、卓尼县、舟曲县、迭部县、玛曲县、碌曲县、夏河县
	青海省（33）	海北藏族自治州	门源回族自治县、祁连县、海晏县、刚察县
		黄南藏族自治州	同仁县、尖扎县、泽库县、河南蒙古族自治县

分区	省名	地市名	县名
		海南藏族自治州	共和县、同德县、贵德县、兴海县、贵南县
		果洛藏族自治州	玛沁县、班玛县、甘德县、达日县、久治县、玛多县
		玉树藏族自治州	玉树县、杂多县、称多县、治多县、囊谦县、曲麻莱县
		海西蒙古族藏族自治州	格尔木市、德令哈市、乌兰县、都兰县、天峻县
			冷湖行委、大柴旦行委、茫崖行委
新疆南疆三地州（24）	新疆自治区（24）	克孜勒苏柯尔克孜自治州	阿图什市、阿克陶县、阿合奇县、乌恰县
		喀什地区	喀什市、疏附县、疏勒县、英吉沙县、泽普县、莎车县、叶城县、麦盖提县、岳普湖县、伽师县、巴楚县、塔什库尔干塔吉克自治县
		和田地区	和田市、和田县、墨玉县、皮山县、洛浦县、策勒县、于田县、民丰县

附录 2　课题研究农户问卷调查表

国家社会科学基金项目（13CJY076）

《连片特困地区农户稳定融入农产品供应链的限制因素与实现机制研究》

农户问卷调查表

省市（县）	
乡（镇）村	
被调查者姓名	
民　　族	
调 查 员	
调查日期	年　　　月　　　日

尊敬的村民朋友：

　　您好！我们是国家社科基金项目《连片特困地区农户稳定融入农产品供应链的限制因素与实现机制研究》课题组。为了深入了解农户农业生产的市场化进程，切实帮助大家解决生产、生活当中面临的"小生产与大市场对接"的困难和问题，请您认真并真实地回答下面的问题，以便课题组探讨解决问题的方法，为建设幸福家园出谋划策。

　　本次问卷涉及五方面内容，需要占用您 40 分钟左右的时间。您的观点和意见对课题研究至关重要，但答案并无对错之分。调查取得的资料仅供学术探索使用，课题组将严格保密，绝不外泄，希望能够得到您的支持与配合。谢谢！

国家社科基金项目（13CJY076）课题组

年　　月　　日

一、基本情况

（一）所在村庄基本情况

调查项目		是否具有 A=是 B=否	离住处的距离（公里）	满意程度 A=很满意 B=比较满意 C=一般 D=不太满意 E=很不满意	备注 （记录农户对基础设施满意程度评价的原话）
河流、水库（坝）					
生活饮水来源	地下水				
	自来水				
	水窖蓄水				
	江河湖水				
	其他				
移动电话					
有线电视					
电脑网络					
最近的道路	乡间泥路				
	"村村通"公路				
	县级公路				
	省级公路				
	国道				
最近的集镇或市场					
最近的农产品生产加工基地					
最近的农业产业化龙头企业					
最近的农民专业合作组织					

（二）农户家庭基本情况

家庭总人口_____人，其中：家庭劳动力_____人，外出打工劳动力_____人。

家庭成员编码	与户主的关系 A＝户主 B＝夫妻 C＝父子 D＝母子 E＝父女 F＝母女 G＝其他	性别 A＝男 B＝女	年龄 （周岁） A＝20及以下 B＝21—30 C＝31—40 D＝41—50 E＝51—65 F＝66及以上	文化程度 A＝不识字或识字很少 B＝小学 C＝初中 D＝高中或中专 E＝大专及以上	务农年限 （年） A＝10及以下 B＝11—20 C＝21—30 D＝31—40 E＝41—50 F＝51及以上	其他兼业 A＝村干部 B＝技术工 C＝教师 D＝企业工人 E＝医生 F＝其他	兼业收入 （万元/年） A＝0.1及以下 B＝0.1—0.5 C＝0.5—1.0 D＝1.0—1.5 E＝1.6—2.0 F＝2.0及以上	一年内兼业的时间（天）
1	户主（A）							
2								
3								

注：兼业收入区间值中，最小值不包含在内，最大值包含在内。

（三）经营规模和收支情况（2013 年）

1. 您家共有_____块_____亩土地，其中：转入_____亩；水田_____亩，旱地_____亩。

注：水田指的是种植或能种植水稻的地块；旱地指的是不能种植水稻的地块。

2. 您家家庭年收入_____万元，其中农业收入_____万元。

3. 您家家庭年支出_____万元，其中农业支出_____万元。

4. 您家经营的农产品主要类型是（　　　）

A. 粮食类　　　B. 果蔬类　　　C. 畜禽类　　　D. 水产类　　　E. 其他类

5. 该类型农产品收入占家庭全年总收入的（　　　）

A. 10%及以下　　　　　　B. 11%—30%

C. 31%—50%　　　　　　D. 51%—70%

E. 71%及以上

6. 请把您家经营的主要农产品按品种填写下列表格。

具体品种	粮食类			果蔬类			畜禽类			水产类			其他类
	小麦	水稻	玉米	水果	蔬菜	其他	猪	牛	家禽	鱼类	虾类	蟹类	
规模													
产量													
单价													
收入													

注：规模：亩、只、头；产量：公斤；单价：元/公斤；收入：元。

二、农户市场参与情况

（一）农业产前环节（主要包括种苗业、饲料业、信息指导、产品规划等）

1. 您通常在哪里购买作物种子？（　　）

A. 农贸市场　　　　　B. 农资经销店　　　　　C. 厂家直销

D. 科研院校　　　　　E. 农技推广中心　　　　F. 自家留种

G. 亲朋邻里　　　　　H. 其他_____

2. 您养殖畜禽的饲料通常来自哪里？（　　）

A. 自家配备　　　　　B. 邻里收购　　　　　C. 饲料公司

D. 饲料经销店　　　　E. 农民合作社　　　　F. 其他_____

3. 您在决定下一年度的农业生产计划时，主要取决于（　　）

A. 个人经验　　　　　B. 家庭协商　　　　　C. 亲朋邻里

D. 市场行情　　　　　E. 政府推介　　　　　F. 村里安排

G. 其他_____

4. 您获取农产品市场行情的主要渠道有哪些？（　　）【可多选】

A. 电视广播　　　　　B. 电脑网络　　　　　C. 手机网络

D. 农产品收购商　　　E. 村干部　　　　　　F. 农技推广人员

G. 其他_____

5. 您获取农产品市场行情容易吗？（　　）

A. 很不容易　　　　　B. 不太容易　　　　　C. 一般

D. 比较容易　　　　E. 很容易

6. 根据近几年的行情，您对本年度的农产品市场行情有何期望？（　　）

A. 产销对路，卖个好价　　　　B. 保本就行

C. 不亏大了，就能接受　　　　D. 不管价钱高低，卖出去就行

E. 无所谓

（二）农业产中环节（主要包括田间管理、技术指导、农用物资、肥料业等）

7. 您对作物田间管理的投入每月大约有多少次？（　　）

A. 从来不管　　　　B. 1—2 次　　　　C. 3—5 次

D. 6 次以上

8. 农业生产过程中，您最需要哪方面的技术指导？（　　）

A. 省力的新技术　　B. 省钱的新技术　　C. 省时的新技术

D. 不确定

9. 农业技术指导主要来自于（　　）

A. 农技推广人员　　B. 村干部　　　　　C. 科技特派员

D. 村能人　　　　　E. 电视广播等媒体　　F. 其他_____

10. 您觉得下列哪些方式对您学习新技术比较有用？（　　）【可多选】

A. 工作人员讲解　　B. 发放资料　　　　C. 实地参观

D. 示范户讲解　　　E. 现场演示　　　　F. 参与体验

G. 电视讲座　　　　H. 邻里帮助　　　　I. 其他_____

11. 种植大户所选择的新技术、新品种对您影响如何？（　　）

A. 影响很大，会模仿他们　　　　B. 有一定影响，会一定程度模仿

C. 有一定影响，不会模仿　　　　D. 影响很小，不会模仿他们

E. 没有影响

12. 当决定采用一项新技术的时候，您最担心的是什么？（　　）

A. 技术投资过大　　B. 产品销售困难　　C. 技术能力不足

D. 疫病防治困难　　E. 销售价格过低　　F. 不能向他人学习

G. 其他_____

13. 如果采用某项新技术可能带来损失，您最多能承受的损失有多大（   ）？

    A. 5000 元以下   B. 5001—10000 元   C. 10001—30000 元

    D. 30001—50000 元   E. 50001 元以上

14. 您接触过最多的推广活动是哪些？（   ）【可多选】

    A. 政府组织的推广   B. 合作社/协会组织的推广

    C. 中介组织的推广   D. 企业组织的推广

    E. 科研单位组织的推广   F. 其他_____

15. 化肥、农药等农用物资的使用时间和使用量，您主要根据什么来决定？（   ）

    A. 个人经验   B. 说明书   C. 技术推广人员

    D. 农资经销商   E. 亲朋邻里   F. 其他_____

（三）农业产后环节（主要包括农产品销售、品级分类、商品化加工、包装加工、保鲜加工、储存加工、食品加工等）

16. 作物收获时，您家主要采用什么方式来完成劳动？（   ）

    A. 农机具   B. 人畜力   C. 其他_____

17. 若用农机具，其来源是（   ）

    A. 家庭自购   B. 合伙购置   C. 亲朋借用

    D. 农机大户   E. 农机合作社   F. 其他_____

18. 您选择用农机具来完成全部或部分生产劳动的主要原因是（   ）

    A. 省时省力，减轻劳动强度

    B. 家庭经营规模较大，人力已经无法完成全部作业

    C. 别人都在用，我也跟着用

    D. 不得不使用

    E. 比人力更能保证农产品产量和品质

    F. 农忙时节抢种抢收，农机具来得更便利

    G. 其他_____

19. 农产品收获（包括畜禽出栏等）时，您家用过雇工吗？（　　）

A. 用过　　　　　　　　B. 没用过

20. 若用过，雇工劳动量占农产品收获劳动量的比重大约是（　　）

A. 10% 及以下　　　B. 11%—30%　　　　C. 31%—50%

D. 51%—70%　　　E. 71% 及以上

21. 您选择用雇工的原因有（　　）【可多选】

A. 作物品种暂不适合用农机具收获

B. 种植（养殖）规模大，家庭负担太重

C. 年纪太大，自己干不动

D. 本地有劳务队伍，用起来很方便

E. 其他_____

22. 您销售农产品之前，有没有经过加工处理？（　　）

A. 没有加工，直接销售　　　　B. 简单处理后销售

C. 深度加工处理后再销售

23. 若加工处理，您选择对待售的农产品进行加工处理的原因是（　　）
【可多选】

A. 去除泥土杂质，可以提高卖价

B. 加工处理后容易保存

C. 应收购者的要求

D. 多一道加工程序，多赚一份钱

E. 深加工有助于提高农产品附加值，增加收入

F. 其他_____

24. 若不加工处理，您选择对待售的农产品不加工直接销售的原因是
（　　）

A. 加工销售太麻烦，也多卖不了几个钱

B. 自己没条件对农产品进行加工处理

C. 加工处理会损耗部分农产品，从而减少收益

D. 别人都没有加工处理，我也这么干

E. 其他_____

25. 您主要是通过什么渠道来卖出农产品的？（　　）【可多选】

A. 自己到市场去卖　　B. 上门收购的中间商　　C. 零散客户上门购买

D. 农民合作社　　　　E. 按合同由企业收购　　F. 超市

G. 学校、企业、政府等的食堂采购　　　　H. 其他_____

26. 您选择这种售卖方式的最主要原因是（　　）

A. 售价高　　　　　　B. 图方便　　　　　　C. 服务好

D. 其他_____

27. 您销售的农产品价格是怎么决定的？（　　）

A. 到市场上随行就市　　　　B. 事先签订销售合同

C. 收购的人说多少就多少　　D. 由自己来决定

E. 其他_____

28. 您认为最能提高您在农业方面收入的方式是（　　）

A. 加入农民合作社　　B. 多承包些农田　　C. 打造农产品品牌

D. 调整种植的品种　　E. 直接把产品卖给超市

F. 向种植大户学习　　G. 响应政府号召　　H. 其他_____

三、农户合作经营情况

（一）与农业龙头企业合作情况

1. 当地（限本县）有没有农业龙头企业？（　　）

A. 有　　　　　　　　B. 没有　　　　　　　C. 不清楚

2. 若有，当地农业龙头企业发展情况如何？（　　）

A. 数量多，对农户的带动能力强

B. 数量多，但对农户的带动能力弱

C. 数量少，对农户的带动能力弱

D. 数量少，但对农户的带动能力强

3. 您有没有与当地农业龙头企业合作？（　　）

A. 有　　　　　　　　B. 以前有，现在没有　　C. 没有

【若有合作，请回答 4—12 题；若没有合作，请回答 13—14 题】

4. 若有合作，请问您与龙头企业合作的形式有（　　　）【可多选】

　　A. 土地入股　　　　　B. 资金入股　　　　　　C. 劳动雇佣

　　D. 签订合同　　　　　E. 其他_____

5. 与农业龙头企业合作前相比，您的家庭收入水平有何变化（　　　）

　　A. 大幅度增加　　　B. 小幅度增加　　　　　C. 没有什么变化

　　D. 小幅度减少　　　E. 大幅度减少

6. 与您合作的农业龙头企业是否出现过违约情况？（　　　）

　　A. 是　　　　　　　B. 否　　　　　　　　　C. 不清楚

【有违约，回答 7—8 题；没有或不清楚，跳至 9 题】

7. 若出现过违约，违约的频率大约是什么情况？（　　　）

　　A. 偶尔违约　　　　　B. 时常违约　　　　　　C. 经常违约

　　D. 频繁违约

8. 您认为企业出现违约的原因主要是（　　　）

　　A. 企业故意欺诈农户　　　　　　B. 企业个别人的短期行为

　　C. 企业经营的正常行为　　　　　D. 农产品市场行情低迷

　　E. 自家生产的农产品品质不达标　F. 其他_____

9. 如果市场上销售的农产品价格高于合作企业的合同价格，您打算怎样做？（　　　）

　　A. 哪里价高卖给哪里　　　　　　B. 仍然按合同约定销售农产品

　　C. 按合同价格减少销售量　　　　D. 与企业协商，适当提高合同价格

　　E. 与企业协商，提至市场价格　　F. 其他_____

10. 您对合作的农业龙头企业信任吗？（　　　）

　　A. 非常信任　　　　　B. 比较信任　　　　　　C. 一般

　　D. 比较不信任　　　　E. 非常不信任

11. 您对农业龙头企业信任的主要原因是（　　　）【不信任的不回答】

　　A. 大树底下好乘凉　　　　　　　B. "公司+农户"模式可双赢

　　C. 企业有实力抵御各种风险　　　D. 企业的品牌形象值得信赖

E. 企业对农产品市场行情判断更加靠谱

F. 其他_____

12. 您对农业龙头企业有何期望？（   ）

A. 希望农业龙头企业进一步做大做强，扩大订单数量，增加联结农户数量

B. 希望农业龙头企业能保护价收购农产品，给联结农户更多的好处

C. 希望农业龙头企业提供先进的技术指导与优质的生产服务

D. 期望农业龙头企业在盈余分配方面多向农户倾斜

E. 其他_____

13. 您未与农业龙头企业合作的原因是（   ）【可多选】

A. 当地没有农业龙头企业　　　　B. 一些企业挂羊头卖狗肉

C. 一些企业经常欺诈农户　　　　D. 没有发现合适的企业

E. 企业提供服务不到位　　　　　F. 与企业合作的农户太少

G. 其他_____

14. 如果有您信任的农业龙头企业与您有合作的机会时，您是否愿意与其合作？（   ）

A. 愿意　　　　　　　B. 不愿意　　　　　　C. 不清楚

（二）参加农民专业合作社情况

15. 当地（限本县）有没有农民专业合作社？（   ）

A. 有　　　　　　　　B. 没有　　　　　　　C. 不清楚

【若没有或不清楚，跳至17题】

16. 若有，当地农民专业合作社发展情况如何？（   ）

A. 数量多，加入合作社的农户也多

B. 数量多，但加入合作社的农户少

C. 数量少，加入合作社的农户也少

D. 数量少，但加入合作社的农户多

17. 当地政府是否支持农民专业合作社的发展？（   ）

A. 是　　　　　　　　B. 否　　　　　　　　C. 不清楚

18. 您认为农民专业合作社的主要作用有哪些? (　　) 【可多选】

A. 农民专业合作社可以为农户提供物资购买、技术指导上的帮助

B. 农民专业合作社可以为农户与企业间架起沟通的桥梁

C. 农民专业合作社的发展, 可以使农户有力量与龙头企业谈判, 参股经营

D. 农民专业合作社发展壮大, 如果独立发展, 会成为龙头企业的竞争对手

E. 龙头企业利用农民专业合作社更容易监督农户, 使农户不违约

19. 您有没有加入农民专业合作社? (　　)

A. 已加入　　　　　　B. 以前加入, 现在退出

C. 准备加入　　　　　D. 没有加入

20. 若加入, 您选择加入农民专业合作社的主要原因是 (　　) 【可多选】

A. 收益更有保障　　　　　　B. 人多力量大, 好办事

C. 减少农业经营风险　　　　D. 政府要求必须加入

E. 利益分红　　　　　　　　F. 产品价格稳定

G. 别人都加入了, 我也跟着加入　H. 其他_____

21. 若退出, 您选择退出农民专业合作社的主要原因是 (　　) 【可多选】

A. 合作社运作不规范, 与自己预期反差很大

B. 不认可合作社的收益分配机制

C. 入社后收益没有达到家庭预期水平

D. 入社后家庭收益反而减少了

E. 合作社没有真正为自己提供指导与服务

F. 其他_____

22. 与加入农民专业合作社前相比, 您的家庭收入水平有何变化 (　　)

A. 大幅度增加　　B. 小幅增加　　　　C. 没有什么变化

D. 小幅减少　　　E. 大幅度减少

23. 若未加入，您没有加入农民专业合作社的主要原因是（　　　）
【可多选】

　　A. 当地没有成立农民合作社　　　　B. 对合作社运行不抱希望

　　C. 加入合作社会使风险加大　　　　D. 合作社对农户要求太高

　　E. 家庭意见不统一　　　　　　　　F. 合作社不接收我加入

　　G. 其他_____

四、农户风险识别情况

1. 在农业生产经营活动中，您所了解到的风险有哪些?（　　　）【可
多选】

　　A. 洪涝灾害　　　　　B. 干旱灾害　　　　　C. 病虫灾害

　　D. 风雹灾害　　　　　E. 地质灾害　　　　　F. 畜禽疫病

　　G. 价格异常　　　　　H. 物价上涨　　　　　I. 政策变动

　　J. 土地征用　　　　　K. 家庭变故　　　　　L. 社会动乱

　　M. 假冒伪劣　　　　　N. 其他_____

2. 面对农业生产经营风险，您通常的做法是（　　　）

　　A. 购买农业保险　　B. 自己承受　　　　C. 向政府索赔

　　D. 寻求社会救助　　E. 亲朋邻里求助　　F. 多种经营，分散风险

　　G. 关注气象，跟踪市场，规避风险　　　　H. 其他_____

3. 农产品市场价格波动对您家农业收入的影响如何?（　　　）

　　A. 很大　　　　　　B. 较大　　　　　　C. 一般

　　D. 较小　　　　　　E. 很小

4. 农业生产资料价格波动对您家农业收入的影响如何?（　　　）

　　A. 很大　　　　　　B. 较大　　　　　　C. 一般

　　D. 较小　　　　　　E. 很小

5. 近年来农业政策的变动（如政府取消农业税等）对您家农业收入
的影响如何?（　　　）

　　A. 很大　　　　　　B. 较大　　　　　　C. 一般

D. 较小　　　　　E. 很小

6. 与农业龙头企业合作或加入农民专业合作社之前相比，您抵御农产品市场风险和自然风险的能力有何变化？（　　　）【未合作或未加入的不回答】

A. 明显增强　　　　B. 有一定增强　　　　C. 没有什么变化

D. 有一定减弱　　　　E. 明显减弱

7. 您认为农户纳入农产品供应链发展会有风险吗？（　　　）

A. 风险很大　　　　B. 有一定风险　　　　C. 风险很小

D. 没有风险　　　　E. 不清楚

8. 若有风险，您认为农产品供应链的潜在风险主要有哪些？（　　　）

A. 供应链主体间合作不稳定　　　　B. 主体间缺乏信任

C. 主体间利益分配不公　　　　D. 农户势单力薄，缺乏话语权

E. 政府对供应链发展扶持不够　　　　F. 市场环境变化莫测

G. 其他_____

9. 您认为农产品供应链风险的发生对您家农业收入的影响程度如何？（　　　）

A. 影响很大　　　　B. 影响较大　　　　C. 没有影响

D. 影响较小　　　　E. 影响很小

10. 您平时对农产品供应链风险的关注程度如何？（　　　）

A. 非常关注　　　　B. 比较关注　　　　C. 一般关注

D. 较少关注　　　　E. 从不关注

11. 您对目前的农产品供应链风险管理方式（如风险预防措施是否有效、农户承担损失比例是否合理等）是否满意？（　　　）

A. 很满意　　　　B. 比较满意　　　　C. 一般

D. 不太满意　　　　E. 很不满意

12. 以下表格是农户纳入农产品供应链发展可能面临的风险因素，请根据您的个人经验，对各种风险因素的风险程度进行判断并在相应位置划"√"作出选择。

序号	农产品供应链风险潜在影响因素	风险程度				
		很低	较低	一般	较高	很高
1	生产资料的质量问题					
2	生产资料的价格波动程度					
3	生产资料的投入决策失误					
4	供应商的订单履约率					
5	日常生产过程管理不规范					
6	农产品质量安全问题					
7	农户的信息获取能力有限					
8	与下游组织的合作风险					
9	市场需求变化					
10	农产品市场价格波动					
11	同行的竞争风险					
12	自然环境风险					
13	经济环境风险					
14	技术环境风险					
15	政策法规风险					

五、农户自我认知情况

下列观点或感受，请根据您的真实想法在相应位置划"√"作出选择。

类型	序号	观点或感受	完全不同意	比较不同意	一般	比较同意	完全同意
（一）农户对农产品供应链的整体认知	1	我对农产品供应链的运行较为熟悉					
	2	融入农产品供应链能够帮助农户减贫增收					
	3	农产品供应链对农户的带动作用有限					

类型	序号	观点或感受	完全 不同意	比较 不同意	一般	比较 同意	完全 同意
	4	农产品供应链是政府和企业的事情，与老百姓无关					
	5	农产品供应链的发展目前尚不尽如人意					
	6	保证农户的应得利益是农产品供应链稳定运行的基础和关键					
	7	农户间及农户与其他主体的相互信任能够增强农产品供应链运行的效率					
（二）农户市场参与与合作经营的情况认知	8	农产品迈入国际市场会给农户带来更多实惠					
	9	政府应该在农产品交易中起主导作用					
	10	加入农民专业合作社可以使我的收入水平更有保障					
	11	农民专业合作社是真正为农户利益着想的组织					
	12	我对农民专业合作社的运作流程十分熟悉					
	13	村里种田能手加入合作社对我是否加入影响很大					
	14	农民专业合作社的盈余能够公平合理地返还给社员					
	15	在农业生产经营中，保持诚信十分重要					
	16	我对农产品交易中的掺假售假行为深恶痛绝					
	17	在农产品交易中，我从来不干短斤缺两的事					
	18	当地农产品收购商故意压级压价现象较为普遍					
	19	我对合作伙伴通常是非常信任的					

类型	序号	观点或感受	完全不同意	比较不同意	一般	比较同意	完全同意
（三）农户风险识别情况认知	20	在自然灾害面前，我相信人定胜天					
	21	风险越大，收益越高					
	22	找到好的销售渠道，可以有效降低农业市场风险					
	23	加入农民专业合作社或专业协会，可以有效降低农业市场风险					
	24	外出打工能够一定程度上增强家庭应对农业风险的能力					
	25	增加种植品种，实行多元化经营，能够有效降低农业风险					
	26	种植价格波动不大的作物，能够有效降低农业风险					
	27	农业风险发生时，政府应责无旁贷地采取一切措施帮农户减轻损失					
	28	农业生产的风险是可控的					
	29	我对农业保险持乐观态度					
（四）农户对减贫增收致富的认知	30	贫困与外界环境关系密切					
	31	摆脱贫困单纯依赖农户自身努力很难					
	32	减贫增收离不开政府的支持与帮扶					
	33	我相信勤劳总能致富					
	34	在我的家乡，有的家庭贫困是天生的					
	35	缺乏生产资金让我的家庭收入难以提高					
	36	找不到好的农产品销售门路是我的家庭增收困难的重要原因					
	37	外出务工能够帮助家庭大幅度提高收入水平					
	38	农资价格不断上涨造成我的家庭收入水平降低					

　　再次感谢您对本次问卷调查的支持与配合！课题组全体人员祝您及您的家人身体健康，阖家幸福！

参 考 文 献

1. 奥德斯蒂:《农产食品供应链定量分析》,中国农业大学出版社 2010 年版。

2. 艾超、谢忠:《协作在供应链管理价值创造中的关键作用》,《中国流通经济》2013 年第 8 期。

3. 蔡荣、韩洪云:《农户参与合作社的行为决策及其影响因素分析——以山东省苹果种植户为例》,《中国农村观察》2012 年第 5 期。

4. 蔡荣、马旺林、王舒娟:《小农户参与大市场的集体行动:合作社社员承诺及其影响因素》,《中国农村经济》2015 年第 4 期。

5. 蔡荣:《"合作社+农户"模式:交易费用节约与农户增收效应——基于山东省苹果种植农户问卷调查的实证分析》,《中国农村经济》2011 年第 1 期。

6. 曹芳、王凯:《农业产业链管理理论与实践研究综述》,《农业技术经济》2004 年第 1 期。

7. 曹婷婷:《山东省寿光农民增收问题研究》,硕士学位论文,西北农林科技大学,2014 年。

8. 曾寅初、刘媛媛、于晓华:《分层模型在食品安全支付意愿研究中的应用——以北京市消费者对月饼添加剂支付意愿的调查为例》,《农业技术经济》2008 年第 1 期。

9. 畅小艳、白福萍、张勇宁:《关于农业产业化经营中龙头企业与农户关系的几点思考》,《农村经济》2003 年第 3 期。

10. 陈艾、李雪萍:《脆弱性——抗逆力:连片特困地区的可持续生计分析》,《社会主义研究》2015 年第 2 期。

11. 陈灿、罗必良:《农业龙头企业对合作农户的关系治理》,《中国农村观察》2011 年第 6 期。

12. 陈冬冬:《农户信任关系及其演化:基于农业供应链的研究》,《商业研究》2010 年第 4 期。

13. 陈晖涛:《"合作社+农户":当前农业产业化经营的理想模式》,《理论观察》2009 年第 3 期。

14. 陈辉、张全红:《Alkire—Foster 模型测度城市多维贫困的研究——以广东省中山市为例》,《五邑大学学报》(自然科学版) 2013 年第 2 期。

15. 陈小霖、冯俊文:《农产品供应链风险管理》,《生产力研究》2007 年第 5 期。

16. 陈艳华、林依标、黄贤金:《被征地农户意愿受偿价格影响因素及其差异性的实证分析:基于福建省 16 个县 1436 户入户调查数据》,《中国农村经济》2011 年第 4 期。

17. 程爱华:《农户参与农业龙头企业合作意愿及影响因素研究》,硕士学位论文,西北农林科技大学,2012 年。

18. 程广华、王艳:《农村新型合作组织发展探析》,《宏观经济管理》2013 年第 7 期。

19. 程名望、Jin Yanhong、盖庆恩等:《农村减贫:应该更关注教育还是健康——基于收入增长和差距缩小双重视角的实证》,《经济研究》2014 年第 11 期。

20. 仇莉、阎维杰:《农产品供应链的构建及利益分配研究》,《企业经济》2011 年第 10 期。

21. 崔宝玉、刘峰:《快速发展战略选择下的合作社政府规制及其改进》,《农业经济问题》2013 年第 2 期。

22. 邓衡山、徐志刚、黄季焜等:《组织化潜在利润对农民专业合作组织形成发展的影响》,《经济学（季刊)》2011 年第 4 期。

23. 邓俊淼、戴蓬军:《供应链管理下鲜活农产品流通模式的探讨》,

《农业经济》2006 年第 8 期。

24. 邓俊森:《农产品供应链价值增值制约因素分析——基于农户信息共享视角的探讨》,《农村经济》2009 年第 5 期。

25. 邓俊森:《农产品供应链中农户风险及防范机制研究》,《沈阳农业大学学报》(社会科学版) 2008 年第 3 期。

26. 丁建军:《连片特困地区农村专业化发展的多维减贫效应研究——以保靖县黄金村为例》,《湘潭大学学报》(哲学社会科学版) 2014 年第 5 期。

27. 丁丽芳:《农产品供应链》,中国林业出版社 2013 年版。

28. 董千里、李春花、关高峰:《食品供应链风险评判模型的构建及应用研究》,《江苏商论》2012 年第 2 期。

29. 都阳、蔡昉:《中国农村贫困性质的变化与扶贫战略调整》,《中国农村观察》2005 年第 5 期。

30. 符少玲、孙良媛:《公司资源依赖、信任及关系承诺农户对公司与农户信息共享影响研究》,《华中农业大学学报》(社会科学版) 2015 年第 3 期。

31. 符少玲:《信任、关系承诺对信息共享及联盟绩效实证分析——基于"公司+农户"的农户视角》,《华中农业大学学报》(社会科学版) 2013 年第 5 期。

32. 傅晨:《"公司+农户"产业化经营的成功所在——基于广东温氏集团的案例研究》,《中国农村经济》2000 年第 2 期。

33. 高梦滔、张颖:《小农户更有效率?——八省农村的经验证据》,《统计研究》2006 年第 8 期。

34. 高强、穆丽娟:《"合作社主导型农产品供应链"利益分配研究》,《西部论坛》2015 年第 1 期。

35. 高云、高峰:《寿光蔬菜产业化组织模式与供应链的相互联系》,《中国蔬菜》2011 年第 5 期。

36. 耿献辉、周应恒:《小农户与现代销售渠道选择——来自中国梨园的经验数据》,《中国流通经济》2012 年第 6 期。

37. 龚俊、杨廷文:《多元主体共同参与社会管理机制探析》,《人民论坛》2011 年第 11 期。

38. 苟建华:《基于小农户组织化的农产品供应链优化探究》,《当代经济》2007 年第 11 期。

39. 顾永红、向德平、胡振光:《可持续生计视角下连片特困地区妇女贫困研究》,《江汉论坛》2014 年第 6 期。

40. 郭红东、蒋文华:《"行业协会+公司+合作社+专业农户"订单模式的实践与启示》,《中国农村经济》2007 年第 4 期。

41. 郭建宇、吴保国:《基于不同指标和权重选择的多维贫困测量——以山西省贫困县为例》,《中国农村经济》2012 年第 12 期。

42. 郭敏、王红卫:《合作型供应链的协调和激励机制研究》,《系统工程》2002 年第 4 期。

43. 郭晓鸣、廖祖君、付娆:《龙头企业带动型、中介组织联动型和合作社一体化三种农业产业化模式的比较——基于制度经济学视角的分析》,《中国农村经济》2007 年第 4 期。

44. 郭欣旺、李莹、周云凤:《小农户加入现代农产品供应链的思考》,《农村经济》2011 年第 2 期。

45. 郭欣旺:《市场参与方式对农户收入与分配的影响研究——基于甘肃定西到北京马铃薯供应链相关参与主体调研的分析》,博士学位论文,中国农业科学院,2011 年。

46. 郝朝晖:《农业产业化龙头企业与农户的利益机制问题探析》,《农村经济》2004 年第 7 期。

47. 贺群:《基于农户视角的龙头企业与农户间的生猪供应链内部融资研究》,博士学位论文,南京农业大学,2013 年。

48. 洪兴建、齐宁林、皇甫俊丽:《中国农村多维贫困测度与维度分解》,《21 世纪数量经济学》2014 年第 14 期。

49. 胡定寰、陈志钢、孙庆珍等:《合同生产模式对农户收入和食品安全的影响——以山东省苹果产业为例》,《中国农村经济》2006 年第 11 期。

50. 华红娟、常向阳:《供应链模式对农户食品质量安全生产行为的影响研究——基于江苏省葡萄主产区的调查》,《农业技术经济》2011 年第9 期。

51. 黄海平、龚新蜀、黄宝连:《基于专业化分工的农业产业集群竞争优势研究——以寿光蔬菜产业集群为例》,《农业经济问题》2010 年第4 期。

52. 黄明元、邹冬生、李东晖:《农业循环经济主体行为博弈与协同优势分析——兼论政府发展农业循环经济的制度设计》,《经济地理》2011 年第 2 期。

53. 黄志坚、吴健辉、贾仁安:《公司与农户契约行为的演化博弈稳定性分析》,《农村经济》2006 年第 9 期。

54. 黄宗智:《小农户与大商业资本的不平等交易:中国现代农业的特色》,《开放时代》2012 年第 3 期。

55. 黄祖辉、梁巧:《梨果供应链中不同组织的效率及其对农户的影响——基于浙江省的实证调研数据》,《西北农林科技大学学报》(社会科学版)2009 年第 1 期。

56. 黄祖辉、梁巧:《小农户参与大市场的集体行动——以浙江省箬横西瓜合作社为例的分析》,《农业经济问题》2007 年第 9 期。

57. 纪良纲、刘东英、郭娜:《农产品供应链整合的困境与突破》,《北京工商大学学报》(社会科学版)2015 年第 1 期。

58. 贾蕾、彭元:《美国新奇士桔农合作社的品牌发展之路》,《中国农民合作社》2009 年第 4 期。

59. 贾卫丽:《农产品物流对农民增收效应的实证分析》,《惠州学院学报》(社会科学版)2010 年第 2 期。

60. 姜长云:《发展农业产业化龙头企业的若干思考》,《宏观经济管理》2013 年第 12 期。

61. 解学梅、曾赛星:《都市圈技术创新主体协同的演化博弈分析》,

《上海交通大学学报》2009 年第 9 期。

62. 金剑峰、张乐柱、胡浩民：《"公司+家庭农场"：温氏集团的新探索》，《南方农村》2012 年第 4 期。

63. 鞠晴江：《道路基础设施、经济增长和减贫——基于四川的实证分析》，《软科学》2006 年第 6 期。

64. 康彪：《"农超对接"农产品供应链风险管理研究》，硕士学位论文，北京交通大学，2011 年。

65. 库柏：《协调博弈》，中国人民大学出版社 2001 年版。

66. 蒯旭光、金安、陈超：《农业龙头企业带动农户绩效的实证分析——以南京市为例》，《中国农学通报》2008 年第 10 期。

67. 匡远配：《中国扶贫政策和机制的创新研究综述》，《农业经济问题》2005 年第 8 期。

68. 乐章、许汉石：《小农组织化与农户组织参与程度研究》，《中国人口·资源与环境》2011 年第 1 期。

69. 冷志杰、赵攀英：《小农户进入有效粮食供应链的结合点及集成协作原则》，《物流技术》2008 年第 8 期。

70. 李婵娟、左停：《"嵌入性"视角下合作社制度生存空间的塑造——以宁夏盐池农民种养殖合作社为例》，《农业经济问题》2013 年第 6 期。

71. 李翠霞、葛娅男：《我国原料乳生产模式演化路径研究——基于利益主体关系视角》，《农业经济问题》2012 年第 7 期。

72. 李谷成、冯中朝、范丽霞：《小农户真的更加具有效率吗？来自湖北省的经验证据》，《经济学（季刊）》2009 年第 1 期。

73. 李佳：《农民合作：必然性、困境及化解逻辑——一个基于集体行动逻辑的分析框架》，《前沿》2008 年第 8 期。

74. 李军民：《借鉴国外成功经验提升我国农产品供应链的管理能力》，《江苏农业科学》2007 年第 2 期。

75. 李俊杰、陈浩浩：《不同民族农村居民多维贫困测量与减贫措施研究——基于重庆市渝东南土家、苗和汉族居民的调查》，《中南民族大学学报》（人文社会科学版）2015 年第 2 期。

76. 李克、周静：《农业产业化龙头企业带动农户形式比较》，《中国市场》2011 年第 22 期。

77. 李霖、郭红东：《小农户集体行动研究文献综述——基于市场准入视角》，《中国农村观察》2014 年第 6 期。

78. 李明、邓旭东、肖伦亚：《基于 ANP——模糊评价法的供应链管理风险评价研究》，《科技创业月刊》2012 年第 5 期。

79. 李圣军、李素芳、孔祥智：《农业产业链条价格传递机制的实证分析》，《技术经济》2010 年第 1 期。

80. 李铜山、周腾飞：《小农户经营困境：表象、成因及破解》，《中州学刊》2015 年第 4 期。

81. 李仙娥、李倩：《秦巴集中连片特困地区的贫困特征和生态保护与减贫互动模式探析》，《农业现代化研究》2013 年第 4 期。

82. 李显刚、石敏俊：《日本农协的历史贡献、存在问题及发展趋势》，《中国农村经济》2001 年第 3 期。

83. 李晓宇、张明玉：《农产品物流供应链风险生成机制及预警模式》，《管理现代化》2009 年第 4 期。

84. 李学术：《农户创新与贫困经济学》，《经济问题探索》2007 年第 1 期。

85. 李永山：《我国农民专业合作组织创新模式研究——基于“合作组织+期货市场”的视角》，《农业经济问题》2009 年第 8 期。

86. 廖锦成、卢珍菊、韦琪等：《新阶段滇桂黔石漠化连片特困区扶贫开发问题与对策研究——以河池片区为例》，《市场论坛》2012 年第 8 期。

87. 凌六一、胡中菊、郭晓龙：《随机产出和随机需求下“农超对接”模式的分析与协调》，《系统工程》2011 年第 9 期。

88. 刘兵、叶云、杨伟民等：《贫困地区构建优势农产品供应链对农户减贫效应的实证分析——基于定西地区的农户调查数据》，《农业技术经济》2013 年第 6 期。

89. 刘春勋、刘伟、李录青：《食品供应链中企业与农户短期合作交易契约设计》，《管理学报》2010 年第 2 期。

90. 刘光辉：《日本农协及其对中国农业合作组织发展的启示》，《日本问题研究》2008 年第 4 期。

91. 刘乔、沈欣、孙栩：《农产品供应链风险评价研究》，《农机化研究》2011 年第 9 期。

92. 刘秋生、张洁：《基于突发事件的供应链风险识别研究》，《商业时代》2012 年第 25 期。

93. 刘胜春、王永伟、李婷：《"关系"对供应链合作绩效的影响——来自农业领域的证据》，《软科学》2015 年第 2 期。

94. 刘晓靖：《阿玛蒂亚·森以权力和可行能力看待贫困思想论析》，《郑州大学学报》（哲学社会科学版）2011 年第 1 期。

95. 刘振滨、刘东英：《共享资源视域下的农产品供应链整合研究》，《农村经济》2015 年第 1 期。

96. 龙祖坤、刘长庚：《基于 Shapley 值法的农业产业链中经济主体的利益分配》，《宏观经济研究》2008 年第 6 期。

97. 卢向虎、吕新业、秦富：《农户参加农民专业合作组织意愿的实证分析——基于 7 省 24 市（县）农户的调研数据》，《农业经济问题》2008 年第 1 期。

98. 罗必良：《关于农业组织化的战略思考》，《农村经济》2012 年第 6 期。

99. 罗小兰：《最低工资对农村贫困的影响：基于中国农民工的实证分析》，《经济科学》2011 年第 3 期。

100. 罗艳：《基于农户视角的农产品供应链风险管理研究》，硕士学位论文，浙江大学，2012 年。

101. 罗贞礼：《边缘区域经济协同发展理论与实践体系研究》，《贵州社会科学》2011 年第 1 期。

102. 吕志轩:《农产品供应链与农户一体化组织引导:浙江个案》,《改革》2008 年第 3 期。

103. 马铃、万广华:《为什么贫困农户种植业收入低下》,《农业技术经济》2012 年第 5 期。

104. 聂丹、周敏倩:《江苏省农民专业合作组织经济贡献能力评价》,《农业技术经济》2008 年第 5 期。

105. 聂华林、张帅:《我国农民专业合作组织发展的博弈分析》,《青海社会科学》2007 年第 1 期。

106. 宁攸凉、乔娟、宁泽逵:《中国生猪产业链价格传导机制研究》,《统计与决策》2012 年第 1 期。

107. 农业部访美代表团:《有竞争力的农业产业体系——关于美国农业的观察与思考》,《中国农村经济》2001 年第 8 期。

108. 潘文安、张红:《供应链伙伴间的信任、承诺对合作绩效的影响》,《心理科学》2006 年第 6 期。

109. 彭国樑、姚俭:《不确定性供应链风险的模糊综合评判》,《上海理工大学学报》2010 年第 4 期。

110. 彭建仿:《供应链关系优化与农产品质量安全——龙头企业与农户共生视角》,《中央财经大学学报》2012 年第 6 期。

111. 彭建仿:《供应链环境下龙头企业与农户共生关系优化研究——共生模式及演进机理视角》,《经济体制改革》2010 年第 3 期。

112. 彭建仿:《农产品质量安全路径创新:供应链协同——基于龙头企业与农户共生的分析》,《经济体制改革》2011 年第 4 期。

113. 秦富、李先德、吕新业等:《河南小麦产业链各环节成本收益研究》,《农业经济问题》2008 年第 5 期。

114. 屈小博:《不同经营规模农户市场行为研究——基于陕西省果农的理论与实证》,博士学位论文,西北农林科技大学,2008 年。

115. 曲秉春:《产业链视域下的农户增收问题研究》,博士学位论文,东北师范大学,2010 年。

116. 曲玮、涂勤、牛叔文等：《自然地理环境的贫困效应检验——自然地理条件对农村贫困影响的实证分析》，《中国农村经济》2012 年第 2 期。

117. 沈厚才、陶青、陈煜波：《供应链管理理论与方法》，《中国管理科学》2000 年第 1 期。

118. 沈扬扬：《收入增长与不平等对农村贫困的影响——基于不同经济活动类型农户的研究》，《南开经济研究》2012 年第 2 期。

119. 施晟、卫宝龙、伍骏骞：《“农超对接”进程中农产品供应链的合作绩效与剩余分配——基于“农户+合作社+超市”模式的分析》，《中国农村观察》2012 年第 4 期。

120. 施晟：《“农户+合作社+超市”模式的合作绩效与剩余分配》，博士学位论文，浙江大学，2012 年。

121. 苏群、陈杰：《农民专业合作社对稻农增收效果分析——以江苏省海安县水稻合作社为例》，《农业技术经济》2014 年第 8 期。

122. 苏昕、王可山：《农民合作组织：破解农产品质量安全困境的现实路径》，《宏观经济研究》2013 年第 2 期。

123. 孙艳华、周力、应瑞瑶：《农民专业合作社增收绩效研究——基于江苏省养鸡农户调查数据的分析》，《南京农业大学学报》(社会科学版) 2007 年第 2 期。

124. 孙艳华：《农产品供应链垂直协作关系研究——基于江苏省肉鸡养殖户的数据》，中央编译出版社 2012 年版。

125. 谭涛：《农产品供应链组织效率研究》，博士学位论文，南京农业大学，2004 年。

126. 汪来喜：《农业合作组织发展中的金融支持模式创新》，《中州学刊》2013 年第 7 期。

127. 汪三贵、胡联：《产业劳动密集度、产业发展与减贫效应研究》，《财贸研究》2014 年第 3 期。

128. 汪三贵、匡远配：《贫困区域收敛与新时期扶贫开发研究》，《湖湘论坛》2012 年第 2 期。

129. 王爱群、郭庆海：《中国各地区农业产业化龙头企业竞争力比较分析》，《中国农村经济》2008 年第 4 期。

130. 王超、王志章：《少数民族连片特困乡村包容性旅游发展模式的探索——来自贵州六盘水山区布依族补雨村的经验数据》，《西南民族大学学报》（人文社会科学版）2013 年第 7 期。

131. 王春超、叶琴：《中国农民工多维贫困的演进——基于收入与教育维度的考察》，《经济研究》2014 年第 12 期。

132. 王济川、郭志刚：《Logistic 回归模型：方法与运用》，高等教育出版社 2001 年版。

133. 王侃：《基于模糊层次分析法的农产品加工企业风险评价研究》，《中国农机化》2006 年第 5 期。

134. 王磊、但斌：《考虑消费者效用的生鲜农产品供应链保鲜激励机制研究》，《管理工程学报》2015 年第 1 期。

135. 王丽娟、侯云先：《两灰色变量下易腐农产品供应链动态合作机制》，《管理学报》2014 年第 2 期。

136. 王素霞、王小林：《中国多维贫困测量》，《中国农业大学学报》（社会科学版）2013 年第 2 期。

137. 王夏阳：《非线性成本约束、契约设计与供应链绩效》，《现代管理科学》2008 年第 5 期。

138. 王夏阳：《契约激励、信息共享与供应链的动态协调》，《管理世界》2005 年第 4 期。

139. 王小林、Sabina Alkire：《中国多维贫困测量：估计和政策含义》，《中国农村经济》2009 年第 12 期。

140. 王小林：《贫困测量理论与方法》，社会科学文献出版社 2012 年版。

141. 王燕、郭焕书：《基于供应链理论的农民增收问题的研究》，《改革与战略》2010 年第 8 期。

142. 王燕、刘永胜：《供应链风险管理概述》，《物流技术》2008 年第 8 期。

143. 王宇波、马士华：《我国农业产业化进程中农产品供应链管理的几点思考》，《物流技术》2004 年第 11 期。

144. 卫龙宝、卢光明：《农业专业合作组织实施农产品质量控制的运作机制探析——以浙江省部分农业专业合作组织为例》，《中国农村经济》2004 年第 7 期。

145. 文雁兵：《制度性贫困催生的包容性增长：找寻一种减贫新思路》，《改革》2014 年第 9 期。

146. 吴晨：《不同模式的农民合作社效率比较分析——基于 2012 年粤皖两省 440 个样本农户的调查》，《农业经济问题》2013 年第 3 期。

147. 向家宇：《贫困治理中的农民组织化问题研究——以 S 省三个贫困村的农民组织化实践为例》，博士学位论文，华中师范大学，2014 年。

148. 向佐谊、曾明星、杨宗锦：《农民专业合作组织协同动力衰退机理研究》，《吉首大学学报》（社会科学版）2010 年第 3 期。

149. 肖诗顺：《基于期权合约的我国超市生鲜农产品供应链管理探讨》，《生态经济》2007 年第 11 期。

150. 肖小虹：《中国农业产业链培育框架构建：原则、目标、主体和运行机制》，《贵州社会科学》2012 年第 11 期。

151. 辛贤、谭向勇：《农产品价格的放大效应研究》，《中国农村观察》2000 年第 1 期。

152. 熊荣：《西部地区农产品供应链管理与农民增收研究》，《贵州工业大学学报》（社会科学版）2007 年第 5 期。

153. 熊伟、孙林岩、李一等：《供应商和客观参与对供应链绩效的影响》，《工业工程与管理》2014 年第 2 期。

154. 熊友云、张明军、刘园园等：《中国农业产业化龙头企业空间分布特征——以国家级重点龙头企业为例》，《地理科学进展》2009 年第 6 期。

155. 徐晖、潘伟光、傅家桢:《美国农业合作社发展新动向》,《世界农业》2014 年第 5 期。

156. 徐良陪、李淑华、陶建平:《基于产品专用性差异的农产品供应链协同机智研究》,《科技进步与对策》2011 年第 22 期。

157. 徐萍:《蔬菜供应链农户利益实证研究——基于兴化市新型供应链与传统供应链的比较》,硕士学位论文,南京农业大学,2006 年。

158. 徐旭初:《农民专业合作组织立法的制度导向辨析——以〈浙江省农民专业合作社条例〉为例》,《中国农村经济》2005 年第 6 期。

159. 徐绪松、曾学工、郑小京:《供应链风险管理研究综述——风险识别》,《技术经济》2013 年第 5 期。

160. 徐月宾、刘凤芹、张秀兰:《中国农村反贫困政策的反思——从社会救助向社会保护转变》,《中国社会科学》2007 年第 3 期。

161. 徐志明:《扶贫投资低效率与市场化反贫困机制的建立》,《乡镇经济》2008 年第 9 期。

162. 许翔宇:《贫困地区农户脱贫的困境与出路:基于农产品供应链的视角》,《农业经济问题》2012 年第 9 期。

163. 薛桂霞、孙炜琳:《对农民专业合作社开展信用合作的思考》,《农业经济问题》2013 年第 4 期。

164. 薛红霞、刘菊群、罗伟玲:《广州市城乡发展协调度研究》,《中国土地科学》2010 年第 8 期。

165. 颜廷武、李明月、张俊飚:《连片特困地区农户融入农产品供应链行为研究——基于广西石漠化地区的调查》,《农业技术经济》2014 年第 11 期。

166. 颜廷武、李鹏、张俊飚:《循环农业产业链主体协同发展绩效与空间异质性》,《经济地理》2015 年第 7 期。

167. 颜廷武、王原雪:《小农户对接大市场亟需跨越制度与法律障碍》,《中国海洋大学学报》(社会科学版)2013 年第 3 期。

168. 杨立新、蔡萌:《供应链管理模式下产业主体协同创新机制研究——以物美集团果蔬"农超对接"产业主体信息管理协同创新为例》，《科技进步与对策》2013 年第 22 期。

169. 杨汝梁、孙元欣：《供应链整合与企业绩效关系的情境性研究——基于企业规模的调节作用》，《现代管理科学》2015 年第 8 期。

170. 杨为民、陈娆、吴春霞：《基于熵的农产品供应链风险研究》，《中国集体经济》2009 年第 12 期。

171. 杨维霞：《农产品供应链内部农户风险防范策略探讨》，《改革与战略》2011 年第 21 期。

172. 姚冠新、徐静：《产出不确定下的农产品供应链参与主体决策行为研究》，《工业工程与管理》2015 年第 20 期。

173. 叶飞、薛运普：《关系承诺对信息共享与运营绩效的影响研究》，《管理科学》2012 年第 5 期。

174. 游军、郑锦荣：《基于期权的农产品供应链风险管理》，《贵州农业科学》2009 年第 7 期。

175. 余丽燕、郑少锋：《美国农业合作社筹资经验及启示》，《经济纵横》2007 年第 7 期。

176. 苑鹏、刘凤芹：《美国政府在发展农民合作社中的作用及其启示》，《农业经济问题》2007 年第 9 期。

177. 张蓓、杨学儒：《农产品供应链核心企业质量安全管理的多维模式及实现路径》，《农业现代化研究》2015 年第 1 期。

178. 张诚、张广胜：《农产品供应链风险影响因素的 ISM 分析》，《江西社会科学》2012 年第 3 期。

179. 张大维：《生计资本视角下连片特困地区的现状与治理——以集中连片特困地区武陵山区为对象》，《华中师范大学学报》(人文社会科学版) 2011 年第 4 期。

180. 张东玲、朱秀芝、邢恋群等：《农产品供应链的质量系统集成与风险评估》，《华南农业大学学报》(社会科学版) 2013 年第 1 期。

181. 张海清、王子军：《农业产业链新特征背景的主体利益：奶业与种业》,《改革》2012 年第 11 期。

182. 张浩、程红鸾、李菲:《合作社风险影响与应对程度认知研究》,《中国农学通报》2013 年第 17 期。

183. 张晋华、冯开文、黄英伟:《农民专业合作社对农户增收绩效的实证研究》,《中国农村经济》2012 年第 9 期。

184. 张侃:《黑龙江水稻供应链对水稻农民收入影响研究》,硕士学位论文,中国农业科学院,2011 年。

185. 张乐柱、金剑峰、胡浩民:《"公司+家庭农场"的现代农业生产经营模式:基于温氏集团案例研究》,《学术研究》2012 年第 10 期。

186. 张立群:《连片特困地区贫困的类型及对策》,《红旗文稿》2012 年第 22 期。

187. 张利庠、张喜才:《外部冲击对我国农产品价格波动的影响研究——基于农业产业链视角》,《管理世界》2011 年第 1 期。

188. 张梅:《我国农村专业合作经济组织的效率研究》,博士学位论文,东北农业大学,2008 年。

189. 张铭羽、沈红:《向市场经济体制转轨中的扶贫问题》,《经济研究》1993 年第 12 期。

190. 张爽:《供应链企业间合作机制的研究》,硕士学位论文,东北林业大学,2007 年。

191. 张文伟:《日本现代化过程中农民收入特点分析》,《世界农业》2002 年第 5 期。

192. 张喜才、张利庠、张紫荷:《我国肉鸡产业链价格的传导及调控机制研究》,《中国物价》2011 年第 4 期。

193. 张新伟:《扶贫政策低效性与市场化反贫困思路探寻》,《中国农村经济》1999 年第 2 期。

194. 张悦:《农产品供应链变革对小农户的影响及我国的对策》,《宏观经济研究》2012 年第 9 期。

195. 章元、万广华、刘修岩等:《参与市场与农村贫困:一个微观分析的视角》,《世界经济》2009 年第 9 期。

196. 赵玻、陈阿兴:《美国新一代合作社:组织特征、优势及绩效》,《农业经济问题》2007 年第 11 期。

197. 赵佳佳、刘天军、田祥宇:《合作意向、能力、程度与"农超对接"组织效率——以"农户+合作社+超市"为例》,《农业技术经济》2014 年第 7 期。

198. 赵佳荣:《农户对专业合作社的需求及其影响因素比较——基于湖南省两类地区农户的实证分析》,《中国农村经济》2008 年第 11 期。

199. 赵玮、陈军:《关于日本一村一品运动的考察与启示》,《湖北农业科学》2007 年第 5 期。

200. 赵晓飞、李崇光:《农产品供应链联盟的利益分配模型与策略研究》,《软科学》2008 年第 5 期。

201. 赵晓飞:《我国现代农产品供应链体系构建研究》,《农业经济问题》2012 年第 1 期。

202. 郑风田、李明:《大豆产业链的成本与利润分配:黑龙江个案》,《改革》2009 年第 5 期。

203. 郑庭义、黄泽文、安宓:《农业龙头企业温氏集团对农村经济社会发展的贡献与启示》,《广东农业科学》2013 年第 9 期。

204. 郑小京、郑湛、徐绪松:《供应链风险管理研究综述——风险控制》,《技术经济》2013 年第 8 期。

205. 钟哲辉、张殿业:《基于博弈机制的物流信息共享研究》,《经济问题》2009 年第 6 期。

206. 周立群、曹利群:《商品契约优于要素契约——以农业产业化经营中的契约选择为例》,《经济研究》2002 年第 1 期。

207. 周三元:《基于供应链视角下农产品质量安全风险影响因素分析》,《中国流通经济》2013 年第 6 期。

208. 朱长宁:《基于可追溯系统的生鲜农产品供应链协调机制研究》,《农村经济》2015 年第 6 期。

209. 资武成、廖小刚:《供应链管理背景下我国农产品流通模式研究》,《农村经济与科技》2011 年第 5 期。

210. 邹帆、江华:《日本农业产业化经营模式及对我国的借鉴》,《农业技术经济》2000 年第 6 期。

211. 邹薇、方迎风:《关于中国贫困的动态多维度研究》,《中国人口科学》2011 年第 6 期。

212. Alkire S., Foster J., "Counting and Multidimensional Poverty Measurement", *Journal of Public Economics*, No. 7-8, 2011.

213. Barnet B. J., Barrett C. B., Skees J. R., "Poverty Traps and Index-Based Risk Transfer Products", *World Development*, No. 10, 2008.

214. Bart M., Singh K. M., Sutradhar R., "Branding and Agricultural Value Chains in Developing Countries: Insights from Bihar (India) ", *Food Policy*, No. 2, 2013.

215. Bourlakis M. A., Weightman P. W. H., *Food Supply Chain Management*, Blackwell Publishing, 2003.

216. Carletto C., Kirk A., Winters P. C., et al., "Globalization and Smallholders: The Adoption, Diffusion, and Welfare Impact of Non-traditional Export Crops in Guatemala", *World Development*, No. 6, 2010.

217. Christin S., Matin Q., "Spillovers from Modern Supply Chains to Traditional Markets: Product Innovation and Adoption by Smallholders ", *Agricultural Economics*, No. 3-4, 2010.

218. Christopher M., Lee H., "Mitigating Supply Chain Risk through in Proved Confidence", *International Journal of Physical Distribution & Logistics Management*, No. 5, 2004.

219. Chyi Y. L., Hwang C. S., "Development of Domestic Markets and Poverty Reduction for Poor Developing Economies", *Economic Modelling*, No. 1-2, 2011.

220. Coelli T. J., Prasada Rao D. S., O'Donnell C. J., et al., *An Intro-*

duction to Efficiency and Productivity Analysis: *Second Edition*, New York: Springer, 2005.

221. Cook M. L., "The Future of U. S. Agricultural Cooperatives: A Neo-Institutional Approach", *American Journal of Agricultural Economics*, No. 5, 1995.

222. Cook M. L., Fabio C., "Redesigning Cooperative Boundaries: The Emergence of New Models", *American Journal of Agricultural Economics*, No. 5, 2004.

223. Courtonne J. Y., Alapetite J., Longaretti P. Y., et al., "Downscaling Material Flow Analysis: The Case of the Cereal Supply Chain in France", *Ecological Economics*, No. 10, 2015.

224. David B., Marija B., "Measuring the Supply Chain, Risk and Vulnerability in Frequency Space", *International Journal of Production Economics*, No. 1-2, 2007.

225. David M. K., Robert W., "Reputation and Imperfect Information", *Journal of Economic Theory*, No. 27, 1982.

226. Eugene F. F., "Agency Problems and the Theory of the Firm", *The Journal of Political Economy*, No. 2, 1980.

227. Flores R. H., Boligon J. A. R., Medeiros F. S. B., *Supply Chain Management*: *A Study in an Events Company-RS*, ecoinovar. com. br, 2006.

228. Gregory D. D. Y., Hubert P., "Is Dishonesty the Best Policy? Supplier Behaviour in a Multi-tier Supply Chain", *International Journal of Production Economics*, No. 9, 2015.

229. Haken H., *Synergetics*: *An Introduction*, 3rd ed., Springer - Verlag, 1983.

230. Hallikas J., Karvonen L., Urho P., et al., "Risk Management Processes in Supplier Networks", *International Journal of Production Economics*, No. 1, 2004.

231. Harland C., Brenchley R., Walker H., "Risk in Supply Networks", *Journal of Purchasing and Supply Management*, No. 2, 2003.

232. Hau L. L., Corey B., "The Evolution of Supply-Chain-Management Models and Practice at Hewlett-Packard", *Interfaces*, No. 5, 1995.

233. Hellin J., Lundy M., Meijer M., "Farmer Organization, Collective Action and Market Access in Meso-America", *Food Policy*, No. 1, 2009.

234. Houtian G., Richard G., James N., "Agricultural Supply Chain Optimization and Complexity: A Comparison of Analytic vs Simulated Solutions and Policies", *International Journal of Production Economics*, No. 1, 2015.

235. Junichi I., Bao Z. S., Su Q., "Distributional Efffects of Agricultural Cooperatives in China: Exclusion of Smallholders and Potential Gains on Participation", *Food Policy*, No. 7, 2012.

236. Juttner U., Peck H., Christopher M., "Supply Chain Risk Management: Outlining an Agenda for Future Research", *International Journal of Logistics*, No. 4, 2003.

237. Kahraman C., Cebeci U., Ruan D., "Multi-attribute Comparison of Catering Service Companies Using Fuzzy AHP: The Case of Turkey", *International Journal of Production Economics*, No. 2, 2004.

238. Lecomte, "Traceability in the Agro-food Industry: Stakes, Basic Concepts and the Variety of Contexts", *Industries Alimentaireset Agricole*, No. 5, 2003.

239. Lovell C. A., "Production Frontiers and Productive Efficiency", in *The Measurement of Productive Efficiency*, Oxford University Press, 1993.

240. Ma H. W., Ma Q. R., Fu G. H., "Evaluation of Supply Chain Default Risk Based on Fuzzy Influence Diagram", *Journal of Southeast University (English Edition)*, No. 23, 2007.

241. Maertens M., Swinnen J. F. M., "Trade, Standards, and Poverty: Evidence from Senegal", *World Development*, No. 1, 2009.

242. Manuj I., Mentzer J. T., "Global Supply Chain Risk Management Strategies", *Intentional Journal of Physical Distribution & Logistics Management*, No. 3, 2008.

243. Marsden T., Banks J., Bristow G., "Food Supply Chain Approaches: Exploring Their Role in Rural Development", *Sociologia Ruralis*, No. 4, 2000.

244. Mason-Jones R., Towill D. R., "Shrinking the Supply Chain Uncertainty Cycle", *Institute of Operations Management Control Journal*, No. 7, 1998.

245. Mcdermott G. A., Corredoira R. A., Kruse G., "Public-Private Institutions as Catalysts of Upgrading in Emerging Market Societies", *Academy of Management Journal*, No. 6, 2009.

246. Mohamed A. H., Cristina G., Malorgio G. L., "Food Safety Standards and International Supply Chain Organization: A Case Study of the Moroccan Fruit and Vegetable Exports", *Food Control*, No. 9, 2015.

247. Muchamad M., Guritno A. D., Yuliando H., "Supply Chain Risk Management on Tobacco Commodity in Temanggung, Central Java: Case Study at Farmersand Middlemen Level", *Agriculture and Agricultural Science Procedia*, No. 3, 2015.

248. Narrod C., Roy D., Okello J., et al., "Public-private Partnerships and Collective Action in High Value Fruit and Vegetable Supply Chains", *Food Policy*, No. 1, 2009.

249. Natawidjaja R., Reardon T., Shetty S., et al., *Horticultural Producers and Supermarket Development in Indonesia*, UNPAD/MSU Report, 2007.

250. Nong G., Pang S., "Coordination of Agricultural Products Supply Chain with Stochastic Yield by Price Compensation", *IERI Procedia*, No. 5, 2013.

251. Oscar I. A., Gido E. O., Bett H. K., et al., "Effect of Certified Or-

ganic Production Systems on Poverty among Smallholder Farmers: Empirical Evidence from Kenya", *World Development*, No. 3, 2015.

252. Pattison D., *Agricultural Cooperatives in Selected Transitional Countries*, International Cooperative Agricultural Organization Discussion Paper, 2000.

253. Reardon T., Berdegue J., Flores L., et al., "Supermarkets, Horticultural Supply Chains, and Small Farmers in Central America", in *Governance, Coordination and Distribution along Commodity Value Chain*, FAO Workshop, 2006.

254. Reardon T., Stamoulis K., Pingali P., "Rural Nonfarm Employment in Developing Countries in an Era of Globalization", *Agricultural Economics*, No. 37, 2007.

255. Renting H., Marsden T. K., Banks J., "Understanding Alternative Food Networks: Exploring the Role of Short Food Supply Chains in Rural Development", *Environment and Planning A*, No. 3, 2003.

256. Renu S., Sudipa S., "Children's Experience of Multidimensional Deprivation: Relationship with Household Monetary Poverty", *The Quarterly Review of Economics and Finance*, No. 6, 2014.

257. Roehlano M. B., "Small Farmers in High-Value Chains: Binding or Relaxing Constraints to Inclusive Growth?", *World Development*, No. 8, 2015.

258. Ruan J., Zhang X., "Finance and Cluster-based Industrial Development in China", *Economic Development and Cultural Change*, No. 1, 2009.

259. Sabina A., James F., "Counting and Multidimensional Poverty Measurement", *Journal of Public Economics*, No. 95, 2011.

260. Sabina A., Maria E. S., "Measuring Acute Poverty in the Developing World: Robustness and Scope of the Multidimensional Poverty Index", *World Development*, No. 7, 2013.

261. Sexton R. J., Iskow J., "Factors Critical to the Success or Failure of

Emerging Agricultural Cooperatives", *Giannini Foundation Information*, No. 88, 1998.

262. Song G. B., Li M. J., Semakula H. M., et al., "Food Consumption and Waste and the Embedded Carbon, Water and Ecological Footprints of Households in China", *Science of the Total Environment*, No. 10, 2015.

263. Sophie M., Aleksandra P., Brandon V., "Disability and Poverty in Developing Countries: A Multidimensional Study", *World Development*, No. 1, 2013.

264. Swinnen J. F. M., *Global Supply Chains, Standards and the Poor: How the Globalization of Food System and Standards Affects Rural Development and Poverty*, CABI Publishing, 2007.

265. Tang C., "Perspectives in Supply Chain Risk Management", *International Journal of Production Economics*, No. 2, 2006.

266. Telser L., "A Theory of Self-enforcing Agreements", *Journal of Business*, No. 1, 1980.

267. Tobias S., Tummala V. M. R., Thomas P. H., "Assessing Supply Chain Risks with the Analytic Hierarchy Process: Providing Decision Support for the Offshoring Decision by a US Manufacturing Company", *Journal of Purchasing & Supply Management*, No. 1, 2008.

268. USDA., *The Impact of New Generation Cooperatives on Their Communities*, Rural Business-Cooperative Service Report, 2002.

269. Warning M., Key N., "The Social Performance and Distributional Consequences of Contract Farming: An Equilibrium Analysis of the Arachide De Bouche Program in Senegal", *World Development*, No. 2, 2002.

270. Weatherspoon D. D., Reardon T., "The Rise of Supermarkets in Africa: Implications for Agrifood Systems and the Rural Poor", *Development Policy Review*, No. 21, 2003.

271. Wladimir E. S. S., Esteve N. R., Marcela C., et al., "Operational

Research Models Applied to the Fresh Fruit Supply Chain", *European Journal of Operational Research*, No. 9, 2015.

272. Woods E. J., "Supply Chain Management: Understanding the Concept and Its Imlpications in Developing Countries", *ACIAR Proceedings*, No. 119, 2004.

273. Yih L. C., Chun S. H., "Development of Domestic Markets and Poverty Reduction for Poor Developing Economies", *Economic Modelling*, No. 28, 2011.

274. Zhong B., Yang F., Chen Y. L., "Information Empowers Vegetable Supply Chain: A Study of Information Needs and Sharing Strategies among Farmers and Vendors", *Computers and Electronics in Agriculture*, No. 9, 2015.

后　记

　　农业市场化和组织化程度低严重制约着我国农业的转型升级和持续发展。构建新型农业经营模式，创新农业经营体制机制已经成为新时期我国现代农业创新发展的迫切要求。在我国连片特困地区，农业小生产和大市场对接的矛盾尤为突出。如何有效提升连片特困地区农业的市场化进程和组织化程度，切实克服农业小生产与大市场对接的现实障碍，对推进我国全面建成小康社会宏伟目标的实现意义重大。本书尝试提出通过构建并培育优势农产品供应链，以此吸纳并带动连片特困地区农户稳定融入现代农业产业链，通过提升农户的市场化水平和组织化程度，来实现农户减贫增收奔小康，以此促进连片特困地区小农户和大市场的有效对接。

　　本书是国家社会科学基金项目"连片特困地区农户稳定融入农产品供应链的限制因素与实现机制研究"（项目编号：13CJY076）研究成果的结晶。在国家社会科学基金项目的执行过程中，笔者及项目组所在的团队——国家现代农业（食用菌）产业技术体系产业经济研究室和湖北省高等学校优秀中青年科技创新团队"农业资源与环境经济问题研究"，在项目指导、条件建设、人员支持等方面给予了优厚的保障，使得项目研究在立项到结题的三年时间内，得以顺利完成预期目标和规定内容，项目在计划执行、成果产出、人才培养、社会服务等方面获得同行专家的良好评价。团队多年来形成的"求真务实，追求卓越"的工作理念和"守住冷板凳，做出真学问"的科研精神，时刻鞭策并激励着每位成员。唯有潜心工作，不断进取，方能回报团队多年来的培育与扶持！

　　在项目研究过程中，农业部农村经济体制与经营管理司、广西壮族自治区农业厅、陕西省农村合作经济经营管理站、广东省农业厅、山东省农业厅等单位处室和各级领导，在农户调查、机构访谈、案例调研、资料收集、决策咨询等方面提供了便利，贡献了智慧。农林经济管理专业的研究生张童朝、李明月、唐妍、朱烨、程琳琳、蒋琳莉、沈雪等青年才俊，在课题调研、社会服务中充分展现了新一代青年农经学子"吃苦耐劳肯干"的敬业精神和"学农爱农奉农"的专业品质，同时在项目研究、报告撰写、书稿校对中付出了艰辛和汗水。本书能够顺利出版，同样得益于华中农业大学经济管理学院提供的良好科研平台和学科经费资助。人民出版社的各位编辑为本书出版付出了智慧与辛劳。在此，对以上部门的领导、专家、同学的大力支持表示衷心的感谢！

实现贫困人口的"精准扶贫、精准脱贫"，让全体公民共享经济社会发展成果，是新时期党中央在减贫与发展问题上的庄严承诺与战略部署。为此，每一位教育科研工作者深感责任重大也责无旁贷。地处中部地区的华中农业大学经济管理学院，在一大批老中青农业经济学人的引领和推动下，历来重视对区域经济均衡和协调发展问题的科学探索。本书即是在前人研究基础上的继承与创作。尽管笔者以认真负责的态度力求展示本书研究取得的创新性成果，但由于笔者能力与水平的限制，本书在理论框架、研究方法和学术观点等方面，可能还存在着诸多有待改进和完善的不足之处，敬请读者批评指正。

颜廷武

2016 年 10 月

于武汉·南湖·狮子山

责任编辑:吴焰东
封面设计:肖 辉

图书在版编目(CIP)数据

连片特困地区农户融入农产品供应链问题研究/颜廷武 著. —北京:
  人民出版社,2017.1
(农业与农村经济管理研究)
ISBN 978－7－01－017027－5

Ⅰ.①连… Ⅱ.①颜… Ⅲ.①不发达地区-农产品-供应链管理-研究-中国
Ⅳ.①F724.72

中国版本图书馆 CIP 数据核字(2016)第 302690 号

连片特困地区农户融入农产品供应链问题研究
LIANPIAN TEKUN DIQU NONGHU RONGRU NONGCHANPIN
GONGYINGLIAN WENTI YANJIU

颜廷武 著

人民出版社 出版发行
(100706 北京市东城区隆福寺街 99 号)

北京中科印刷有限公司印刷 新华书店经销

2017 年 1 月第 1 版 2017 年 1 月北京第 1 次印刷
开本:710 毫米×1000 毫米 1/16 印张:16.5
字数:240 千字

ISBN 978－7－01－017027－5 定价:46.00 元

邮购地址 100706 北京市东城区隆福寺街 99 号
人民东方图书销售中心 电话 (010)65250042 65289539